BREAK

to be new and different

打開一本書

打破思考的框架，

打破想像的極限

高寶書版

只有屍體不會說謊

紐約傳奇女性法醫調查員，
重返5500個死亡現場、解析680起謀殺命案，
直視死亡的23年凶殺最前線實錄

What The Dead Know: Learning About Life as a
New York City Death Investigator

芭芭拉・布徹（Barbara Butcher）——著
謝儀霏——譯

高寶書版集團

CONTENTS

Chapter 01 ／

憤怒的上吊男

「嘿，芭芭拉，三四分局轄區有上吊死者。要幫妳叫車嗎？」夏琳低聲說，彷彿這些死亡案件是什麼見不得人的祕密。「好啊，夏琳，派個好司機來。不過給我五分鐘，我塗一下口紅。」她大笑，笑我好像是要相親，而不是要去相驗死者。

掛掉電話後，一陣熟悉的興奮感襲來。每次只要有棘手的案件要調查，我就心情亢奮，那是處理老人在公寓裡心臟病發等自然死亡案件時所沒有的感受。我喜歡解決問題，追查線索，解開謎題，找出結果背後的成因。很幸運地，我的工作就是做這件事。身為紐約市首席法醫辦公室（New York City's Office of the Chief Medical Examiner，簡稱OCME）的法醫調查員（medicolegal investigator，簡稱MLI），我檢查死亡事故、自殺和凶殺案現場，判定死亡原因及方式。我熱愛這份工作，每一分鐘都愛。

前陣子我鋸木頭時，木頭太硬了，結果出了點蠢意外，目前我一隻手臂打著石膏，行動不便，所以這回我的興奮程度稍微降低。要不是病假用完了，我應該還在家休養才對。也因如此，我最近都在辦公室裡處理醫院的案件，而不是在街頭調查（也就是所謂的「出勤」）。而現在，我獨自一人值晚班，雖然只有一手可用，而且還隱隱作痛，我還是只能接起這通電話。我拿起裝滿裝備的出勤包，一邊咒罵、抱怨、自憐，一邊走出去和司機碰面。

我們對大多數的首席法醫辦公室司機都直呼其名：瑞克、奈森、偶爾是莫琳。但是艾弗瑞・威爾斯（Everett Wells）年紀較長，內斂穩重，我們都以「威爾斯先生」相稱，以示尊敬，即使他有個和此形象大相逕庭的綽號「絕命麵包師[1]」。之所以會有這個綽號，是因為他習慣把暖氣開得很熱，同時交替踩剎車和油門。他或許不是首席法醫辦公室十五位司機中最厲害的，卻是我個人的最愛。威爾斯先生很保護我，總執意陪我進入建築物，其他司機比較喜歡在車上小睡。我總是很開心能和他一起值班。

他搶過我手中的出勤包。「你知道我不能讓女士提重物，」他說。「成何體統。」

「謝謝你，威爾斯先生。威爾斯太太知道你今晚和我一起出勤嗎？」

「威爾斯太太什麼都知道。這邊結束後你要吃肯德基嗎？」每次不是麥當勞就是肯德基，因為我們從來無法坐下來好好吃頓飯，我的無線電隨時都會傳來另一個案子。

我們抵達通知單上的地址，那是位於華盛頓高地的一棟破舊公寓大樓，夾在小雜貨

1 原文為 Shake and Bake，字面意義為搖晃與烘烤，又為 NBA 球員 Jamal Crawford 的獨門絕技（Shake'n Bake）。

店和家庭經營的殯儀館中間。公寓沒有電梯，所以我們拾級而上，穿過許多紐約老舊大樓都會瀰漫的層層氣味。一樓是煮高麗菜的味道，二樓是松木香清潔劑混著它試圖蓋過的味道。然後我們到了三樓。

一旦你聞過死亡的氣味，就能在花店裡指認這種味道。詭異的甜味中帶著隱約的苦味，就像混了大蒜的草莓奶昔。工作數週後，我可以走過紐約街頭，指出哪一棟大樓裡有屍體正在腐爛。

「到了。」我告訴威爾斯先生。

「很好，」他說。「因為我膝蓋不中用了。」

一位年輕員警讓我進入漆黑的公寓。窗戶很髒，即使外頭有路燈也透不進來，但我覺得這地方即使在大白天也是暗無天日。

「沒有電，」員警說。「可能是沒付電費。刑偵小隊已經離開。我只負責看守屍體。」

「嗯，他們這樣不對喔。我一路趕過來跟他們會合，他們連五分鐘都不能等。你說，他們是不是怕了？」

「這個嘛，在黑漆漆的房間裡，他吊在繩子上晃來晃去，超陰森的欸。」甘迺迪員警的口吻帶著卸下心防的真誠。他很認真回我的話，所以我乘勝追擊。

「也許你應該把他們叫回來。如果連他們都很怕，我在沒有後援的情況下就進去，未免也太蠢了，你不覺得嗎？」我看著他的眼睛一會兒，露出笑容。

「喔，對欸，確實，哈。」他說，此時他才意識到我在開玩笑。「妳根本天不怕地不怕。是因為這樣，大家才叫妳『屠夫』（Butcher）醫師嗎？」

「呃，不是。『布徹』（Butcher）是我的真名。」

此時輪到他大笑了。「我知道，只是逗著妳玩的。我的手電筒快沒電了，妳有手電筒嗎？」

甘迺迪告訴我，這個案子看起來很明顯是自殺，對門的住戶連續敲門敲了兩天，都沒人回應，於是就報警了。憂心忡忡的鄰居總會在大半夜裡進行住戶安危檢查，至少從我們在凌晨三點接到的電話數量看來是如此。死亡就是這麼一回事，你可以透過牆壁的小裂縫聞到，讓你從熟睡中驚醒。

我環顧四周，尋找闖空門、搶劫或是打鬥的痕跡，但是所有物品上都覆蓋著厚厚一層灰塵，塵封不動。公寓並未門戶大開，門窗都有上鎖。不過光靠這點還不能排除他殺。殺手可能有鑰匙，而且多數的公寓門都是自動上鎖，不需鑰匙。吊死也可能是意外，自慰性窒息死亡就是一例。「壞男孩的遊戲」，我喜歡這麼說。

我們在凌亂的公寓裡轉了一圈，室內散發著獨有的悲傷氣息，像在嘶吼「我已放棄」，發霉的壁紙傳來酸腐味，絕望蔓延。我看到橡木條地板的亮光漆都磨掉了，露出木屑的慘淡色澤。安樂椅一點也不安樂，彈簧從坐墊裡竄出。未讀的報紙與過期的電視指南雜誌堆成一疊。從牆壁的顏色就看得出這裡上次粉刷是在六〇年代，是當時冰箱短暫流行過的酪梨綠色。

我的手電筒光束照到一名肥胖的中年白人男子，吊在臥室門口上方的管線上。他赤腳，雙腳著地，所以是站著，但是身體癱軟，弓著背，膝蓋彎曲。一旁有張翻倒的小凳子。男子的臉又腫又紅。他的舌頭肥厚泛紫，被緊勒著下巴、隱藏在頸部三層肉底下的繩索逼得從嘴裡吐出來。

我試著打開檯燈，但檯燈也沒有電。我拿著手電筒搜尋，光束掃過屍體，沒有看到掙扎的跡象。沒有防禦傷，也沒有外傷。如果有打鬥，必定會留下抓痕、指甲斷裂或滲血，臉上會擦破皮。我翻開他的眼瞼，發現點狀出血，那是因為顱內血壓升高，血管從眼球薄膜及眼皮下方爆裂。當上吊的人處於半懸吊狀態，動脈會持續把血液打進大腦裡，但比較柔軟的靜脈受到壓縮，所以血液無法流出。如果沒有那些出血、漲紅的臉或腫脹吐出的舌頭，我也會覺得可疑。他總是有可能先被殺害，才被套上繩子布置成自殺的景象。但那不容易。那會需要兩名強壯的男子把他用繩子吊起來，也會在房間裡留下痕跡，比如破碎的玻璃杯、翻倒的茶几、歪斜堆在角落的地毯。如果他被吊起來，雙腳完全離地，動脈也會被壓迫，繩索以上的臉部就會因為缺血而變得蒼白。我很少在紐約貧民區公寓看到這樣的案例，因為天花板都很低。

員警用手電筒照著死者，我開始拍照。一九九二年，我開始這份工作時，我們用的是拍立得，閃光燈會讓死者看起來好像動了一下，非常詭異。我不喜歡摸黑工作，一秒都不想多待在這裡，但徹底記錄屍體的狀態和陳屍地點是必要的。就像律師常掛在嘴上的：「沒記錄就等於沒發生。」

我從房間的四面拍了室內全景照，然後再近拍屍體全身照，正面和背面都拍。我聚焦在他的頭部和頸部，拍攝繩子和管線上的打結之處。如果有人有疑慮，我就有很多照片可以佐證我的報告——我拍的照片多到設備管理員蘿莉都跳腳，她說我一個人就把底片預算用光了。

我拿著手電筒查看公寓，尋找自殺遺言、醫療紀錄、直系親屬資訊、藥物、酒精、強制遷出通知書，任何有助於建立此人身分的資訊，以及他為何自殺的蛛絲馬跡。我沒有找到遺言，這點倒不意外，因為大約只有三分之一的自殺者會留下遺言。我也沒找到「生活困擾」的證據，比方說訴訟通知書、醫療診斷書、分手信等等。但是了結自己生命的理由盤根錯節，通常不是單一事件促發而成。

我相信這是一起自殺案件，沒有不尋常之處。幽暗陰沉的公寓吐露出憂鬱和絕望，完全看不出死者曾享受生活；或應該說，簡直看不出生活的痕跡。我很想找出什麼來解釋他為何尋死，但在他一團漆黑的雜亂住家裡，這根本不可能。也許電力公司斷電是最後一根稻草吧。

我拿出手提箱中的折疊刀，把死者腳下的小凳子拉過來擺正，準備割斷繩子放他下來。通常我會用左手握住繩索，右手持刀從繩結上方割開，然後盡可能輕柔地把他放到地板上。我這麼做是要為病理學家保留纏繞他頸部的繩子與繩結，並且不要在驗屍過程中傷害屍體，以免後續解剖時造成混淆。

屍體很沉重，真的是**重死了**。即使是強壯的男子也無法單手將屍體放下來，但是我可以穩住他，緩緩將他放下。一旦你有幾次經驗，就能夠預估重量，有心理準備，不會讓死者重摔在地。可惡……現在我辦不到。我整條左手臂到手腕都打著石膏。在門口等候的威爾斯先生顯然無法爬上來，而請員警來做這份工作也不太妥當（工會都有規定）。沒關係。遺體運送車快到了，還會有兩名強壯的隨車員會來搬運屍體。他們會幫我處理妥當。我用無線電和辦公室聯絡，解釋目前狀況，請遺體運送人員從繩結上方切斷繩索，務必穩穩把屍體降下。

我在屍體的腳趾標籤上簽名，把現場交給警方，也證明我到過現場。有位同事最近被指控進行「不下車調查」，他行事草率，工作敷衍，連下車都懶，只會大聲對員警說：「看起來像自然死亡？把腳趾標籤丟給我！」

處理完案子後，已經沒有時間坐下來吃炸雞了，所以威爾斯先生和我在車上吃了一二五街的得來速起司漢堡。城北的速食比較新鮮，那一區熬夜的人多。

威爾斯先生酸溜溜地說：「哼，蘭迪都會帶我去咖啡館吃午餐。他知道很多好地方，是個美食達人。」

「欸，如果我可以換回早班，我就帶你上館子，這樣可以了吧？」我手臂抽痛，所以講話沒好氣。

我們回到辦公室，威爾斯先生低聲為我得帶傷工作抱不平。「完全沒道理，」他說。「對妳根本是雪上加霜。」

我回到座位上，把照片和筆記攤在桌上，開始寫報告給法醫病理學家（也就是法醫，medical examiner，簡稱ＭＥ），他隔天早上會解剖屍體。其實，病理學家到死亡現場調查的情況少之又少，跟影集演的並不相同。他們每天的行程都排得滿滿的，忙著驗屍、做毒物測試、組織檢驗、大腦解剖，更不用說大量的文書作業。法醫沒有辦法驗屍驗到一半就離開解剖臺跑去犯罪現場。雖然我的一天從辦公室開始，但多半時間都在外奔波，如果現場有需要，我就會過去。

以前，病理學家只能靠警察或遴選出來的驗屍官（通常都是禮儀師）到現場調查屍體。但是他們沒有醫學背景，可能被死亡與腐敗的自然傑作愚弄，或是被疾病的後遺症混淆。機構內部或紐約市警察局（簡稱NYPD）訓練有經驗的醫師助理來做現場調查並學習鑑識技術，是我的老師查爾斯・赫許（Charles Hirsch）[2]醫師的主意。法醫的工作是判定死因及死法。以槍傷的案子為例，死因可能很明顯，死法可能是他殺、自殺或意外。法醫調查員的工作是調查事發現場的情況：有暴力跡象嗎？公寓有上鎖嗎？有自然疾病的證據嗎？最重要的是，根據物證看來，事發經過的推論是合理的嗎？我們是法醫的眼睛和耳朵。沒有完善的現場調查，法醫在解剖室驗屍時會找不到方向。

我仔細檢視現場照片，相機的閃光燈打亮了屍體和房間。事實上，比起在公寓現場，拍立得相片讓我看清更多細節。這點不令人意外。你在現場時，吸收的是當下的訊息。有時候，為了分析事發經過，你必須退一步來看。你要學著跳脫環境思考，特別是環境裡有具死屍時，特別是周遭一片漆黑、什麼都看不清時。照片裡的現場看起來更陰暗，家具都是泥巴色，我看到上吊死者後方凌亂未整理的床鋪，泛黃的床單應該沒洗過。死者頭部後方延伸出一條長長的橘色延長線，常用在戶外的那種。他就是用這個來吊死自己的，很聰明的選擇，因為這款延長線很牢固，不會斷掉。不過，我在下一張照

2 查爾斯・西德尼・赫許（Charles Sidney Hirsch），美國法醫病理學家，從一九八九年至二〇一三年擔任紐約市首席法醫病理學家。他監督九一一事件受害者的身分查驗工作。

片裡看到延長線插在牆上的插座裡。難道有通電？

媽的。我還以為房子斷電了。

我馬上撥打公寓的電話，手指忍不住顫抖，祈禱員警會接起來。快點，快點……接電話。我更拚命祈禱遺體運送人員還沒到。

「呃，喂？」

「我跟你說，不要讓任何人碰觸屍體。」

「收到。怎麼了嗎？」

「我需要你去檢查檯燈，看看燈泡有沒有轉緊。」

「看看燈泡有沒有轉緊？」

「對……去檢查燈泡有沒有轉緊，我在線上等。」

我聽到話筒擱在桌上的哐啷聲。過一會兒，甘迺迪回來了。「大放光明！」他說。

我喘了一大口氣。「這到底是什麼情況？妳怎麼知道燈泡沒有轉緊？」

確認遺體運送人員尚未抵達後，我告訴他我的發現：死者動了點手腳，只要有人去割電線把他放下來，就一定會觸電。他把公寓布置得伸手不見五指，讓人以為公寓被斷電，其實只是把燈泡轉鬆，又把延長線插到離屍體有點距離的插座裡，這些都是經過深思熟慮的。我等甘迺迪把電線拔掉、檢查有無其他陷阱之後，才掛掉電話。

這是一起憤怒的自殺事件。

死者對這個世界不滿到自殺還不夠，還得找人陪葬，要讓放他下來的人遭到電擊身亡。而且他精心策畫這一切。如果我的手臂沒有打石膏（我對此事發牢騷好幾天了），我就會跟他共赴黃泉。

不小心被我鋸斷的肌腱或許反倒救了我一命（這個念頭閃過腦海，我先擱著，之後再好好想），這一定有什麼重要的人生啟示。我一向如此，未雨綢繆，先把這些啟示放在心上，日後必有其用。但是，該死，上吊死者一直在我心裡揮之不去，我一直想著他為什麼要傷害甚至殺害他人。是因為自己不幸，就一定要拉人下水嗎？他痛苦到知道其他人也會受苦才能好過點？他是不是想懲罰這個世界對他的痛苦視而不見？還是想留下印記，希望有人談論他？也許他只不過是個孤單的人，希望被記得，不管是好是壞。我不免想到那些持槍掃射群眾、最後再用一顆子彈了結自己生命的人。為什麼不乾脆點，自我了斷就好？

大哉問。為什麼不乾脆點，自我了斷就好？就在那時的不久之前，我也這樣問自己。約莫四年之前，我的人生跌落谷底。說來很不光彩，當時我酗酒，住在破舊狹小的單房公寓裡，在麥迪遜大道的一家鈕釦店打零工。我也沒資格再要求更多。

我十三、四歲時過得很悲慘，我從很小就有憂鬱症及自殺衝動。我一直是個焦慮不安的小孩，青春期荷爾蒙作祟更是雪上加霜。中學時，有個朋友讓我見識到吸毒、喝酒、性行為可以讓生活變得飄飄欲仙（這是我從未有過的樂趣），我不分青紅皂白就栽進去了。我想要時時刻刻都飄飄欲仙。當然，這樣的時刻很短暫，問題也不少，但我渴望暫時逃離一切。就算我的習慣讓我讀不了書、無法申請大學又怎樣，至少我當下很快樂。不只快樂，是超級爽。

我其實有拿到州立大學的獎學金，但我忙著吃喝玩樂，根本沒填好該填的文件。高中畢業後，我就做一些低階的工作，賺的錢僅夠在一家牙體技術所樓上租間雅房，月租七十美金，地點在馬薩佩誇（Massapequa）消防局旁，對面就是長島鐵路的車站，所以我睡得不好。我和六個陌生人共用一間衛浴，沒有廚房，只有電磁爐，所以我也吃得不好。只要付得起迪斯可的入場費和酒錢，我就滿意了。

感謝老天賜給我貴人，他們在你身上看到了你自己看不見的價值。我的老闆西莉亞・史卓（Celia Strow）注意到我很聰明能幹，納悶我為何沒什麼成就。史卓小姐是長島一家養老院的負責人，她雇用我管理儲藏室和備品，還有向失智的病人執行「現實導向療法」，也就是拿寫著日期和星期幾的教學卡片，問病患知不知道總統是哪位。我必須提醒這些糊塗的老人家他們現在人在安養院、配偶已經過世、孩子住在別處，總之就是那些大家都不願意想起的事。

史卓小姐跟我說有份工作叫「醫師助理」，類似「初級醫師」，只需要念書四年。薪水不錯，能讓我有份像樣的職業。聽起來好像可以。我只申請了一間學校，也就是石溪大學，因為要填很多份申請表實在太麻煩了。面試前一晚，我去夜店喝得酩酊大醉，凌晨五點才回到家。面試在上午九點。我距離石溪大學有一小時車程。我心想，管他的，我還可以小睡一下。我從睡夢中驚醒，不確定自己身在何處，而且已經遲到了。我沒有時間洗澡、換衣服，就火速趕到大學面試，渾身都是菸味和廉價琴酒的味道，布滿血絲的雙眼幾乎睜不開。

石溪大學沒有錄取我，一點都不令人意外。我覺得很丟臉，對自己喝茫了感到失望，但隔年我想辦法捲土重來，也錄取了布魯克林的長島大學。學校位於市區，上課地點在舊的布魯克林派拉蒙劇院，那華麗繁複的洛可可風格天花板讓我在聽脾臟功能的講課時分了神。雖然校園裡沒有爬滿常春藤的牆壁或是姊妹會之類的社團，但我終於進了大學，也為此感到自豪。我沒有喝那麼多酒了，學習與求知的樂趣重新被喚醒。課堂內容融合了科學和實務訓練：解剖學和生理學、化學和病理學，如何縫合傷口、放置鼻胃管、解讀心電圖、如何包紮斷臂。診斷方面的講座對我有如醍醐灌頂，那真的很重要。我可以調查症狀、累積對疾病的認識、抽絲剝繭、解決謎團、幫助他人。我童年時對科學的熱愛又重新燃起，我也覺得自己可以成就大事。我可以成為有用的人。我可以成功。

這大概是我第一次體驗到冥冥之中自有天意，天賜良緣。就像當你差點踏入車道時，有陌生人用力把你撞開；或是你在咖啡館喝咖啡、吃馬芬時巧遇某人，給了你很受用的建議。如果西莉亞．史卓當初沒有鼓勵我，我八成還在養老院工作，提醒老人他們想要遺忘的事情。

我這個剛畢業的醫師助理，在南布朗克斯區的醫院外科手術部門找到一份好工作，事情很多，相當忙。當時，醫院亂無章法，沒有住院醫師制度，所以讓醫師助理做所有事情。我也在聖馬可坊的婦女免費診所當志工，和四位令人振奮的女醫師一起做基本照護和子宮頸抹片檢查。我在那裡認識了一位朋友，她搬家後讓我承租原本的公寓。那間單房公寓位於西村的褐石建築，租金穩定，房子具備所有典雅的細節：壁爐、冠頂飾條，臥室門上還有小氣窗。我不在乎室內的油漆已有幾十年歷史，這是我第一次住在老派紐約風格的公寓，一切都讓我興奮不已。

換過幾個職務、經過幾次升遷後（包括有一段時間在加州凱薩醫療診所工作），我拿到哥倫比亞大學的公共衛生碩士學位。當時愛滋病首度出現，還是公共衛生的謎團與夢魘。我研究流行病學，那可說是醫學的左右手，深入調查某種怪病從何而來、原因為何、誰會患病、為什麼。

我擔任醫院行政工作，職涯前景看好。我翻修公寓，突顯室內充滿歷史感的細節特色。比方說壁爐，為什麼這麼淺？啊哈！原來是為了燒炭生火，在中央暖氣系統普及前都是這樣。深窗的側板好像是空心的，裡面有什麼呢？原來是豪華的實木百葉窗，闔上便可以抵擋冬季的嚴寒。太美了。我注意到我周遭的事物和我自己的變化。我對自己的家和工作感到滿意，真的開始相信我能為社會做出貢獻。雖然聽起來很老套，但我真的覺得自己變成了一個好公民。我很快樂，過得充實，有個相愛的女友。但是酒癮並不會輕易消失無蹤，幾年後，我又故態復萌。我愛上不該愛的人，又開始酗酒，並和交往七年，美麗、聰慧又善良的女友分手。我追求刺激，越多越好，吸毒、酗酒、沉溺性愛。我對喜歡的人說謊，予取予求，冷漠無情。我對所有人不忠。我喜歡能幹的自己，而我最擅長的就是當個成癮者。我把一切都搞砸了。

糟糕的荒唐事接二連三發生，我亂無章法的行為進入失控狀態。我被開除了，丟了絕佳的工作。房東覺得我把公寓翻修得很棒，她不想續租給我，想自己住進來了。我最新的一段戀情結束得很難看。接著，我二十四歲的弟弟約翰．路克（John Luke）死於藥物過量。失去這些都令我難以承受，我再也撐不下去了。我陷入深深的憂鬱。我一無所有。我一事無成。我為什麼不乾脆自殺，一了百了？

所以我喝個大醉，演練自殺。我的槍是幾年前在加州買的，我用未上膛的點三二左輪手槍抵著頭，扣下扳機。這樣練習，到時候我才不會猛然把頭轉開。我空槍射擊了一次或兩次，然後就因為幾杯伏特加下肚而不醒人事。如果說喝酒救了我一命也不為過。

我的人生就像心電圖：波峰波谷，上下震盪，有平步青雲，也有分崩離析。有一年多的時間，我慢慢跌到谷底。有天晚上，我喝到斷片，醒來時躺在地板上，身上纏著濕透的床單，渾身汗臭味。我的前額受傷瘀青，因為我從樓梯摔下去，絕對是酩酊大醉才會如此。暈眩不適讓我難以忍受，比噁心想吐更難受。我的腦袋裡出現砰砰的敲擊聲，我嚇到了，我從來沒經歷過這樣的宿醉。就連在我窗臺上跳動的鴿子，感覺都像在我頭蓋骨上鑽孔似的。我想死。事情非得改變不可。

Chapter 02 ／ 福禍相依，悲喜交織

阿姆斯特丹大道上的那家餐廳就和紐約市的上百家中式餐館一樣，是那種巷子口的小餐館，餐點美味、價格便宜，無論天氣如何，門外都排了一條人龍。雖然霓虹燈招牌上的店名是「福喜客棧」，但我女朋友小麗（Leigh）和我都習慣用店經理的名字，叫它「法蘭克的店」。法蘭克是個中年人，個頭小，很熱情，每次看到我們都一臉驚喜，即使我們前一晚才剛去過。

「真開心見到你，見到你真開心！快請進，老客人優先！」

餐廳上菜很快，菜餚美味，但讓我持續回訪的原因是他們提供無限量的免費佐餐酒。小麗和我會點兩道開胃菜，共享一道主菜，然後喝好幾公升從五加侖紙箱裡倒出的松節油風味紅酒。一份蔥油餅和薑燒雞，我們就可以吃上兩個半小時，只為了一直喝酒。服務生都很討厭我們。

當時我每天喝酒，喝很多，多半喝一款孔雀酒莊出廠的濃厚紅酒，半加侖賣美金五點九九元。這支酒很百搭，不搶味，不管是配外帶炸雞或肉桂甜甜圈都一樣好。白天或

上班時我很少喝酒，但是每天晚上的第一杯酒就像打開了嗜酒小引擎的開關。空酒杯讓我渴望下一杯，所以我一直把酒斟滿。小麗和我邊喝酒邊聊，對話變得越來越抽象。我以為自己悟出人生哲理（可以解釋為什麼我還在鈕釦商店兼差的哲理），但實際上我只是在抱怨。

「為什麼我要對他們好？」

「因為那是妳的工作，芭芭拉，要對客戶有禮。」

「但是他們都看不起我，一副高高在上的樣子。我恨零售業。」

「那就好人做到底，把另一邊的臉頰也轉過來任憑他打，學學耶穌。」

「是喔。如果耶穌得應付那些對膠木鈕釦有執念的人，他絕對不會把另一邊臉頰轉過去給人打。既然我們講到這個話題，另一邊臉頰到底是哪一邊？」

酒快被我喝到見底之際，我們的對話也進展到隨便立誓：「我要變得更好。我要活得更光彩。但是我有宇宙眩暈症。這世界讓我不知所措。我不知道自己的定位。」

「啥？」

這是醉鬼之歌。我這個酒鬼，棲身於不到五坪大的單房公寓，窗臺上被髒兮兮的鴿群占據，打零工度日，沒有存款，沒有前途，沒有規劃。

我的人生格局很狹隘。

我的宿醉越來越嚴重，隔天有一半的時間都在頭痛、作嘔、發抖。我喝的廉價酒讓情況更糟。我一直都嗜糖，孔雀酒莊的酒更讓我糖分攝取爆表。我想過也許該改喝沒那麼甜的酒，比方說伏特加。但是我真的很喜歡紅酒的味道，而且喝紅酒比較健康，對不對？

很多人含蓄地給我建議，例如我的治療師，他說：「妳喝太多了。」或是我朋友凱特，她說：「姐妹，妳真的一團糟。」我都當耳邊風。沒必要吸收那些負面想法。最好擁有正面心態。

如果我想要，就可以戒掉。

我試著控制飲酒：一杯酒一杯水輪流喝、晚上七點前或十點後不喝、絕不空腹喝、星期二和星期四不喝超過一杯。我一直灌水，忘記當下的時間，整天吃個不停。一杯太多，五杯太少。一旦開始第一杯，就無法克制，停不下來。

我該求助了。

一九九一年七月的一個晚上，在去法蘭克的店的路上，我告訴小麗我要減少酒量，請她在我喝完第三杯酒時提醒我。

我一下就喝到第三杯了。

「嘿，已經三杯囉，妳有點茫囉。要不要改喝汽水什麼的？」她問。

「噢，我沒事。再幫我倒一杯。」

她照做了。但我並非沒事。

我跌跌撞撞走過怒目而視的服務生和面露不耐的客人，走過幾個街區到尼斯早晨（Nice Matin）餐廳跟朋友見面，再喝個幾杯。餐廳很漂亮，是紐約那種經營得有聲有色的高級法式餐酒館。長長的吧檯、磁磚地板、很有氣氛的燈光以及咖啡桌，都讓人想起美好年代的巴黎。那裡沒有免費葡萄酒，不過這根本阻止不了我。

後來我聽說，當天深夜，我站在七十九街正中間，把我僅存的現金給了乞丐，他說想拿來買海洛因，我為他的誠實鼓掌，至少別人是這麼轉述。我只記得我抱著一杯桑塞爾產區的白酒，努力想解釋某件不清不楚的事，例如伯羅奔尼撒戰爭的起源。我喝醉時很會撐，講話依然從容不迫，睜大眼睛表現出沒醉的樣子。我完全不知道自己是怎麼走到街上，怎麼回到家，怎麼摔倒在地。我完全失憶了。我已經不再是我，對自己的行為毫無意識。我斷片了。

當天早上，我醒來時全身痠痛痙攣，躺在地上，衣衫不整，裹著被汗水浸濕的床單。我一定是從床上摔下來了。我揉著疼痛的頭，手上有乾掉的血跡。小麗說我在街上和樓梯上都跌倒了。

我花了一陣子才起身，噁心想吐讓我難受，充滿罪惡感，因為我大概做了甚麼不好的事。我焦慮莫名，恐懼大於害怕。知道自己出狀況真的嚇到我了，我完全記不得前一晚的事，這點很可怕。斷片表示我是個酒鬼嗎？我不希望自己是酒鬼。我希望自己享受微醺的幸福感，像個正常人。我痛恨自己「有問題」，痛恨自己失控。

吞了一堆阿斯匹靈後，我打電話給朋友凱特，她對這些事瞭若指掌。「喂，凱特？嗯，我跟妳說，昨天晚上我在法蘭克的店喝酒，結果弄得很難看。」我告訴她我後來跌倒，弄傷頭部，也告訴她在幸運餅乾之後的事情我幾乎記不得。我邊說邊苦笑幾聲，想輕描淡寫。不過是個荒唐的小小冒險，瘋狂玩了一整夜。

凱特沒有跟著笑。

「噢，芭芭拉，妳還好嗎？抱歉我問了蠢問題，妳一定不好。」一聽到這句話，我就開始哭了。「妳要我過去嗎？還是妳想去聚會？」

匿名戒酒會（Alcoholics Anonymous，簡稱ＡＡ）。

該死，真的到了這個地步了嗎？

凱特說她會打給匿名戒酒會熱線，幫我找個好的聚會地點。匿名戒酒會和中式餐館一樣，紐約市有數百間。

這會是我最後一晚喝酒。

當天下午，我去了西村的裴瑞街參加聚會，街道上滿是褐石建築，綠樹林立。聚會房間很小，以前這裡是豪華公寓大樓時，這個空間大概是門房的辦公室，感覺像個牆面上凹陷的小洞。室內很暗，真是謝天謝地。我屈身坐下，躲在暗處。這樣要離開比較快。我不希望被注意到。我不想要別人認為我是酒鬼。好像人家都不知道一樣。

室內很擁擠，大概有二十人，大家坐在搖晃的折疊椅上，很多人手上拿著轉角那間熟食店的藍白相間外帶杯。牆壁上褪色的海報列出無止無盡的規定：「請對聚會內容保密。」、「量力付出，如果無力，請務必回來。」、「十二個步驟。十二個傳統。」[3]一些憤世嫉俗的想法不斷冒出來：*妳不需要這些規定，妳很聰明，可以自己解決。事情沒那麼糟。我沒那麼糟。*然後另一波噁心焦慮感又會向我襲來，我徹底放棄。

我需要幫助。

幾分鐘之後，一位男子走上小講臺，把燈打開。他讀了一段什麼，我聽到：「入會的唯一要求，就是想要戒酒。」我心裡還是嘀咕：*這點我還不確定。*顯然屈服是個持續不斷的過程。

他介紹講者上臺，請他分享自己酗酒的經驗。講者看起來是個普通的上班族，穿著卡其褲、鈕釦襯衫，樣子就像平常在二號火車上會看到、在讀報的一般人。他看起來不

3 匿名戒酒會廣泛使用的指導原則。

像酒鬼。在場沒有人像酒鬼。

他說了一個故事，讓我心有戚戚焉，就是「控制下」的飲酒。

「我會嘗試不同的酒，佐餐或單喝，喝一天、停一天，或是只在週末喝。我要是能夠控制，我一定會控制，但我對酒精就是沒轍。一旦開始喝就停不下來了。」這番話很熟悉。然後他談到和自己協商：也許他可以去匿名戒酒會，去一段時間，滴酒不沾。之後重新開始，有節制地飲酒，像正常人一樣。

喔，天啊，他說出了我的心裡話。

這位講者說完後，其他人也分享自己的經驗或是談論自己的感受。有些很悲傷，有些很好笑。大家輕鬆地大笑或是湊過去拍拍對方的肩膀。每個人都很放鬆。我則感到羞愧，緊緊握住拳頭。

後來，有人起身，把籃子傳下去，每個人都丟點零錢進去。那人宣布了些事情，並問有沒有人是新加入匿名戒酒會的。我半舉起顫抖的手，用沙啞的聲音說：「嗨，我是芭芭拉，嗯，這是我第一次參加聚會。」在場的二十人都轉向我，臉上掛著大大的微笑，大聲說：「歡迎！請務必再回來！」

我心中湧現美好溫暖的感覺，但又馬上被熱燙燙的尷尬感取代。**這不是我的風格啊。**

此時，心裡又出現一陣不確定感。**那現在咧？怎麼沒有一些指示呢？**

聚會結束後，我注意到一位穿著緊身白色T恤的帥哥盯著我瞧，臉上掛著會意的微笑。他朝我走來，遞給我他的電話號碼。這不對吧！用這種招數跟我搭訕？這裡不適合吧？

「如果妳想喝酒，就打電話給我。」他說。我過一會兒才意會過來，他不是在約我出去，而是在拋救生索給我，如此而已。他給我一本聚會書刊、幾本小冊子，然後建議我務必回來。

我的心情還是很糟，所以當天晚上又去了另一個聚會（雙倍功效）。我往上城區走，到了西七十九街的教堂地下室，這個聚會規模大，人聲鼎沸，大家好像彼此都認識。我很害羞，依然因為焦慮而不適，還很害怕。我四下張望，想在後排找個空位，便見到一位魁梧又友善的男子朝我走來。噢，該死。

「嗨，妳是新來的嗎？如果妳願意和我們坐在一起，那邊有空位。」他指著一群男女，他們聊天談笑，彷彿身處雞尾酒會。他們歡迎我，視我為失散的姊妹，不吝與我分享書籍、給我電話號碼，還邀請我去喝咖啡。我不知所措，不了解為什麼他們如此無私。我臉上肯定寫著「來幫助我吧」，而樂意助人的他們也就這樣伸出援手。我手抖、結巴、坐立難安，一看就知道是當天還沒喝酒的酒鬼。過了一段時間，我才知道，幫助別人戒酒是他們保持清醒的方法。我來對地方了。

束手無策之下，那週我每天都去不同的聚會，有時候一天去兩場。有些聚會很輕鬆熱絡，甚至有趣，有些則一派正經，相當嚴肅。成員形形色色，上東城的主婦和前科犯、失去一切的有錢人、回到生活正軌的前遊民。成員有來自公園街的，也有睡公園長椅的；有來自貧民窟的，也有蘇活區的。執行長和卡車司機、藝術家和店員，全都匿名分享自己的人生。我很訝異見到幾位青少年，羨慕他們在蹉跎人生前就來解決問題。

每一次聚會，他們都會請新來的人自我介紹。有一天我鼓足勇氣說：「嗨，我是芭芭拉，我酗酒。」我說出口了，**酗酒**。能夠承認長久以來心知肚明的事，我其實並不覺得是失敗，反倒是種解脫。我不確定是在哪個時間點發生的，但是不久後，我的羞愧感就被一絲自豪取代。我不孤單，我屬於更大的群體，屬於堅強有趣的一群人，他們每天奮力對抗致命疾病。參加匿名戒酒會的不是膽小鬼。我連續九十天滴酒不沾，九十天足以養成習慣和改掉習慣。我找到一個群體，是女同志的聚會，我在那裡慶祝里程碑，拿到第一枚紀念幣，那枚黃銅硬幣代表我首次達成連續九十天滴酒不沾的成就。夥伴們為我鼓掌，我落了淚，但這次是開心的眼淚。我感覺好極了，也持續參加聚會。一天一天地，我不再碰酒了。

我只要開始做一件事，就要做到最好，所以我全心投入匿名戒酒會。我找了互助對象、完成十二步驟、讀完「大書」（Big Book）[4]、每天參加聚會、會後和組員出去。我泡咖啡、傳籃子、和新朋友打招呼。我有點操之過急，一位前輩叫我放輕鬆，享受戒酒的第一年。

她給了我有用的工具：三個A，分別是體悟（awareness）、接受（acceptance）、行動（action）。她說：「留在體悟階段一陣子。」我之前體悟到我是個酒鬼，需要幫助。那可是跨出了一大步，妳或許會說那是一記警鐘。那不會是第一記。

我腦袋清醒後，開始覺察更多事，比方說我如何深深欺騙自己。酗酒者的第一個謊言，就是輕描淡寫。淡化處理整個情況、喝了多少、行為多糟糕。你試圖輕描淡寫一切，但你騙不了人，只是輕忽自己。然後（我不知何者較糟），你從輕描淡寫轉成誇大其詞。就像我誇大自己在鈕釦店的重要性，自以為是櫃姐，是有品味有教養的銷售人員。好像這樣就比較高尚，不會覺得浪費了自己受的教育。

體悟是好事，但也不盡然好。多年來我養成的性格缺陷浮現出來，我覺得羞恥。

---

4 原書名為《Alcoholics Anonymous: The Story of How Many Thousands of Men and Women Have Recovered from Alcoholism》，由匿名戒酒會的共同創辦人比爾．威爾遜（Bill W.）撰寫，包含十二步驟、匿名戒酒會成員的故事與理論方法等，被全球戒酒者廣泛使用，因其影響力與重要性被稱為「大書」。

這感覺似曾相識，我回想到十二歲第一次喝醉，當時家族野餐烤肉，奶奶給我喝琴酒加蛋白的調酒。一開始很好玩，我喜歡酒精帶來的放鬆感，整個人傻呼呼的，覺得萬事如意。然後我看到媽媽盯著我的表情，我覺得無地自容。

但此一時，彼一時，我的互助對象如此提醒我。「放輕鬆，好嗎？」她說。「在你了解情況以前，你無法改變它。接受現況，向前邁進。」

接受現況，向前邁進。

這不容易，但周遭有能同理我的人確實有幫助。匿名戒酒會成了我的生命線。整個系統和邏輯思維都很吸引我，即使到了今天，我在做重大改變前都還是會使用三A原則。體悟、接受、行動。匿名戒酒會的名言是「喝酒本性難移」，或是「如果什麼都不改變，什麼都不會改變」。如果你不改變、不成長，你就會再度成為酒鬼，或是即使完成戒酒步驟，還是渴求飲酒，依然保持最初毀掉你人生的一貫行為。偶爾，我會聽到有人保證戒酒能活出「超出所望的人生」。我以為那只是誇飾法，況且我早已失去盼望。

我們學習活下去的本領：誠實、仁慈、工作、接納他人、正直、信守承諾、善良。所有純淨、清醒的人生要素都被打包進琅琅上口的口號中，提供給困在迷霧中的心靈。

我在聚會中成長茁壯，在「粉紅雲朵」[5]上飛翔；在你停止毒害身體細胞後，暖洋洋的感覺於焉登場。我喜歡清醒，感覺自己達成了目標。每個沒有喝酒的日子，就像是把錢存進銀行。清醒是份禮物，我絕對不會還回去。

我的思緒依然模糊不清，互助對象建議我不要在第一年做出任何巨大的生活改變。但是小麗和我此時想法有所衝突。我需要滴酒不沾，但她不需要。也許過一陣子我可以繼續喝酒。她會想：「如果只喝淡啤酒呢？」幾個月後，我們和平分手。令人開心的是，她也找到了想共度人生的對象。

幾個普通朋友也這麼散了，跟我相處時，他們覺得喝酒不太自在，雖然我不在意他們喝不喝。我知道自己以前很毒舌，動不動就指出別人的問題，以免別人把焦點放在我身上。現在，我沒有時間去批評別人，光是處理自己的問題就忙不過來了。我交了很多新朋友，參加清醒舞會（一開始我覺得這不是個好主意）。我能想像刻意堆著笑的人沿著牆壁站，太彆扭了，不敢進入舞池中央跳舞。但這跟我去過的其他派對沒有兩樣，就差在沒有人跌倒、挑釁，或是在角落啜泣。晚上玩個痛快，隔天醒來時知道自己沒做什麼蠢事，實在很美好。

5 Pink cloud，是戒酒互助會中常用的詞語，指戒酒者在戒酒初期感受到幸福、希望、情緒高昂的狀態。這種狀態的成因可能是剛脫離酒精的影響，身體和情緒正逐漸恢復健康，並開始對未來樂觀、懷抱希望。

要是我沒有戒酒，我的人生格局會依然狹隘。一旦我開始經常喝酒，我根本不敢考慮旅遊、上館子、看劇，我連電影都不會去看。太麻煩了。以前我自認很風趣，現在我知道自己尖酸刻薄，嘴巴很壞。最糟的是，我失去了好奇心。

孩提時期，我會自顧自開心坐著，盯著各種小裝置，進行拆解，想知道內部如何運作。我拆開父親的真力時電晶體收音機，對著裡頭彩色的小電阻和電容讚嘆。我用材料包自己做礦石收音機，還真的能用！當我看星期六早上兒童科學節目裡的巫師先生做實驗時，我就知道自己是個科學家。我需要實驗室。我喜歡抽絲剝繭，也想知道事情的來龍去脈。我一直不停地問「為什麼？」，到了惱人的地步。當然，當時我得到的答案是「啊就這樣啊」。不過，我說服爸媽讓我買吉爾伯化學套組，以及一本圖文並茂的解剖書。我保證：「這是在投資我的未來。」

化學套組是個三摺的金屬盒，我可以埋首其中。化學藥品瓶在中間，試管和燒杯在右側，工具和手冊在左側。我對這些得心應手。我在進行如此重要又危險的實驗時，弟弟妹妹被禁止來打擾，這其實是好事。要是有東西爆炸怎麼辦？身為九個小孩當中的老大，我很有自知之明。我很有責任感，知道如何滅火，知道如何急救。我可是擁有化學實驗套組的人。

隔年，我的耶誕禮物包括顯微鏡和人體解剖模型，透明身體內的腸道一覽無遺。生日時，我收到一隻泡在福馬林裡的死青蛙，還有解剖儀器套組。我完全著迷。鄰居小孩會帶在路上被撞死的動物屍體給我，我就在一群興奮的觀眾前動刀解剖。切開動物屍體，查看身體的運作，看看骨骼、肌肉、器官如何交互作用，那種悸動無與倫比。童年時期對生死差別的探究，是刻骨銘心的經驗。漸漸地，那些小小科學家的夢想在酒精瀰漫的失望與失落中消逝殆盡。

有時候，我會回想我在匿名戒酒會最初的時光，以及我採取了哪些步驟，最後終於屈服。是的，就是屈服。我不知道我是怎麼甩掉包袱去求助的。那不是我的作風。我喜歡主導一切，當自己的主人。但是我只在小小的部門作主。

我的互助對象指出我高才低就。或許吧，但我也不願意離開當前的工作，我的業務輕鬆，壓力不大。但是，該採取行動了。這有點可怕，就像走出校門，踏入外面的世界。我已經沒有藉口不去嘗試、不去冒險。互助對象告知我一個為期八週的職涯諮詢服務與職業康復訓練，叫作EPRA（Employment Program for Recovering Alcoholics），也就是給康復中酒癮者的就業計畫。在紐約州，酒精成癮被視為一種障礙，所以你可以獲得免費協助與服務。我申請了該計畫，因為在匿名戒酒會裡，你會從善如流。

經過一連串面試和諮商課程後，我被告知要開始為期四週的職業判斷評估和情境評量。聽起來很正式、枯燥，但其實很有趣。我們進行各種測驗：職業性向測驗、

MAPP職業評估測試、邁爾斯－布里格斯（Myers-Briggs）性格分類表和有關偏好的測驗，這個我很樂在其中。題目都是問你偏好選擇哪一樣：你偏好打信函還是為馬梳毛？你偏好修理汽車引擎還是設計洋裝？你偏好獵捕松鼠還是標出小行星的位置？

我參加小團體，坐下來討論對於工作的感受。因為酒癮者多半不切實際，自以為規則不適用於自己，團體聚會教我們要謙虛。與人為善，工作守分，融入群體。我同意，即使我自認教育程度高過在場其他人。此時一位成員（這位女士態度不可一世，始終語帶嘲諷）解釋她對於工作守分、融入群體的感受。「你知道嗎，我是律師，更確切來說是行政法官。你不能期待我接什麼工作都可以。」從別人的口中聽到我自己的心聲，我感到很難為情。

是該改變的時候了。

我們必須做幾週的志願服務，我被分配到「雪中送炭」慈善組織的廚房，這個機構發送免費餐點給出不了家門的愛滋病患。因為我有公共衛生的碩士學位，我被分派去切洋蔥和芹菜。我雖然不喜歡這個任務，但依然重複他們耳提面命的「**做什麼像什麼**，對**自己的工作自豪，不要自視過高**」。我有努力，但還是不擅長切菜，所以他們指派我去拆信與整理郵件。當然，我知道開信封有更好的方式，但是他們跟我說得很清楚：**完成你的工作就是了，芭芭拉**。

不久，各式測驗結果都出爐了，出乎意料地準確。看完測驗結果後，諮商師告知我，我應該當家禽獸醫或驗屍官。

「為什麼是家禽？」我問。諮商師解釋，他擔心生病的小狗會讓我心情沮喪。

「但是，」他說。「小雞的眼睛小小的，沒有人會因為小雞而傷懷。」

我之前擔任醫師助理時，往往因為和病人太親，以至於病人不幸過世時我會很沮喪。但如果我的診斷對象本來就死了呢……？

我毫不遲疑：「我選驗屍官。」我告訴諮商師。

身為驗屍官，我可以找出事件真相、做科學檢驗、查案。正所謂水到渠成。

我可以問**為什麼**。

在就業計畫中，他們出了作業給我。我得去訪問我認為在紐約市擁有最棒工作的人。我記得前一年在《紐約時報》看過一則徵才廣告，招募驗屍官辦公室的調查員。我常在《紐約郵報》或《每日新聞》的犯罪報導看到一個名字：「首席法醫查爾斯・赫許醫師的發言人指出，死因是——」

諮商師曾說，大家都喜歡談自己的工作，那麼何不試試看找他談？我致電赫許醫師，表明想訪問他。他親切地答應了。

赴約當天，我擦亮鞋子，梳好頭髮，上點眼妝，抹些唇蜜，妝容素雅。我穿上唯一的西裝裙套裝，那是之前當醫師助理與聖巴拿巴醫院行政人員時買的。我抵達第一大道和三十街交叉口。這身深藍格紋套裝讓我覺得自己很顯眼，因為我好長一段時間都只穿黑色。這棟大樓是個亮藍色磁磚組成的立方體，是醫院街上一棟略顯包浩斯風格的破舊建築，沿著第一大道還有貝爾維尤醫院（Bellevue Hospital）、紐約大學朗格尼醫學中心（NYU Langone）和退伍軍人醫院（VA Hospital）。大樓門面有拉絲鋁線拼出的字母，自信霸氣地宣告其名：

CI Y OF NEW YO K
OF ICE OF CHIEF ME ICAL EX INER[6]

大廳昏暗，是死者親屬的等候區。牆壁是美麗的褐色、紫色相間大理石。接待櫃檯上方用輝銀色字母醒目地印著拉丁文：談話止於此處，笑聲遠離此地。於此，死亡欣然拯救生命（*Taceant colloquia. Effugiat risus. Hic locus est ubi mors gaudet succurrere vitae.*）。超詭異。

6 因建築老舊，文字損壞不清楚。意思是「紐約首席法醫辦公室」。

我只等了一下就被帶進赫許醫師的辦公室。辦公室很大，有很多書，有一整面牆掛滿照片，都是穿著白袍的年輕醫師。在每張照片裡，赫許醫師都站在一小群鑑識病理學畢業班學生正中央，歲月慢慢在他身上留下印記。

我一開始頗為緊張，怯生生的，但很快就自在多了。赫許醫師叼著菸斗，褲頭夾著吊帶，模樣比較像歷史學教授，而不是有權勢的市政府官員。他相貌普通，但是極具魅力，高聳的鼻頭歪向一邊，那是大學拳擊賽留給他的紀念，他還有對招風耳。但是，他的雙眼閃爍著睿智與幽默，歪嘴的微笑馬上就讓人卸下心防。不知怎的，他讓我覺得自己是貴客。他說：「謝謝妳來訪，跟我說說妳自己，好嗎？」我當下有點愛上他了。我談到曾當過醫師助理，還有醫院行政事務有多無聊，他笑了。「我也覺得，」他說。「我不喜歡行政工作，所以我聘請最優秀的人才，然後聽他們的。」

對於這次會面，我其實沒有做什麼準備，我把時間都花在選擇該穿什麼衣服上，沒有好好思考想從中學到什麼。傲慢的酒鬼就是這副德性。但我發現他很好聊，我的問題也源源不絕。

「和死者一起工作是什麼感覺？」我問。

他先是故作正經說：「很安靜。」接著說：「不過啊，其實我們是為了死者的家人工作，這比較困難。我們在他們人生最艱困的時候見到他們，他們想要答案，想要正義。這份工作很高尚。」

我們輕鬆地聊天，他竟然那麼恭敬有禮，好像我是什麼重要人物。很多人喜歡威嚇他人，才能主控局勢，大權在握。但查爾斯．赫許不會。他希望我覺得受尊重，覺得自在。像他這樣擁有自尊的人，從來不需要自抬身價。

他帶我穿過大廳去見調查部主任里察（Richard）。里察在接待櫃檯前停步，翻譯牆壁上的拉丁文題詞：「讓言談停止、笑聲遠離吧，因為這裡是死亡樂於協助生者的地方。」

里察很開朗，極度熱情，口音介於西部和中西部之間：「歡迎，歡迎，拉張椅子坐，當自己家。妳今天好嗎？不錯？很好。」他笑臉迎人，握手有力。儘管表面看來和藹可親，里察完全表現出他是哪種類型的人。他坐在大辦公椅上往後躺，十指交握，枕在後腦勺，透露出他很放鬆、有影響力。我在想，要是他的椅子翻倒，頭撞到地，還能放鬆到哪裡去。我懂他這種類型的人，他們喜歡虛張聲勢，覺得自己大權在握。這種人其實很容易操控。

不一會兒，里察把我介紹給他的法醫調查員團隊。其實算不上介紹，他就只是把我丟進去。「嘿，大夥，」他說。「這位是芭芭拉，跟她說一下我們的工作。」

調查員辦公室是個三坪大的空間，唯一的小窗戶被沒在運作的空調堵住了，還有四張笨重的灰色金屬桌、幾個檔案櫃，以及你在一九五〇年代政府機關會看到的破舊棕色亞麻地板。

法醫調查員是一群怪咖。雷文（Reuven）是英俊的東正教猶太人，戴著圓頂小帽，留鬍子，穿著深色西裝，打領帶。蘭迪（Randy）衣著講究，打扮整潔，亮點是一頭金髮。兩位的褲子都有吊帶，向赫許醫師致敬；雷文的吊帶是黑的，而蘭迪的是亮紅色的。接下來是鮑柏（Bob），風格邋遢，卡其褲皺巴巴的，鬍子蓬亂。他們全都望著我。我為什麼在這裡？他們不久前才獲得許可，再徵求一名調查員，但我看起來不像是來應徵的。他們顯然以為我是個「親切的女生」，看我穿西裝和高跟鞋，以為我是做行政的。

這群法醫調查員測試我，給我看凶殺案與恐怖意外的血淋淋照片，看看我的反應。鮑柏給我看他早上才剛收到的案子。一名男子躺在路上，就在打開的車門旁，血從他的頭部流到下水道。「看到他臉上的痕跡了嗎？那些是安全玻璃造成的挫傷和擦傷，表示子彈射穿緊閉的車窗擊中他。」

「哇！所以即使他被丟在外面，你還是知道他是被穿過窗戶的子彈射中的。帥喔。」

雷文把一張照片推到我眼皮底下。一具浮腫漏水的屍體，皮膚表面上紫綠靜脈交織如大理石紋，眼珠突出像石像鬼。「妳知道這是什麼嗎？我們整個夏天都在看這個。這是腐爛的屍體，可惜妳從照片聞不到味道，妳不會相信有多臭。」

「有意思。他怎麼死的？」

「誰記得？案子太多了，我不知道哪個是哪個。」蘭迪竊笑。「你不知道可能是因為你連門都沒踏出去一步。」他轉向我。「雷文不喜歡鞋子沾到那些黏液。」

面對照片陣仗，我眼睛都沒眨一下，只跟著笑話一起笑，對案件提問。接著蘭迪帶我去解剖室，凶殺案被害者躺在臺子上，胸口插著一把刀，還有多處刺傷。我問兇手是慣用右手還是左手，病理學家於是對刀傷角度開始有趣的討論。

太有意思了。

之後，我回到里察的辦公室，我們針對法醫調查員又多談了一會兒，談工作內容與困難之處。然後他又往後躺在椅子上，開口問：「妳想不想為我們工作？」

「真的嗎？」

「對。有個調查員的缺。如果妳想來，就是妳的了。」

如果我想做就是我的了。

我要這份工作。

我激動到想跳過桌子去接受這份工作。酗酒讓我找到夢想中的工作！但是我也很害怕，這完全脫離我的舒適圈，脫離我最近那份不需要花什麼力氣的工作，脫離我可以慢慢改變的十二步驟計畫保護殼。死因調查這份工作可是會影響他人的人生，我憑什麼自認有能力做好？但是我曾經在專業領域待過，在外科擔任醫師助理，後來轉職醫院行政。我曾經做得不錯，擔任要職。我可以為這個角色重新塑造形象。我一直都很擅長此事。

就業計畫教我要「裝模作樣」。裝出妳很清醒、自信、無所畏懼的樣子。裝久了就變成真的了。

我做得到。

Chapter 03 ／ 如何滾動屍體

我在首席法醫辦公室的訓練亂無章法。一九九二年九月，我報到上班（心情緊張但自豪），我得觀摩驗屍和出席課程講座，並參加每日巡診，此時法醫會和首席法醫討論案件。其中一位同仁會報告自己手上的案子，比方說搶劫犯上前恐嚇老人的案子。「把錢交出來，否則我殺了你，混蛋。」攻擊者揮舞著手上的刀子說道。老人抓著胸口倒地，幾分鐘後氣絕身亡。老人患有心臟病，驗屍顯示心肌梗塞。但是搶劫犯並沒有對他進行人身攻擊，所以這算自然死亡還是他殺？

我完全被吸引住了。

「你發現受害者時是什麼狀態就寫什麼，」赫許醫師說。「這是心臟病發的他殺。」

「死亡證明書上怎麼寫？」同仁問。

「實話實說。死因：動脈粥狀硬化心血管疾病。死法：他殺。然後在『傷害如何造成』一欄，或許可寫『武裝搶劫之壓力促發的心律失常』。」

然後是藥物過量。很多很多的藥物過量案件。是意外還是自殺？首席法醫會說：去讀法醫調查員的報告。事發背景和意圖為何？他想找樂子，還是尋死？背景和意圖，我得找出這兩者。在內部或出勤時我都跟著比較資深的調查員學習。我得盡可能到現場見識各種案件，也要接聽醫院醫師的電話，他們的病人一息尚存時還在急診室，最終會送到太平間——他們的終點站。

我很快就了解，我們不只調查死亡，還協助預防死亡。如果是因為意外而死亡，或許我們可以防範於未然。事實上，紐約市明文規定窗戶需安裝護欄，就是因為法醫見到太多孩童從窗戶墜樓死亡的案例。在車上必須繫安全帶，也是從法醫回報的車禍死傷數據而來。誰會知道這些？

我在每個部門見習：在病理學觀摩驗屍、參觀毒理學和組織學實驗室、學習鑑識小組如何把死者與其家人配對，以及停屍間與紀錄和行政管理部門如何運作。我所屬的調查部門顯然是最有趣的。通常有二十位法醫調查員和幾位兼職的醫師調查員，每個行政區有五位（史坦頓島除外，那一區相對平靜）。我要求負責曼哈頓區，也如願以償，有時候案件太多，也會處理布朗克斯區的案件。

一切都很新鮮有趣。我能夠見到城市裡不為人知的部分，這點我超愛。我特別喜歡和大夥到現場出勤，又興奮又害怕。不只有自然死亡的案件，還有疑點重重的死亡。天啊，那可是謀殺案。要是我犯錯怎麼辦？要是我違反哪條規則，在警察前搞砸怎麼辦？

我還要幾個月才能到紐約市警察局去上犯罪偵查與凶殺案課程，那些課程會教我偵訊技巧、蒐集與保存證據、判讀血跡滴濺模式。警察局每年會邀請兩到三位法醫調查員參與這些培訓課程，這是互惠互利之舉。同時，我四處吸取知識，像呼吸空氣一樣。

我要學的不只是法醫調查技術，還要學習如何在所屬的新世界中自處。我最早看過的驗屍之一，死者是一名八歲女孩，她被中年男子強暴並悶死，然後被棄屍在垃圾場。男子很生氣，因為他之前給了女孩的母親五十美金買古柯鹼，供兩人狂歡作樂，但是她拿了錢就走人，於是男子就帶走她的女兒。《紐約郵報》標題稱女孩為「淪落地獄的天使」。我對眼前所見感到噁心、不知所措。我問進行解剖的法醫，為什麼能忍受做這份工作，她給了我一些絕佳的建議：「妳每天離開這裡之後，請讓自己被美好的事物包圍。享受自然、藝術、美食、音樂和愛。務必這麼做，一天都不能省。真的。」一點也沒錯。後來，我在山區買了小小的週末度假屋，我可以徜徉於青草綠樹間，飼養寵物。我養了一隻名叫蒙奇的獨眼貓，另一隻叫法蘭克，看起來像穿緊身燕尾服的服務生，還有牠倆很愛折磨的狗喬伊。儘管此舉有幫助，仍遠不及在情感上劃清界線。那是我在匿名戒酒會家屬團體（Al-Anon）學到的，我會參加這個團體，是因為我往往和像我這樣的成癮者有糾纏不清的關係。我學會和極端情緒保持距離，而在我處理一些非常扭曲的案子時，保持超然確實有用。

訓練我的諸位法醫調查員個性天差地別，相當不同。和蘭迪出勤的話，在我們花一小時調查自然死亡的同時，他會一直和警探講八卦。他會聊他看過的百老匯劇、吃過的餐廳、哪位法醫在和哪名警察交往。他也喜歡嚇人。有次我們在調查漂到哈德遜河畔的浮屍死因時，遇到搭乘環線觀光遊輪的遊客，他們開始拍照，無疑是要秀給杜塞道夫的鄉親父老看。霎時我目瞪口呆，但蘭迪泰然處之，舉起死人的手臂，開心地揮舞。結果觀光客根本沒被嚇到，快門按個不停，閃光燈讓天空亮到像在放煙火一樣。

蘭迪興致一來，就會教我更精細的調查要點，例如如何藉由追蹤子彈碰撞痕跡到傷口的角度，來斷定屍體原本的位置——找出牆壁上的彈孔，用雷射筆或細繩連到槍傷開口，注意子彈貫穿皮膚時在表面造成的一輪擦傷的方向性。有時候他會示範相當實用的技巧，比方說滾動屍體以檢查每一側（把死者的一條腿與另一條腿交叉，把一側的手臂疊到另一邊肩膀上，然後蹲坐在屍體側邊，推臀部和肩膀）。這個技巧常派上用場。

和雷文出勤則都在加速狀態，從這個現場趕到下一個。快進，快出，無人受傷。按快門，翻屍體，再按快門，戳腹部，聽現場指揮官敘述事發經過。

「那你會告訴我我們剛做了什麼嗎？」我們出勤幾次之後，我問他。

「芭芭拉，這又不難，」他嘆了口氣。「鄰居打給警察，請他們來關心一下。我檢查他有無外傷，沒有。浴室櫃子裡有心臟藥物，桌上有門診掛號單。門窗全都從室內上鎖，現場沒有藥物或酒精。鄰居確認死者身分。顯然是自然死亡，不需要驗屍。因為沒有家屬在場，我要把他收進來以利後續認領。我們會核發死亡證明，因為沒有醫師來做這件事。」

「要是他是被下毒的呢？」

「誰要毒殺身無分文的老人呢？」

有道理，但是我想精益求精，不想善罷甘休。

「要是他是納粹戰犯，其中一名受害者家屬來報仇呢？」

「那我也太幸運了吧。」他說。「相信我，這是自然死亡。」

雷文很滿意自己搞定了我這個菜鳥，匆匆回到辦公室，接女朋友和老婆的電話。他的太太以為他上白天班，女朋友以為他上夜班。

我們的辦公室又小又擠，沒有隱私可言，所以我們聽得見雷文盡力應付他複雜的生活。「不好意思，我得接這通電話。」大夥狂翻白眼。

「瑞秋，我今天晚上要加班。我們有大案子。我不能透露……不行。別這樣嘛，拜託，不要這樣……這是市政府派下來的。沒錯。我得掛電話了。」

我們大笑起來。「市政府？噢，真是個好藉口啊。」

蘭迪走到門外，幾分鐘之後跑回來。「嘿，雷文，州長打來，在第三線，他說很緊急。」我笑彎了腰，笑到肚子痛。

雷文笑著搖搖頭，用慈愛的眼光給我們祝福，然後他又拿起電話。「嗨，伊蓮娜，我們正在……對，我可以下班了。六點見。」

我不知道他怎麼有辦法過這種雙重生活。幾年前我試過，晚上喝酒、吸古柯鹼，白天在醫院做行政。掩蓋真相很累人，要不斷找藉口解釋我的眼睛為何布滿血絲、為何在辦公桌前打瞌睡，而那並不容易，沒有人每個星期都在「感冒」吧。

我大部分的現場訓練都是鮑柏帶的，他教得很仔細。鮑柏是個溫暖慈愛的人，他是越戰退伍軍人，患有創傷後壓力症候群，沒去治療，講話講到一半會睡著。他說他有嗜睡症，但我知道那是藉口。從他偷偷在桌子抽屜底層摸索的樣子看來，那應該是伏特加配藥丸的副作用吧。但是鮑柏花很多時間帶我在現場學習，解釋天氣改變對計算死亡時間的影響，或是在滾動腐屍時如何避免液體湧出。他帶我看窒息死亡特徵的細微痕跡。「檢查鼻子，」他說。「如果鼻孔被緊緊掐住，就會有擦傷和挫傷。檢查嘴唇底下是否有齒痕，有的話大概可斷定有人用手摀住某人的口鼻。」他告訴我，從高處墜地時，人體會發出低沉的聲響。人體有些器官是中空的（或幾乎是），所以重擊時可能會爆炸。這誰會知道呢？有一次我們遇到刺傷的案件，他教我比對傷口：「妳有看到間隔大約半吋到一吋的點與線形狀的小孔嗎？這個形狀的傷口在胸腔反覆出現。那是剪刀穿刺傷的形狀。一側的刀片是尖的，另一側比較寬。」

他叫警探過來，指著走廊的桌子。

「我想，你在找的凶器，就在筆筒裡。」

鮑柏是優秀的調查員，也是個好人，但他有自己的問題。我的訓練結束後幾個月，他在現場向自然死亡死者的家屬問話時突然昏倒，從廚房椅子上摔下來。警察檢查他的脈搏與呼吸，死者的姪女嚇傻了，趕忙叫救護車。一小時前才剛宣布她姑姑死亡的那批救護員又回來了。急救技術員妙語如珠：「嘿，妳姑姑改變心意了嗎？」

他們幫可憐的鮑柏做檢查，在急診室裡斷定他是吸到神智恍惚。辦公室送他去勒戒兩次，但都沒有成功，鮑柏被開除了。之後情況更糟，然後又好轉。鮑柏走出最低潮，參加匿名戒酒會和匿名戒毒會。他清醒了，找到了工作，也和互助團體的一名女士交往。然後他在疼痛管理診所找到一份新工作，有時，那只是以合法方式抽鴉片劑罷了。誘惑把一切逼上絕境，他越陷越深，無法自拔。最後鮑柏上吊自殺了。

酗酒者可以成為優秀的調查員嗎？

早期我經常這麼自問。喝酒的人善於掩飾：藏酒瓶、走直線、睜大雙眼、咬字清晰，不要口齒不清。我們可以看透事物，看到被隱藏的東西：別人的陰暗面、破綻、不想被看到的東西。我們用酒精來隱藏自己，因為我們太敏感，想太多很痛苦，至少我是如此。幾杯下肚，麻痺焦慮、掩飾害羞、演場好戲，其快樂無比。優秀的調查員知道不為人知的事、聽見未說出口的話語，看到格格不入的東西。誰能比有隱藏經驗的人更勝任？我是天生好手。

在處理案件的空檔，我飢渴地讀著《斯皮茲與費雪的法醫學死亡調查》（暫譯，*Spitz and Fisher's Medicolegal Investigation of Death*），這是法醫調查員的聖經。我在開始工作的幾個月前，就已開始讀這本厚重的書，一邊等待市政府的行政流程。我在小小的南安普頓夏日租屋處捧著一千三百頁的磚頭書四處走動，咕噥著一些有趣的發現，此舉讓室友們有點惱怒。「啊？芭芭拉，什麼？拜託，不要再說那些詭異的溺水故事了。閉嘴！」我朋友在廣告業或銀行業任職，對於俐落匕首傷痕的美不感興趣。我會把書擱在陽光房的桌上，放在一整疊《時人》雜誌旁，增加我們家的知識分量。

我坐在桌前讀這本書時，赫許醫師走過來打招呼。「芭芭拉，今天過得如何？」

「非常好，謝謝。不過有好多要學的。」

「那倒是。但妳知道怎麼吃一頭大象嗎？」

「不知道。」

「一次咬一口。」我們同時大笑。「有什麼問題，儘管來找我。」

「我確實有個問題，不完全是法醫學的問題就是了。」

「請說。」

「我之前跟鮑柏去辦一起火災案件，幾天後家屬來確認身分，他們有疑問。死者的哥哥想知道死者是否很痛苦。我說我不知道，但會讓他跟負責案件的法醫聯絡。」

「正確無誤。如果妳不知道，就不能回答。」

「但我在想，直接說沒有受苦會不會更好，反正無傷大雅？」

「如果他們問妳為什麼沒有，妳要怎麼說？」他問。「妳會編個藉口嗎？」

我想了一會兒後說：「但是如果知道真相會讓他們痛苦，那又何必告訴他們？」

他解釋：「妳只要對家屬撒一次謊，妳所說的一切會從此不可靠。妳必須實話實說，無懈可擊。妳不需要用血淋淋的細節加以渲染，只要簡單如實陳述發現。他的燒傷幾乎都是死後造成的，而且一氧化碳濃度很高。他因吸入濃煙而死。手上有小小的二級灼傷，那鐵定很痛。如果他們問起他受苦多久，給他們合理的估計。人招架得住真相，但不能接受不確定性。他們的想像幾乎都比真實情況更痛苦。」

他的話非常有道理。他為我上了教科書裡沒有的一課。

在我接受培訓後幾週，調查主任里察把我叫進他辦公室，他說我的「風評不錯」。

「幾位法醫都說妳很聰明，問的問題切中要點。同事喜歡妳，雷文說妳在現場都能保持冷靜。那很重要。保持敏銳，要耳聰目明。他說妳會是優秀的調查員。」

我眉開眼笑。「謝謝你，里察，聽到這些很開心。」

里察打開抽屜，伸手進去，接著說：「我有個小東西要給妳。」

他把一個黑色皮套放在桌上，用兩隻指頭推給我。「打開來看。」他又往後靠在椅子上。

我打開皮套，看到裡面有一枚閃亮的金色盾形徽章，上頭刻著藍色的字：「紐約市首席法醫辦公室。法醫調查員。」我的徽章號碼浮現在底下的方框中：一一一。我開心地倒抽一口氣。徽章真美，是男人給過我最好的禮物。里察對我眨眨眼。「去做事吧，讓我刮目相看。」我站起來，把盾形徽章塞在腰帶裡，對他敬個禮，然後也眨眼回應。「遵命，長官！」

我跑回法醫調查員辦公室，展示給大家看。

雷文大笑：「妳知道嗎？妳在這裡不用佩戴啦。我們都知道妳是誰。」

蘭迪哼了一聲：「噢，拜託，你鐵定知道她會把徽章別在睡衣上，今晚戴著睡覺。」

他的說法不誇張。我覺得這枚徽章真是性感極了！

我擔任外科醫師助理時，對於解剖學已頗能掌握，所以驗屍時對於器官的內部解剖沒那麼有興趣。我比較著重於外部傷勢的跡象：徒手勒斃留下的指紋挫傷、刺傷的刀柄痕跡告訴我們兇手用的是哪種刀、全接觸槍傷的燒燙環[7]。這些對我的份內工作更有用。

多處槍傷則是例外，那完全是另一回事。追蹤破壞路徑需要細心與耐心，要沿著軌跡放置長桿來決定槍手和被害者的位置，最終找出是哪一發子彈致命。子彈擊中骨頭跳飛或掉落都可能毀了一切。要是槍手有兩人以上呢？簡直就像摸黑拼拼圖。

你永遠忘不了你遇到的第一位多處槍傷被害人。在一個寒冷的星期三早晨，我正陪著幾位住院醫師早晨巡視，聽到一位醫師喃喃地說：「就像赫許說的，我寧可驗七具只中一槍的屍體，也不願意驗一具中了七槍的屍體。」

「他是誰？」我問身旁的女子。

「海伊斯。」她低聲說。

我聽過強納森・海伊斯（Jonathan Hayes）。他是英國法醫，素以熱愛美食和壞女人聞名。他的解剖臺旁常擠滿了觀摩的學生，學生覺得他教得很好，而且寓教於樂。我第一次注意到他是在幾週前，有一名身著皮衣的長腿女子騎車載他來停屍間。女子脫掉安全

7 槍口緊貼皮膚開槍時，火藥燃燒產生的高溫氣體直接作用於皮膚表面，導致燒傷現象，會形成環狀燒燙痕跡，稱為燒燙環。

帽跟他吻別，烏黑的長捲髮散落在她的肩膀上，像是潘婷洗髮精的廣告。

我盡可能多參加海伊斯的驗屍，有天下午，我成功擠到比較靠近解剖臺的位置，臺上是一名四十幾歲的西班牙裔男子的屍體，口鼻上有粉紅色的泡沫錐體。「注意看使用違禁藥物的痕跡，還有幾乎不可避免的結果：用藥過量致死。」海伊斯醫師解釋。「注意他手臂上的舊針孔痕，還有腳踝上比較新的小孔。這些泡沫是肺泡沫，這是心臟活動減緩時肺部水腫的結果。我想，這樣的結局也不見得不愉快。」他的英國口音讓這些聽起來很酷，十足名作劇場風格。「現在，請務必看一下刺青，刺青能告訴你很多這個人的生活。藍色墨水，作工粗糙，這在監獄刺青中很常見。他眼角的淚珠可能表示他犯了謀殺罪，或是正在哀悼幫派兄弟被謀殺。他的幫派可能是拉丁國王幫（Latin Kings），因為他胸口有五個尖頭的王冠。大概就這樣。」

哇！這是我聽過最精彩的病理學課，跟《脾臟生理學．第一部》大相逕庭。這號人物是一部活動百科全書，充滿了有趣的知識。我很快就發現他也是電子浩室音樂的專家、市中心舞廳的常客，還為時尚雜誌撰文。

我去聽他的鈍器傷講座，聽完便覺得自己也成了專家，他讓枯燥的教科書變得生動。撕裂傷還是切割傷？他會給我們看拆輪胎的扳手重擊顱骨造成的皮開肉綻，那是撕裂傷；開山刀劈下去的乾淨切口是切割傷。他舉的案例是一名承包商被工人毆打，工人揮舞的就是上述兩種工具。承包商拒絕支付工人兩週的工資，還揚言要打給移民暨歸化局，將他們遣返。殘酷的正義。

我希望能像強納森・海伊斯那樣了解事情，於是靠三寸不爛之舌爭取培訓機會。紐約市警察局除了提供凶殺案與犯罪調查訓練外，還有特別的受害者與邪教死亡課程。如果里察不讓我在上班時間去，我就用自己的休假去參加。聽同業前輩講述最棘手的案子及破案方式，和他們相處，聽著他們的戰爭往事，簡直像在天堂學習。我想要融入，成為哥們的一份子。有天下午，機會來了。當時我擠進都是警探的電梯裡，我轉身，回頭瞄了一眼，說：「老天，希望那是你的槍。」

笑聲說明了一切。我和他們打成一片了。

一九九二年十二月一個冷冽、晴朗的早晨，陽光燦爛，在晨邊高地（Morningside Heights）社區的一棟公寓大樓後方的小巷裡，有一具屍體。這裡離哈林區很近，但是完全隔開，因為地質與哥倫比亞大學的影響，該大學占據（也擁有）大部分的區域。

入口處有一名警官守著，我報上名字和徽章編號：「法醫部門的布徹，編號一一一。」這麼說感覺很好。我穿過後門下樓梯，看到死者頭部受到撞擊，臉朝下趴在小巷裡，旁邊是一小堆施工垃圾。有個橘色的塑膠水泥桶、破掉的石膏板、被鋸斷的二乘四角材，還有幾袋空的快乾混凝土。他的血液與混凝土灰混在一起，從他身體下蔓延，變成粉紅色。在黑色的瀝青地面上，長長的血跡與組織碎片混合在一起，延伸過去是一個檸檬大小的腦部，距離他頭部大約十英尺。看起來是小腦。

這是我最早獨自偵查的案子，案子看似簡單。驗屍後，法醫很可能會寫下：**死因：頭部鈍器傷**。但死法呢？那也同樣重要。警方要找出是誰幹的，如果真的是**人為**的話。法醫會找出**死因**。我的工作是要找出**死法**，也就是怎麼死的。

有可能是某人用球棒打爆了這個人的頭，或把他從樓上丟下來，也可能是他在屋頂上工作時縱身跳下或墜樓。這是他殺、自殺，還是意外？身為法醫的眼和耳，我的工作就是蒐集證據，查明真相。這個重責大任讓我不安。

我讀過一篇赫許醫師寫的文章，是關於驗屍發現的解讀在整個調查中的重要性。「想到我們可能沒看出那是起凶殺案，或是把凶殺案的傷勢錯誤解讀為意外，大家一定坐立難安。然而，我們對於把凶殺案誤判為意外的不安，比起對於把意外解讀為凶殺案的恐懼，其實是種奢侈了。」這真不是開玩笑的。重點不只有死者了，還有公理正義及公共衛生。我得不辱使命才行。我喃喃重複著赫許教給我的第一課，像在唸咒語：「做正確的事，就不會出錯。」所以，我通常會做正確的事。至少在工作上。做正確的事令人心安，因為不管發生什麼事，我都不用覺得愧疚。犯錯了也不用過分苛責自己，只要那是誠實的錯誤。對工作感到自豪取代了我對職責的緊張。

我環顧四周所有的警察和便衣，想辦法找出發號施令的老大，這樣我才能報到並了解情況。我根據深褐色風衣、體面的西裝和擦亮的鞋子，找出了現場指揮官。我向前自我介紹。他不太友善，戴上閱讀用眼鏡，念出記事本上的內容：「身分不名男性，九一一報案電話是大樓管理員打的，他於七點三十分把垃圾拿出來時發現死者。緊急醫療服務（EMS）無干涉，七點四十五分宣布死亡。二D住戶夏皮羅表示，他於凌晨被轟隆的噪音吵醒。調查進行中。」他啪的一聲闔上記事本，轉身離開。也許他是那種不喜歡其他單位擾亂調查的人。有很多人都這樣，有些警察不遺餘力保護他們的地盤，有時候消防員也是。他們以身為最先到達現場的緊急反應人員而自豪，有些還嘲笑我們是「不急」反應人員。我會證明給他看。等到我們辦完這個案子，他就會知道我有多重要。

轟隆噪音是我的第一個線索，而且是有用的線索。當警探們跟鄰居打探消息，詢問他們是否認識死者時，我問現場看守的警官，從死者被發現起，現場有任何變動嗎？有人移動屍體、拿走任何物品、把死者翻過來嗎？沒有。一切正常。現場沒被動過。最先到達現場的應急人員通常很好奇，想知道事情原委，有時候會動不該動的東西。有一次我遇過菜鳥緊急救護技術員（簡稱EMT）把一個無頭的屍體翻過來，他的藉口是必須「確認他是否死了」。

證據會因此消失。

我開始記錄第一現場的一切。灰磚大樓的後方、從地下室門通往小巷的生銹金屬樓梯、死者附近彎曲的釘子和木屑。如果我在小巷裡見到任何可能的凶器，沾了血跡的二乘四木料或是拆輪胎的扳手，我也會拍照記錄。我拍攝屍體被發現時的姿勢，從頭到腳，然後在不移動他的情況下，特寫所有可見的傷。我注意到他的衣服，他穿著日常便裝（如果是建築工人背心或是睡衣，那又另當別論）。之後，我檢查他的口袋裡有無珠寶、證件、金錢，這些我會全交給看守的員警，裝袋當作證據。我想進行一些測量，想起另一條赫許準則：想到什麼就去做。屍體與建築物的距離、腦與頭之間的距離、建築物大致的高度，或許這些數字能告訴我們些什麼。

此時，四周大樓的鄰居都從窗戶探看。戴著粉紅髮捲的中年婦女正在喝早晨咖啡，嚼著吐司，手肘撐在窗臺上。穿著睡衣的年輕人坐在窗臺上抽菸，費力端詳著屍體。我並不訝異。這很有意思。我很感謝沒人大叫出主意。我最常聽到的是：「妳有沒有檢查他的脈搏？」

而這一天，我們的觀眾既安靜又有禮。我把出勤包放在乾淨的地方，擺好設備。相機、厚乳膠手套、捲尺、溫度計、鑷子、證物袋、膠帶、筆、記事本。他們規定進豪宅一定要穿的藍色小鞋套、大小尺寸的紙袋。生物證據一定要收在紙袋裡，絕不可以放塑膠袋，以便乾燥。潮濕的環境會產生黴菌，破壞證據。手的情況也是一樣，所以當我們懷疑指甲底下有血液或組織時，會用紙袋包住手，在手腕纏上膠帶封好。

我戴上手套，仔細檢查。我把死者翻過來，進行觀察以判定死亡時間。根據他的髮色和膚質，死者年齡約莫四十五至五十五歲。他穿著格紋法蘭絨襯衫和牛仔褲，黑色Fila運動鞋，鞋底有一層厚厚的白色粉塵。我小心檢查他的口袋，免得被刀或針（更糟！）扎到。我們好幾個人都曾被扎到，不得不服用齊多夫定（AZT）預防。（一九九二年時，齊多夫定是你能找到最接近對抗愛滋病毒特效藥的藥物。）如果口袋有現金，我會請看守的員警在我面前清點並開具憑證，然後在他記事本的條目上簽名。家屬有時候會宣稱死者身上有一千美元，被最早到案發現場處理的人員偷走了。不知為何，每次都是一千美元。

死者的額頭有一大片擦傷，是瀝青和碎石刻入皮膚的摩擦痕跡，我從沒在書上看過。他的後腦勺敞開，頭皮上卡著一塊顱骨。底下的大腦清晰可見，缺了的那一角就在院子對面。這是我們的第二個線索，「反向損傷」。我是從海伊斯週四下午的講座學到的，還有在醫學期刊《物理學與法醫工程》上的文章讀到。我學到當人被球棒等移動物體擊中時，顱骨破裂，大腦會在打擊下挫傷或撕裂。如果顱骨是移動物體，比如說人墜落並撞擊到頭部，我們可以見到撞擊點的傷口，以及撞擊點對面的傷口。那是因為墜落時大腦會加速，撞擊到顱骨的硬殼並反彈。如果你把熟透的番茄裝在密封盒裡，往地板上丟，你會看到番茄的頂端及底部都砸爛了。這是同樣的道理。

現在我可以合理地說，他不是被球棒或換輪胎的扳手擊中頭部。每個作用都有相同的反作用力，所以一擊不足以將大腦一部分彈飛到小巷十英尺外。這全都在我腦中拼湊起來：顯然死者是從樓上墜落，額頭著地，那股力道傳過顱骨，造成後腦勺爆開。能證實他墜樓的第三點就是他的皮帶，他的皮帶爆裂開來，不是在扣環的部分，而是直接從厚厚的棕色皮革處斷裂。當他頭部著地，身體被壓縮，腹部擴張把他的褲子撐開，導致皮帶斷成兩半。那力道實在難以置信。他的胸腔塌陷，像一袋斷掉的棍子。這個力道肯定也讓他肋骨全斷了。

看來他的死亡時間在不久前，但保險起見，我還是得量體溫。也就是說，我得拉下他的褲子，使用肛溫計。

我拿出保險套罩住溫度計時，員警尷尬地問我：「妳到底在幹麻？」

「噢，抱歉，」我說。「你想先檢查嗎？」

「不是，我是認真的。」他說。「這可憐人就躺在光天化日下，大家都看得到他。」

我們還不知道死者是否遭到謀殺，我也不願意在法庭上作證時說「因為太難為情了」，所以我無法提供估計的死亡時間。不過，我懂他的意思，所以我在等待溫度計顯示時，拿了一些紙蓋住暴露的地方。

那個不太友善的警探在我身旁徘徊，但我太專注在工作上，找線索、記錄、分析以及彙整常識、書本知識與實地訓練，我根本忘了要讓他刮目相看。我喜歡解開謎團。

我確信當鄰居聽到噪音時，就是男子墜樓並死於撞擊的時候。他是自己跳下去的嗎？還是被推的？還是摔倒了？他的雙手沒有抓傷或割傷這樣的防禦傷口，也沒有刺傷或槍傷。沒有任何符合打鬥致死的跡象。要把人從屋頂丟下去並不容易，也一定會留下痕跡。另一位警探建議我檢查後門與樓梯的欄杆，看有沒有血液與組織殘留，這很有幫助。如果找到任何痕跡，就代表男子先撞到那裡，再彈到地面。並沒有。他的身體落在距離大樓八英尺遠的地方，比較符合向外跳下，而非從邊緣滾落，後者會讓他掉在離建築物較近的地方。從很高的地方墜落時，身體可能會彈到某些表面，但這棟建築只有六層樓，再加上到小巷的距離。一層樓是十二到十四英尺，我估計小巷的深度是十五英尺，所以加起來大約九十五英尺。

看來是他自己跳下去的。但怎麼證明呢？

這就是執法單位和法醫的交會點了，雙方要合作把屍體和現場的關聯找出來。雖然紐約市首席法醫辦公室和紐約市警察局合作密切，我們卻也保持獨立。赫許醫師堅決捍衛這樣的獨立性，他說我們是「為公理正義服務的科學」，這個座右銘現在刻在第一大道新的首席法醫辦公室DNA大樓的大廳。嚴格說來，屍體屬於法醫調查員，現場屬於警方，但是要解決案件，缺一不可，所以雙方會合作。有一些司法管轄區會有嫌隙、相互較勁等等。我聽波士頓的一位同事說，那裡的警方在還沒完成偵查前，根本不讓法醫調查員進入現場，他們幾乎是把屍體丟出門給他，這是他的用詞。感謝老天，紐約市沒有這樣。

第一現場是男子的陳屍處，現在我們得找出第二現場，也就是他是從哪裡來的。那雙鞋底沾滿白色粉塵的Fila運動鞋提供了線索。警察在大樓搜索時，在頂樓找到一間空的公寓，不只是空的，還門戶大開，正在進行翻修。新的石膏板蓋在舊灰泥上，已經用膠帶貼好、抹平和打磨，四處都殘留厚厚的白色粉塵，包括六樓的樓梯平臺。那個不太客氣的警探興奮地叫我過去，指著樓梯間敞開的窗戶，在剛粉刷好的窗臺上，有運動鞋踩出的腳印。在可以抬起窗戶的窗框上，有男子的四枚指紋。這真是令人振奮的一刻，就像在電視上看到的那樣。建築工人進進出出，外人要閒晃進入大樓、找到高樓層的窗戶很容易。為了確定，我們爬到上鎖的屋頂，發現完全沒有異樣，沒有工人曾經上去的跡象。我們可以合理假定男子從六樓窗戶跳下，自殺身亡。

隔天，透過指紋確認死者是一名無家可歸的精神病患，有自殺未遂的歷史，此時我們的假設成為定論。在現場時我們不知道此事，所以我們才用不確定的詞彙。根據物證，我們「合理假定」男子上了六樓。「顯然」，他跳樓了。他的傷口「符合」高處墜樓的樣貌。因為除了死者之外，沒有人知道到底發生什麼事，我們必須根據與調查結果和環境條件相符的情況做出假設。那是我的工作——解讀證據告訴我的事，從而提出死亡的方式。

死者**確實**會說話。你只需要傾聽。

Chapter 04 ╱ 犯罪拍檔

我曾有個鄰居對連環殺手很著迷，她叫莫妮卡，六十歲出頭，個性開朗，擔任「送餐服務」的志工，常玩填字遊戲到深夜。我出遠門時，她會幫我餵貓，為花葉萬年青澆水。我喜歡莫妮卡，很開心她住在樓上，但她對於連續殺人事件的著迷讓我大惑不解。為什麼這位善良的人會被黑暗面吸引？而且不只受吸引，還沉迷其中？她的公寓有滿滿的藏書，都是關於罪大惡極的殺手，從開膛手傑克到約翰・韋恩・蓋西[8]都有。她從不錯過任何一集《四十八小時》[9]，還會錄下《未解之謎》（Unsolved Mysteries），晚上就可以邊吃西班牙餐館的外帶邊看。我比較喜歡益智節目《危險邊緣》（Jeopardy!）和主持人崔貝克（Alex Trebek）那令人安心的妙語如珠，我喜歡「雙倍獎金」題目勝過雙屍命案。

我找到首席法醫辦公室的工作時，那全都改變了。我終於明白為什麼莫妮卡喜歡在床底

---

8 John Wayne Gacy，美國的連環殺手、性侵犯，至少性侵和謀殺了三十三名年輕男性及男孩。蓋西常在慈善活動中扮演小丑，因此被稱為「殺手小丑」。

9 48 Hours，於哥倫比亞廣播公司播出的美國紀實新聞電視節目。

下找現實生活中的怪物，面對蓋西律師口中的「惡中之最」[10]。她需要了解為何這些人會犯下令人髮指的罪行。她需要相信我們和他們不同。

後來，我搬出了西四街的那間公寓，但我總會再遇到另一個莫妮卡。善良的人研究連環殺手就像樂透玩家研究解夢書一樣，無法自拔。我對自己的功課也有強迫症。我喜歡出勤，到街頭處理案件，但我也想盡可能學習。關於這一點，雷文也值得讚揚，他或許是個花花公子，對工作卻很專注投入，我很敬佩這點。我們報名FBI的特別訓練，一起自費前往匡提科受訓。我們在那裡學到祕密埋葬的跡象，以及如何挖掘而不破壞證據。我們學到如何處理非法毒品貿易場所的複雜犯罪現場，以及連環殺手的特徵模式。

連環殺手。

我在研讀謀殺案精神病態的書時，讀到可以分成兩大類。我這才知道，異常行為並非我之前以為的那麼隨機。有一類型殺手很「有條理」，而另一類型則是「無章法」。有條理的殺手做事有條不紊，是井然有序的人，會計劃他們的路線、追蹤調查受害者。他們聰明、狡猾、殘忍，精心規劃謀殺的每一個細節。無章法的殺手是社會邊緣人，行事衝動。他們通常智商不高，很少隱瞞犯罪。家長會警告小孩提防這種人，這種人會從

10 約翰·韋恩·蓋西的律師曾敘述他的罪行為「the worst of evil」。

灌木叢後跳出來攻擊你，讓你成為「在錯誤的時間出現在錯誤的地點」的受害者。

聯邦調查局的洛伊．海茲伍德（Roy Hazelwood）在一九八〇年提出上述區別，之前十年，泰德．邦迪（Ted Bundy）、大衛．伯科維茨（David Berkowitz，綽號山姆之子）和肯尼斯．比安奇（Kenneth Bianchi，又名「山坡勒殺者」Hillside Stranglers）的罪行讓社會蒙上陰影。海茲伍德是現實生活中「行為科學部門」的罪犯側寫師先驅，該部門因影集《犯罪心理》（Criminal Minds）而聲名大噪。莫妮卡一定也知道。海茲伍德憑藉直覺和經驗，描繪出罪犯的心理與行為，如今有助於識別和逮捕罪犯。像海茲伍德這樣的側寫師其實不會去謀殺案現場，這點和影集角色不同。他們在辦公桌前工作，仔細檢查像我這樣的人所提供的照片、報告、筆記與觀察。

我提供側寫師完成工作所需的素材。紀錄文件必須嚴謹，我的觀察必須敏銳。如果我疏忽了，沒有拍到受害者雙手擺放的特殊姿勢或刀子刺進腹部的角度，執法部門可能就少了他們辨識和逮捕危險罪犯所需的資訊。在美國，每年估計有六千起謀殺案懸而未決。我絕對不會因為調查草率而增加這個數字。

我每天都親眼目睹凶殺案。一九九二年，也就是我加入首席法醫辦公室的那一年，紐約市有兩千三百九十七件凶殺案。（二〇一五年，也就是我離開的那一年，只有兩百八十五件。）我每天四處奔波，有很多工作要處理。我每天看到兩三起凶殺案，以及常見的自殺、意外與自然死亡。我繼續研讀有關分類與病理學的資料，但是這都比不上親臨現場，觀察警察與資深調查員。理論和實務，我想要兩者兼顧。

不用多久，我就發現，開放的心胸是我最重要的資產。正如匿名戒酒會聚會中某人告訴我的：「把雙手從耳朵上拿開，摀住嘴巴。」我這個人自以為無所不知，什麼都要辯到底，所以這對我來說並不容易。但我學著傾聽，不預設立場，充分觀察，按捺住未見全貌就斷言的誘惑。就像我訓練初期，有一回我抵達現場，發現死者陳屍的床上有腳印。我繞著屍體慢慢巡視，像某個影集中的警探一樣挑眉。猶豫了一陣子後，我發表高見：「如果攻擊者站在床墊上，留下那些骯髒的腳印，然後跨坐在被害人身上，重擊她的頭部後勒斃她，那X或Y或Z就說得通了。」我一副神探可倫坡的樣子，在場警察忍俊不禁，告訴我床上的那些腳印來自一名經驗不足的技術員，他在我抵達現場前從被害者上方的角度拍了照片。真是寶貴的一課啊。

如果不對現場進行公正不偏頗的徹底檢視，對於已是悲劇的死亡事件，無異是雪上加霜，甚至可能因此抓錯人。我完全無法忍受這點，所以我很小心謹慎。我保持好奇，練就提問時切中要點的本領，並且要勤問。我從自身經驗知道妄加臆斷的危險。我知道被評斷、憑一眼就被定論是什麼感覺。人一旦只相信眼前所見，就會忘了問有哪些是沒看見的。赫許醫師有句名言：「沒有什麼比醜陋的真相更能毀掉美麗的猜想。」所以，我得找出那些事實，不能妄下結論。也因如此，當我接到通訊部門的電話，告知我「上西城發生一起凶殺案」時，我會反問回去。

「你怎麼能斷定是凶殺案？」

「警察告訴我的。」調度員會這麼說。

「不對。這回答不理想，」我會這麼回答。「要等到我看過現場和屍體後，我們才會知道。要等到我們斷定那是凶殺案——」

「我知道，我知道……『要等到我們斷定那是凶殺案才能說是凶殺案』。」

沒辦法，我真心這樣認為。優秀的調查員從來不會臆測，也不會輕信別人的臆測。

一個尋常的六月天，我抵達調度員提供的地址。西區大道是條宜人的街道，有透天別墅、褐石建築，也有租金管制公寓，幾乎是純住宅區。往東一個街區是百老匯大道，到處都是酒吧、餐廳、外帶餐館和洗衣店。西區完全不同，沒有咖啡店、沒有熟食店，連那種能幫你最好的高跟鞋換鞋底、換手錶電池、賣下大雨就會壞掉的廉價雨傘的不起眼小店鋪都沒有。我到的時後，大樓擠滿了警察，但我沒必要表明身分。雖然我做法醫這份工作沒有很久，但我知道如何表現出專業。我禮貌地向門房點個頭，直接進入電梯。

電梯上升到公寓樓層時，我有點緊張。好吧，不只一點。我才剛進首席法醫辦公室，也才剛開始不碰酒的清醒人生。在戒酒會時，他們是這麼說的：「依照生活的情況過生活」。我已經把毒品和酒精拋在身後，期盼它們永不打擾。但眼前任務非同小可。警察、罪犯、屍體。要是我承受不了怎麼辦？要是我又走回頭路怎麼辦？現在的我堅強多了，我有方法可以應對。至少我是這麼對自己信心喊話。

這是一起雙屍命案，我第一次碰到。我想證明我能勝任，我能表現得和其他人一樣好。我是曼哈頓第二位女性死亡調查員，第一位待了一個多月就辭職了，我聽聞許多「她不行啦」的議論。我不希望別人那樣說我，所以我一派自信地踏進門。當時我還在「裝」的階段，期盼「裝久了就是真的」那一天的到來。協助迅速破解這起雙屍案對我來說很重要，要讓警方驚嘆我的調查技巧，並贏得同事的尊重。我要證明我行。

然後我見到屍體，我整個人都僵住了。一灘深紅色的血從年輕男子的頸部流淌出來，他的頭部搖搖欲墜。沒有別的詞語可以形容。他的喉嚨被切斷，切痕從一耳到另一耳，傷口之深，以至於頭部向後傾倒，清楚可見脊髓。他幾乎被斬首。我還記得屍體臥倒在那裡的樣子，記得地毯是精緻優雅的寶藍色。暗紅色的血液滲進藍色的地毯纖維，呈現出詭異的漩渦花紋。幾乎可以說漂亮。

「嗯，還有哪裡？」我問警探。「聽說是雙屍。」他有聽出我的虛張聲勢是要掩飾不安全感嗎？大概吧。但他人很好，沒拆穿我，帶領我到臥房，第二位受害者就在那裡。是另一個男子，年紀較長。他的喉嚨也被切開，留下一個大開口，就像尖叫木偶的嘴巴。要拿出專業風範熬過這景象，需要花很大的力氣。我想仔細端詳這個人的其他部分，想辦法理解這一切。但我還有工作要做。

我深呼吸幾口，啟動我的調查本能，開始幹活。

打開出勤包之前，我先停下來環顧四周，觀察環境。在死亡現場，第一印象很重要，必須安靜觀察。有些生活方式的死亡率高於其他方式，所以你會想感受一下居住或工作在那裡的是怎樣的人，在謀殺案發生前那是怎樣的地方。受害者過著怎樣的生活？他是毒販還是高中地理老師？電子秤、小玻璃瓶、小塑膠袋說的是一種故事，勃肯鞋、書架、公共電視臺的帆布包說的又是另一種。我並沒有以此批判（人有很多面，常出乎你意料），只是想理解死者的基本習慣，感受他怎麼過日子。

在一個井然有序的房間裡，你一下子就會注意到不尋常的小地方，例如半開的抽屜、磁磚上的痕跡、離室內植物有點遠的落葉。但很多公寓都很髒亂——一疊未開封的信、臥室地板上成堆的待洗衣物、水槽裡的髒碗盤。如果混亂程度是一致的（例如房間四處積的灰塵一樣厚），很有可能未經干擾。即使是最凌亂的空間也都有其邏輯和模式，我會找出哪裡被打亂了。一旦你對事件前和後有所掌握，你就能專注在事件本身。這有一部分靠直覺（我有），一部分靠經驗（我正在累積）。你不想急著下結論，你當然也不想試圖證明什麼。只要集中注意力，讓房間說話。

接下來，有什麼似乎改變了呢？我們都看過電影這樣演：壁紙上空出一塊長方形，代表原本在那裡的無價名畫遭竊；或是酒杯上的一抹唇印給了我們謀殺嫌疑犯的訊息。實際情況很少這麼顯而易見，不過明顯處是個好的起點。電燈是開著的嗎？門是鎖上的嗎？有殘留香菸或香水的味道嗎？垃圾呢？看起來像有人翻過嗎？我從慘痛的教訓中學到，要詢問警方抵達現場後有更動哪些地方。如果他們開了窗戶或移動了槍枝，我需要知道。

看一眼西區大道九百號這棟房子，就知道住戶都是乾淨、整潔、有教養的人。客廳中央擺了一架閃閃發亮的小型平臺鋼琴。除此之外，這是一間簡約高雅的公寓。一塵不染。有條不紊。沒有雜物或小擺設。我尋找打鬥的痕跡、翻倒的家具、扯破的衣物、砸碎的玻璃杯。通通都沒有。只有噴濺到牆壁上的細長血痕，符合頸動脈被切斷的結果。評估血液噴灑方向、進行血液飛濺分析，都有助於確定襲擊者站的位置，甚至能判定他（通常都是男性）是右撇子還是左撇子。

我審視現場。兩名成年男性。一位陳屍客廳，似乎被精準的一刀割喉奪命。傷口邊緣乾淨，沒有遲疑的痕跡。臥室裡年紀較長的男子頸部有多處切口，胸部有刺傷，雙手有一些小割傷，那是防禦傷。兩位都沒有被綑綁。我就知道這麼多。我從這裡開始，探究我不知道的事情。較年輕的男子是在客廳遭到攻擊的。他們為什麼在不同地方？無從知道誰先被殺害，但如果是客廳的男子先被攻擊，在臥室死亡的男子應該會聽到攻擊聲，甚至目睹。他也有可能前去協助朋友。說不定一位被偷襲，而另一位和襲擊者搏鬥？果真如此的話，那被害人的指甲下可能有DNA。由於一個人打兩個人很難，一個人殺兩個人更難，這起犯罪事件很有可能有多名襲擊者。從傷口來看，每位攻擊者殺人的手法不同。一位冷靜有效率，一位稍有猶豫。現在我在腦海中建構出事發經過，想像可能發生的事情、可能的攻擊手法、每個人站的位置。一場謀殺的編排。

我近距離拍攝有血液噴濺的牆壁，然後往後移步，從不同角度拍攝更多照片，測量被害人和牆壁之間的距離。我進行例行拍照：從房間入口和東西南北四個點拍攝。除了我已經見到的景象，我還注意到浴室水槽裡有東西——被沖掉的血留下的淡紅色澤。我也記錄下來，並仔細標注每張拍立得。

犯罪現場警探和我完成拍照。在完整記錄現場之前，我們不會移動屍體或翻動任何物品。接著我把兩位男子的雙手都套袋，用證據膠帶包好。法醫之後會刮取指甲縫的微物跡證，當中可能含有殺手的皮肉、毛髮或血液。

現在我可以檢查屍體，評估受害者四肢的屍僵狀態。注意屍斑（血液沉澱）——屍體有被移動過嗎？量過肛溫以助於確定死亡時間後，我最後一次掃視，看看有沒有其他的傷勢，拍照記錄任何不尋常之處，例如挫傷或衣物被扯破的新痕跡。你永遠不知道會在哪裡找到證據，所以我小心翼翼，除非必要，不去翻動破壞衣物。

我在履行職責時，犯罪現場警探也在拍他們的照片與進行測量，我們的工作範圍大致相同。或許屍體屬於我、現場屬於警方，但如果你以為可以忽略其一，那就太愚蠢了。受害者和周遭環境之間的關係肯定有重疊之處。反正我戴著的手套已經血跡斑斑，我乾脆在警探拍屍體時幫他們一下。我轉動受害者的頭部，露出多處刀痕，舉起那隻有刀傷的手，他們需要什麼我就幫。沒有必要讓他們的手也被汙染。

「嘿，」我說。「需要幫忙嗎？很多血滴到他的鞋子上，所以他被割喉時大概是站著的。讓我幫你把那隻腳轉過來。」

「謝謝，太好了。」警探說。

「噢，看一下這裡，我想，這些割傷有些猶豫的痕跡。看到參差不齊的邊緣了嗎？」我刻意用聊天的口吻說。

我爸爸是警察，所以我很清楚要怎麼跟他們相處。真誠自然、冷靜，再加一點幽默感。不曉得他們是怎麼看我的——看到傷口特徵會很興奮的友善女子，總是穿著正式套裝到犯罪現場。我知道如果我看起來很專業，同事就會認定我知道自己在幹什麼。所以我總是穿著得體的套裝，像警探一樣。這個「女的死亡調查員」決意要成為這個群體的一份子。

我們暫時判定受害者的身分是米爾頓・塞澤（Milton Setzer）和艾力克・普萊斯（Eric Price），年齡分別為六十歲和二十五歲。會說「暫時」是因為即使我們在公寓裡找到證件（駕照、身分證之類的），最終確認仍需要指紋或是指認屍體。幾年後，我們也會採集DNA樣本（以免有爭議），但是在一九九三年，只需視覺辨識即可。

與此同時，我在公寓內執行任務時，特別行動小隊在清查大樓，向其他住戶及門房問話。門房告訴警察，白天稍早有兩名男子被派來公寓，詢問關於鋼琴求售的事。兩名罪犯。不消多久，警探就發現這起雙屍案和最近公園大道的夫妻雙屍案有關。雙屍案不尋常，尤其是幾週內相繼發生，不太可能是巧合。印度裔的赫德克王子（Prince Khedker）和妻子內內斯查王妃（Princess Nenescha）因窒息而死（分別被皮帶勒頸和被枕頭摀住臉），但王子的脖子上有刀傷，被發現倒臥血泊中。在血腥恐怖片以外，割喉的情況是很少見的，那是放肆且戲劇化的行為，高度親密，和在家暴案件中很常見的掐喉勒頸一樣。所以警方最初認為王子王妃這對富有社交名流的案件是謀殺／自殺案。

我沒去過公園大道謀殺案現場，但我跟負責該案的死亡調查員小喬討論過。小喬人如其名，是個矮個子，熱情健談。「妳應該看看那間公寓，芭芭拉。他們超有錢的，但裡面東西很俗麗。我覺得那些珠寶看起來像廉價的飾品。」他給我看一些「廉價飾品」的現場照片，燦爛奪目的手工藝品繁複精緻，讓人不敢相信是真的，不過是真品無誤。

搶劫似乎是這兩起案件的動機。王子和王妃顯然是有錢人，犯人可能認為出售小型平臺鋼琴的人也是有錢人。不過，儘管死法類似，犯罪現場卻完全不同。王子的公園大道宅邸被翻遍、大肆洗劫，套用後來法官量刑時說的，「活脫脫像部出自地獄的公路電影」。西區的公寓則沒怎麼被翻動。

同一組殺手在第二現場凶殺案的效率更高，反應出已有經驗？或者第一現場表現出「無章法」殺手的成果，第二現場則是比較「有組織」同夥的傑作？我想知道FBI探員海茲伍德對這兩起由兩位攻擊者犯下的雙屍案會怎麼說。罪犯側寫先驅會如何看待這一切？

沒多久，警方就找出四人謀殺案與五十六歲的喬治・寇博（George Cobo）、二十一歲的東尼・李・辛普森（Tony Lee Simpson）的關聯。兩人逃離紐約，前往內華達州，靠犯罪的收益過活，盜用塞澤與普萊斯的信用卡。寇博和辛普森不只是犯罪同夥，他們之間還有性關係，也因此導致最後被捕。他們抵達雷諾之後十天，兩人有了爭執。辛普森離開寇博，然後寇博為了報復他（此舉導致兩人被捕），打電話給雷諾警局，表示他和伴侶出了「一些問題」，並補充辛普森因曼哈頓凶殺案被通緝。兩人被引渡回紐約。此時我又重回此案。

我的工作不只限於檢查並識別犯罪現場的死者。我常常和嫌犯有後續接觸，採集「比對樣本」，例如血液或陰毛這樣的生物跡證，以便與現場證物進行比對。這是DNA應用在鑑識分析的早期。兩年後，拜O・J・辛普森（O. J. Simpson）謀殺審判的電視轉播所賜，大眾對於DNA知之甚詳。但在一九九三年時，多數人對於DNA的知識來自於電影《侏儸紀公園》，裡頭的卡通角色DNA先生解釋如何使用分子複製出恐龍。

現在，採集DNA只需要一支小巧的口腔棉棒即可，但當我負責從寇博和辛普森身上採集DNA樣本時，我得拿出鐵腕作風。說鐵腕不誇張，因我確實需要強而有力的手，除了要抽一瓶血外，我還得連根拔起一撮頭髮，才能確保有足夠的毛囊進行測試。在這過程中，我開始建立自己對於連環殺手的看法，因為我注意到這兩人有多麼不同。

東尼・李・辛普森是冷靜分析型，冷眼看著你，完全不想有互動。他一副評估局勢的樣子，打量著我，看看我能有什麼用。在他眼中，每個人都是獵物。這名冷血殺手的同黨喬治・寇博則不吝施展魅力。他會對你微笑，跟你握手，問你今天過得如何，極盡討好，以獲得你的支持。

他們知道我也需要他們的支持嗎？

要獲取DNA需要得到嫌犯的同意。我們確實可以拿到法院命令，強制執行，但大家都不樂見。想像獄警把一個不情願的大塊頭綁在桌上，強制取得比對樣本；要是再加上一支皮下注射針頭，那麼離潛在的悲劇也只差幾針了。

久而久之，我學會說服別人，說話不卑不亢，講道理，訴諸對方的渴望。「每個人都有想要的東西，」赫許醫師說。「如果妳知道對方要什麼、如何提供，妳就知道如何得到妳要的東西。」如果嫌犯拒絕合作，我會先訴諸男性自尊。

「你知道嗎，X先生，他們會想把你綁起來，壓制住你，把你當動物對待。其實不需要這樣的。不管怎樣，他們都會拿到你的血液。所以要嘛你站好跟我合作，不然你就讓他們控制你……視你如敝屣。一切都取決於你。」

警方把兩名嫌犯帶到第一大道五二〇號，也就是首席法醫辦公室本部。當然，許多被帶來這裡採樣的人都是無辜的，但是警方已告知我這次逮捕的細節。

「芭芭拉，這兩個人很樂意提供啦。寇博跟愛人翻臉就跟翻書一樣快，他的律師還得拍拍他，叫他閉嘴不要再說了。」

東尼．李．辛普森先被帶進來。他年輕英俊，有著深色捲髮和一張瘦削的狼臉，露出下巴的線條。他不動聲色，不顯露情感。但是他的肢體語言（反抗或超然，我不確定）告訴我，謹慎以對為上策。我自我介紹，解釋需要做什麼，基本上就是抽血和從他頭上拔頭髮。

我在準備針筒和文件的時候，辛普森保持沉默。他銳利的眼神從未離開我的臉。他靠在椅子上，讓我自說自話。他一定已經知道沒有退路了。不管原因為何，他點頭表示同意。從頭到尾一言不發。我開始處理，心撲通撲通直跳，覺得嘴巴裡有冰冷金屬的味道，很像鍍鋅。親眼目睹這個男子能對人類做出什麼事之後，我只想逃。這是本能反應，我必須克服。自始至終，他都保持沉默，一動也不動。

相較之下，寇博就說個沒完。「噢，哈囉，親愛的，現在要幹麻？妳要對我做什麼？」

喬治．寇博比東尼年長許多，事實上，他年紀夠當東尼的父親了。他矮壯結實，有個小啤酒肚，頭頂漸禿，戴眼鏡。如果我在街上看到寇博，我會以為他是開店的，那種在萊辛頓大道上賣收藏品和古董的店，店裡的東西都是從遺物拍賣會上蒐集來的。我想像得到他弓著身子在玻璃櫃前，拿出一個瓷偶，那是送給年邁阿姨的完美禮物。我也可以想像他弓著身子在屍體上的樣子。

我跟寇博說了方才跟他搭檔說的話。他的回應會讓你以為我們身在雞尾酒派對。當我告訴他我需要從他日漸稀疏的頭頂拔三十根頭髮時，他頑皮地尖叫：「我的老天爺，不會吧！我已經禿成這樣了，給一根都太奢侈。妳一定要拔這麼多嗎？」

我差點笑出來，但是忍住了。他很有魅力，這點我承認。他同時也是邪惡的心理變態，冷血的殺手。我謹記首席的建議，決定讓他占點上風，以確保他會合作。

「很抱歉，寇博先生，但我真的需要三十根。你願意的話，我可以平均分配拔的地方，這樣你的頭髮就不會分布不均。」

「哎呀，謝謝妳，小姑娘。請叫我喬治就好。」

天啊，我正和連環殺手有說有笑。這份工作真是太有趣了，不能和別人討論實在可惜。要是能跟莫妮卡分享一定很棒，告訴她這兩個人以及他們有多天差地別。如果可以，我會告訴她，辛普森和寇博是所有我們恐懼的放大，是「最糟能到什麼程度？」這個問題的答案。她會點點頭、眼睛睜大，然後纏著我問個沒完。或許她會幫我理解這一切。還好我們的友誼只存在於特定地點，我也好一陣子沒見到她了。法醫調查員有條準則：我們從不在機構外討論正在處理的案件。所以我會對一切保密，我已經習慣了。

和被指控的殺人犯同處一室，我忍不住想像西區大道的死亡現場。是哪一個人犯下哪一起凶殺案？是東尼・李站在年輕的艾瑞克・普萊斯身後，以冷酷的精準手法切斷他的頭嗎？是喬治對米爾頓・塞澤下手的嗎？他稍有遲疑，是因為塞澤年紀和他差不多，品味也相仿？在審問的時後，兩人都指責對方犯下實際的殺戮。喬治說，他成了愛情的奴隸，在東尼・李的控制下，他很無奈。東尼・李宣稱喬治持有他的性愛照片，並揚言要寄給他的家人。東尼・李承認確實有參與搶劫，但他是被脅迫參與謀殺的；他的辯白最終被駁回，因為需要費「很大的力氣」才能制服並殺害兩個人。

兩人都被判犯下謀殺和搶劫。喬治死在獄中。東尼・李正在服百年徒刑。然而，儘管有出庭受審和動議，儘管有駭人聽聞的頭條報導（《紐約每日新聞》下的標題是「冷血」），我們還是不知道事情的真相。我們也不知道這段邪惡夥伴關係的本質。

大部分的連環殺手在二十八、九歲時開始殺人，但是喬治・寇博犯下四起紐約凶殺案時，已經五十六歲了。為什麼他會在那個年紀開始？或許他跟我一樣，比較晚開竅。老天的幫助讓我開始這份工作，酗酒的偶然不幸讓我因禍得福，找到我的職志。或許「魔鬼的幫助」讓寇博走上駭人的路。又或可能是「共生性妄想症」，兩人在一起，精神病症狀相互傳染，一種共同的瘋狂。有一度我認為第一處的凶殺案是搶劫失控，事情從此變質。但是死亡現場是那麼殘酷和放肆，那麼刻意，上述的解釋根本說不通。

我想知道側寫師會怎麼為他們分類。顯然寇博和辛普森都屬於「有組織」這類的連環殺手：寇博安排和王子王妃喝雞尾酒，目的是要把他的「年輕合夥人」介紹給他們。同樣地，他們約好要去拜訪米爾頓．塞澤和艾瑞克．普萊斯，看看待售的鋼琴。兩案都有良好的規劃。

但是還有一些因素無法用這兩大類來解釋。東尼．李既冷酷又狡猾。他動物一般的雙眼毫無感情，沒有變化。他看著我，卻視而不見，他不流露情感。東尼．李就像狼一樣，掠奪成性。他追蹤我的一舉一動，引發我體內的每一個恐懼反應。至於喬治．寇博，我一點也不怕他。這個胖嘟嘟的矮個子散發出平凡的氣息。他很吸引人、風趣，還會自我解嘲，盡可能和我建立良好關係。恭維、合作、閒聊、想逗我笑。我得提醒自己，他已屠殺了四個人，因為換個時空，我可能會對他有好感。這才是真正讓我害怕的地方。

Chapter 05／白宮旅店

小時候，你以為大家的生活方式都和你一樣，住公寓或獨棟住宅，有沙發可以坐，環境整潔，冰箱有食物，還有個會吃床底下灰塵的小弟弟。然後有一天，你發現事情並非如此。我十六歲那年，第一次了解到有其他生活方式，有些還很糟。我和朋友派蒂有天跳上開往市區的長島鐵路火車，前往格林威治村。我們沒有計畫，沒有明確的目的地，只是想著可以跟麥克杜格爾街（MacDougal Street）那些很酷的人混在一起。我們會一直走，直到感受到刺激、動感、色彩，那都是我們黯淡無光的近郊住宅區所沒有的。

我們在賓州車站下車，搭乘地鐵A線到西四街。在那裡，我們見到棲身紙箱的人，他們縮在地鐵月臺的角落，衣服滿是汙漬，殘破不堪，光著的雙腳又紅又髒。一名男子在人行道上盤腿坐著，不發一語，從他夾克上別著的銅製徽章看來，他應該是退伍軍人。

然後是裹著骷髏頭巾和漩渦花紋披肩的年輕女子。她一手抱著流鼻涕的小孩，另一手拿著裝硬幣的杯子。我沒有東西可以給他們，並為此感到羞愧。我可以從派蒂的表情看出她也有同感。這是覺醒的一刻，你發現人生並不公平，令人悲傷，但也僅此而已。

察覺此事帶來了影響，世界在你眼中有點不同，但這種感覺不會持續太久，很快你又回到原本看事情的方式，或許仍以你自己為中心。

接著出現一件永遠改變你的事情。對我來說，那件事情是一九九四年春天第一次去白宮旅店。白宮旅店是包厘街（Bowery）供無家可歸者住宿的最後一家廉價旅店，比較委婉的名稱是SRO旅店。SRO代表「單人間」（single-room occupancy），小小房間配有單人床，幸運的話或許有張桌子和衣櫃。沒有廚房，和同一棟樓裡的住戶共用浴室。我聽說SRO要回歸了，重新定位為「微型公寓」，被包裝成有尊嚴且具成本效益的解決方案，因應節節攀升的租金與住房不足的問題。恕我不苟同。

通訊部門的調度員夏琳告知白宮需要我時，我開了個玩笑說這超出我們的管轄範圍，或是說了有關總統的什麼話。不管是什麼玩笑，我知道電話另一頭的夏琳一定在翻白眼。這是我們之間的小遊戲，我假裝很搞笑，她假裝很生氣。我也對威爾斯先生開這個玩笑。

「我們要前往白宮，威爾斯先生。你準備為國家效命了嗎？」

他咧嘴笑，哈了一聲。就那麼一聲。「妳去過遊民廉價旅館嗎？」我們開去包厘街的路上，他問我。威爾斯先生說話輕聲細語，語氣中帶著與「廉價旅館」這個詞不相符的崇敬。尊重其他人可能會忽視的某地或某人，這是我要仰賴他指點的許多事情之一。

我回答他，我自己住過一些爛地方，但是我沒去過這些老舊的宿舍式大樓。

「這種住宅以前很多，」他說。「有需求。不是每個人都有錢住公寓，你總是需要一個睡覺的地方。」威爾斯告訴我，在經濟大蕭條時期，哈林區壯觀的褐石建築如何被分隔成單人房，按週出租。在上西城和包厘街，老舊的旅館變成SRO，包厘街變成紐約的貧民窟。

我喜歡搭威爾斯先生的車。他知無不言，見過世面，滿腹你在歷史課本上讀不到的紐約故事。他在一九四〇年代的哈林區長大，對他所在社區一帶所有的爵士樂手和名人瞭若指掌。當他開在亞當克雷頓包威爾大道（Adam Clayton Powell Boulevard）上，經過之前的特瑞莎酒店（Hotel Theresa），他就會開始說故事。

「欸，這裡以前可是『哈林區的華爾道夫飯店』。大人物都會住在這裡，穆罕默德．阿里、艾靈頓公爵、麥爾坎．X[11]。以前就會看到他們走在這條路上。我還看過蓮娜．荷恩[12]小姐，知道她嗎？」我點點頭，專心聽。

「大概一九六〇年左右，卡斯楚（Fidel Castro）來紐約，準備在聯合國演講。他去市

11 Malcolm X，原名麥爾坎．利特爾（Malcolm Little），非裔美籍伊斯蘭教教士與非裔美國人民權運動者，被視為美國最偉大且最有影響力的非裔美國人之一。

12 Lena Horne，美國歌手、女演員和舞者。

中心的一家豪華酒店，結果酒店要求他用現金預付全款，好像他是什麼名不見經傳的小咖，而不是古巴總統。所以他就去了特瑞莎酒店，訂了上百間房給他的人馬住，然後大家開始去酒店見他，總統啊部長啊等等。那是哈林區的大日子。妳知道嗎，從那時候大家開始關注。」

去白宮的那天，我們有個隨行夥伴。醫學系學生布萊恩來觀摩見習，那是在首席法醫辦公室為期四週實習的一部分。當我提到SRO及總歸都和錢與房地產脫不了關係時，他插話了。

「大家都說是房地產的錯，」他說。「但其實很多人都呼籲關閉這些SRO。」

「是啊，好像房東有關心過生活條件一樣。」

「嗯，有些熱心過頭的人確實有啦。但妳說得沒錯。對多數的政客和商人來說，市場價值才是唯一重要的。」

「全都取決於市場，」我說。「跟著錢走，就會找到答案。」

「所以咧，他們就該任憑那些地方消失嗎？」

「如果人們也只負擔得起那樣的地方，那關閉有什麼好處？」我開始沮喪。「這些人哪有能力打給房仲，然後在上東區找到住的地方。」

我望著威爾斯先生，等待他的回應。他看過那麼多見習生來來去去，我想知道他對布萊恩有什麼看法。

布萊恩繼續發表他的高見。「據我爸說，七〇年代日子不好過。他跟我說過報紙刊登過一個頭條：『福特總統對紐約市說：去死吧。』大家該拿這個怎麼辦？」

威爾斯挑起一邊眉毛，那是他「思考中」的表情。「嗯哼，」他低聲對我說。「他知道很多喔。」

我們沿著第二大道行駛，經過維瑟卡（Veselka）餐廳（在這裡可以吃到紐約市最棒的波蘭餃子），經過聖馬可坊上的菸草店，轉彎進入第三大道，此時威爾斯先生繼續他的歷史課。

「就像我說的……這裡是庫柏聯盟學院。林肯在這裡演講過，不過呢，那是在他當上總統以前。現在學校專門培養建築師。很多名人都是這一帶出身的，家境清寒。蓋希文兄弟[13]、拉瓜迪亞市長、勞勃．狄尼洛。『你在跟我說話嗎？你在跟我說話嗎？』嘿，小子，這句經典對白你知道吧？」

布萊恩只是點點頭，此時從第三大道進入包厘街，接近第四街時，建築物變得越來越破舊。天啊，我愛這個城市。每一區都這麼不同，駁雜薈萃形成了紐約市，形塑了紐

13 喬治．艾希文及艾拉．艾希文（George and Ira Gershwin），美國作曲家、鋼琴家。

約人。全世界沒有第二個這樣的地方。那天早上，我要前往下東城令人不快的地方辦案，但幾天前，工作把我帶到第五大道的豪宅。豪宅本身一如地址所暗示的那麼迷人。整棟大樓一層樓一戶，也就是說，橡木鑲板的電梯門一開，就直接進入各戶。而我辦案的這一戶，有著森林綠的門廳，雙開大門是白底鑲嵌金箔。我阿姨葛洛莉亞看了一定會說這地方「好高級」。

那天迎接我的是一名五十幾歲的英俊男士，戴著玳瑁眼鏡，穿著硬挺的白襯衫、灰色法蘭絨長褲、昂貴的樂福鞋，沒有穿襪子。他領我進入一間更大的門廳，裡面有兩名巡警，他們坐在椅腳纖細、路易十五風格的椅子上，看起來很不自在。

「謝謝妳過來，」他說。「很抱歉麻煩妳，但是我們聯絡不到我母親的醫生。她在樓上，這邊請。」他示意我走向左邊的旋轉樓梯，但眼前的房間好美，讓我遲疑了（事實上是目瞪口呆），窗外是中央公園的美景，紅黃相間的秋葉燦爛奪目。古董家具輕巧精緻，地毯奢華柔軟。房間以淡藍、淡綠為主色，點綴著淡粉紅色，看起來就像是《建築文摘》裡的跨頁，不過感覺很舒服，甚至讓人覺得賓至如歸。

「景色很美，對不對？我母親很愛這間房間，多數時間都在這裡。事實上，這間是她的辦公室。」我問她從事哪種工作。

「喔，那是家族基金會。我媽媽統籌的。幫助兒童的健康和教育。」他盯著窗外，若所有思，然後轉頭對我一笑。「妳應該看看她在南布朗克斯主持她資助的幼兒園的開幕典禮。她被小孩和家長包圍，那天她好開心。」他轉過頭，輕咳幾聲，摘下眼鏡揉眼睛。

我們上樓，那是我見過最大的臥室，足足有兩間郊區房屋客廳加起來的大小。床靠在一面弧形的牆上，有奶油色的絲絨床頭板。老太太身著淡藍色睡袍，雖然已過世，卻很端莊，她靠在刺繡枕頭上，高級床單蓋到胸口。我注意到床單的品牌是Frette。我在富有的死者家裡學習高級用品的知識。

兒子提供了她的病史和服用的藥物。她八十七歲，有高血壓和冠狀動脈心臟病，已戒菸，有輕微的慢性阻塞性肺病。最近胸痛，呼吸急促。我檢查死者時，兒子在走廊等候。我注意到她的腿部水腫，這是鬱血性心衰竭的典型症狀。沒有外傷。屍僵、屍斑、屍冷都與最後聯絡時間一致。嘴唇內部表面沒有擦傷，若有，就代表是被悶死的。用手緊緊摀住他人的口鼻，會造成他們前後搖晃頭部呼吸，讓嘴唇與牙齒摩擦，可能撕裂繫帶（穩定上唇的薄膜）。此處並無此情事。

這是自然死亡，通常會由她的私人醫師來處理，但他到某處打高爾夫球去了。我盡全力專心填寫身分證明表格，少了這個，你在紐約市就不存在，也不能正式死亡。身分證明應該說明你是誰，但話又說回來，我並不這麼認為。

處理文件時，周圍每一面牆壁上的畫作讓我分心。老太太身邊都是藝術品，從床上就能欣賞。我幫她蓋好床單，請她兒子進來。他看到我在環顧牆上掛的小幅印象派傑作。都是耳熟能詳的作品，像是竇加、莫內、塞尚。看起來是真跡，但我懂什麼呢，我會去弗里克收藏館純粹是因為去那裡約會很浪漫。

「我母親是厲害的畫作收藏家。妳要看看那些畫嗎？」

我猶豫了，不確定這樣是否違反某條市府準則，或者太不顧剛喪母的兒子的感受。

「不了，」我說。「謝謝你的好意，但你要掛心的事已經太多了。」

「沒關係的，我母親會樂見有人喜歡她的收藏。請賞光。」我在美麗的房間裡慢慢走著，每幅畫都被天花板上柔和的聚光燈照亮。色彩隨女子的身影穿過迷霧中的樹林而舞動，薄紗白洋裝映襯著翠綠的青草。有酒和水果的野餐讓我微笑，我也想身歷其境。走近一點觀看，許多畫作看起來只是一點一點的色塊，和我在客廳看到淡色調相同。但退後幾步，每個細節都變得清晰，我看到花園、倒映著光影的池塘、小丘上的石砌農舍。這些不是古畫大師畫作中的深棕色與暗紅色。這些顏色有生命、有動作、有笑聲，充滿喜悅。

男士露出微笑，因為他見到我看懂了。那一刻我真的看懂了畫作，心也有所感悟。每一個畫面都有故事。

我謝謝他讓我有榮幸參觀。我離開房間時，停步對床上的老太太微微頷首，在心裡謝謝她。

我走進白宮旅店時，想到了那位女士和她的兒子。兩個地方有天壤之別。旅店老式的入口破舊不堪，門上有塗鴉，像是沒認真清理而留下的殘餘痕跡。地板上小小的白色馬賽克磁磚上交錯著長長的修補裂縫，一路延伸到金屬樓梯，樓梯踏階上的亞麻地板都脫落了。這裡有多層窗戶、髒兮兮的磚頭，大廳宛如陋室，擺了幾張塑膠椅。白宮旅店不鼓勵人坐下。不過，一位形容枯槁、雙頰凹陷、瘦得令人難受的男子靠在折疊桌的邊緣，好像隨時都會被趕走。靠近門的一個角落，一名約莫二十歲的男子假裝注意周遭情況，彷彿在等一位朋友。每過幾分鐘，他的雙眼就會失焦，陷入困倦，抓撓手臂，揉搓鼻子，陷入海洛因的迷霧中。

威爾斯先生在開車過來的路上告訴我，白宮旅店建於一八二〇年代，最初是乾貨店，一九〇〇年代初期變成廉價旅館，位置是當時紐約的劇院區。白宮旅店的定位清楚明白：付六美元就可躺下來睡覺的地方。一個儲放人的倉庫。

因為車子並排停靠，威爾斯先生留在車裡。布萊恩跟我走進去。這位常春藤聯盟名校的高材生穿著筆挺襯衫，打著領帶，在我們走到接待櫃檯時絆了一下。他安靜不語，和此處格格不入，就像那兩位在第五大道豪宅的警察一樣。我有提醒他不要對證人提問，除了我，不要跟任何人交談，但我覺得我是多慮了。他有點卻步，靠在牆上。這孩子脫離了他的舒適圈，來接受這個震撼教育，我懂這種感覺。要說是當頭棒喝也好，大開眼界也行，總之，在那一瞬間，你領悟到自己對人類存在的可能性竟然那麼無知，你被重重打擊。我在開始這份工作前，也和他一樣天真。

旅店經理從大廳後面的一間小辦公室走出來。

「我是奈特，」他說，邊伸出手。「很高興認識妳。來吧，他在後面。」奈特是個帥哥，皮膚黑到發亮，銀色頭髮往後梳，嘴角叼著菸。他說話的時候，香菸像指揮棒一樣上下跳動，隨著語氣為字詞斷句。

「小姐，不好意思。」他對我說，接著突然說道：「嘿！！給我從臺階上滾開。我說過不准在那裡逗留！」

戴著棒球帽的瘦巴巴男子吼回去：「你他媽的我可沒坐，我是摔倒了。我要打給我的律師，告你告到底。」

「那就去告啊，看你告得了什麼。還有，幫自己找個新地方躺吧。」

男子面紅耳赤，站起身來，一瘸一拐離開，邊走還邊誇張地揉著臀部。

「你覺得他需要醫療援助嗎？」我問。

「誰？比利嗎？他每個禮拜都演一次。幾個月前某個落魄律師經過這裡，教大家怎麼賺錢。我們都叫他『腳滑摔倒保羅』。」

奈特看著男子走遠，然後轉身面對我，香菸還叼在嘴邊，右眼因為煙霧而瞇了起來。他帶我們走上樓梯，到三層樓的其中一樓，那裡有無數排膠合板小隔間，每間只比棺材寬一點，但也沒寬很多。每個小隔間一點二公尺寬、一點八公尺深、二點四公尺高，只夠放一張狹窄的彈簧床和一個充當床頭櫃的牛奶箱。

一排排狹窄的小房間是在一個寬闊、天花板挑高、有水泥地板的大房間裡組裝起來的。一側有火災逃生窗，另一側是公共浴室。每一片膠合板上都有穀倉紅的門板，看似工地剩下的建材，或是從稍微好一點的旅館拆過來的。門和門的距離大約一點八公尺，上方有號碼，還有掛鎖的扣環。小隔間沒有屋頂，上方是細鐵絲網，這樣保全才能進行「安危檢查」，換句話說，就是看看住戶是生是死。如果住戶沒有出來，或者沒回應晨間敲門，就會有人拉來一個吱吱作響的梯子，從上方檢查隔間，喊幾聲住戶的名字，看能不能叫醒他。如果他沒起床，他們就會打九一一報案，最終打給我。布萊恩轉動著頭，他看著一切，好像想全部記住似的，彷彿這是場考試。這不只是從他父親口中聽到的故事。這是真實發生的事。

白宮的氣味並不討人厭。那是多層次的混合氣味，有汗水、香菸、工業肥皂和酸葡萄酒的氣味。那是純粹的人類氣味，沒有被地毯、家具、烹飪或物品的味道汙染。就我所見，許多小隔間都有裝飾：膠合板牆上貼著從雜誌上撕下來的圖片，一束積了灰塵的人造花，一張褪色的彩色照片，照片裡的小孩站在一九七〇年代道奇車款旁。牛奶箱床頭櫃上擱著一包皺巴巴的庫爾或紐波特香菸，也許還有一罐冬青嚼菸。清新薄荷味。廉價紅酒和毒品藏在床墊下，床墊鋪著薄薄的灰白床單，睡在上頭的身體泛黃的輪廓隱約可見。

我到這裡相驗的死者都沒有居所或財產，難以明確了解他們背景，他們就像走廊一樣空空如也。人生不詳，沒有過去，沒有故事。赫許醫師曾說，屍體只不過是我們曾經開著到處跑的出租汽車，有些很破舊，有些太早就撞毀了，有些則閃亮如新。

這個地方沒有閃亮如新這回事。

我站在那裡，試圖理解一切。昏暗的走廊，布滿灰塵的隔間，每間裡都是一個生命。我很難想像住在這裡的人有另一段人生，這是多數人所謂的人生低谷，想想也是。這裡沒有希望，過一天算一天，已經一塌糊塗。下一步就是流落街頭了。但這不可能是全部的人生。這些人當中，想必有些人生來有慈愛的母親，曾經為人兄弟、父親、丈夫、朋友。曾經被愛也愛過。他們一定有自己的故事，不是嗎？

我在白宮的第一天，一位名叫理查的男子教了我這一點。他站在菲利斯的隔間外，菲利斯僵硬冰冷，躺在窄小的床上。菲利斯身形瘦小，容易翻動，我很快就完成外傷檢查。無外傷。他就只是死了。我會送他去做毒物檢測和外部檢查，或許也需要驗屍，除非我能找到他的就醫紀錄。我查看他僅有的私人物品：一本有水漬的一九八六年十月號《讀者文摘》、兩根香菸、身分證、一張皺巴巴的黑白照片，照片裡是一名漂亮的黑人女子，面帶微笑，雙手叉腰。

「那是他太太，」站在門口探頭進來的男子說。他貌似七十歲，有張粗獷的愛爾蘭臉孔，又高又瘦。他穿著布料和剪裁都很考究的運動夾克，雖然下擺和袖子磨損脫線。

我步出隔間，自我介紹，並問：「你認識他嗎？」

「我是理查。我認識他，他是我朋友，他是韓戰老兵。他那時過得很辛苦。他應該被安葬在國家公墓吧？」我說是的，會有同仁和退伍軍人事務部合作，確保他得到應有的安葬。我問起那本破舊的《讀者文摘》，為什麼菲利斯會留著。

「裡面有個故事他很愛，大概讀過不下一千次。我覺得應該是什麼浪漫的內容，因為我問起，他都很害羞。不論如何，那篇文章讓他很快樂。」

我們聊了一會兒，我得知他們會一起喝酒，彼此有個照應。理查能言善道，顯然受過教育。我問起他的工作，以及他是否已經退休。他笑了。「退休是好聽的講法。我之前是八大會計師事務所的註冊會計師，做到主管職了。我喝酒喝到丟掉了工作。我有妻小在某處，我大概十五年沒見到他們了。他們可能還在賽奧塞特（Syosset）吧，我不知道。」他想了一會兒。「菲利斯是我的家人。」

他告訴我他所知的菲利斯病史，然後我們握握手，他轉身離去。我注意到他有小腦共濟性失調造成的寬底式步態不穩，很有可能是長期飲酒造成的腦損傷。

我環顧所有的小隔間，當中許多人酗酒毀了自己的人生。我想到我在最後那一段喝酒歲月住的小小套房，迷你廚房裡的小冰箱裝了放兩天的外送中國菜與伏特加。一扇骯髒的窗戶，窗臺上布滿鴿糞。小空間只容得下一張床、一臺電視和我。情況和此處相去不遠。

後來，我數度再訪白宮，第一次回訪大約是我接到相驗菲利斯的電話後七個月。理查已經不在那裡。奈特說，有時候，有人就這麼一去不返了。他揣測他們可能掉進河裡、用藥過量，或是被卡車撞到。我腦中突然閃過一個念頭：**又或許他在菲利斯死後，走進了一場匿名戒酒會聚會。**

紐約市已經沒有供無家可歸者住宿的廉價旅店了，這些旅店被勒令全面歇業。我不知道那些人何去何從。沒有人知道。

Chapter 06 ／ 不要在家嘗試

早晨跟著首席法醫巡查，設定了每天的節奏。我會和其他法醫調查員及醫學生一起，跟著赫許醫師下樓到停屍間，我們會在每一站停下來，討論眼前的案子。一早就上工的醫師們已把屍體以經典的Y字型切口剖開，也就是從左右兩側鎖骨處起刀，分別朝胸骨劃下，然後直直一刀往腹部劃。用剪刀剪斷肋骨，從胸骨處提起，就能打開胸腔。頭部也可能會打開，劃開頭皮，就能把整張臉皮剝下來。看起來很恐怖，但這樣就能在不破壞臉部特徵下，去除頭蓋骨上方，檢查腦部。有些醫師，例如海伊斯，早上晚一點才會開始，這樣他們可以播放舞曲當背景音樂，不會吵到安靜工作的人。海伊斯很周到有禮，很有英式風範。他負責的屍體在早上八點半都還未解剖，我喜歡這樣，因為我喜歡看到人死時的穿著。解剖室遠遠的另一頭是玻璃櫃，被害人的衣服掛在裡面讓血跡乾燥。那個衣櫃令人毛骨悚然，衣服整齊掛成一排，但布滿了褐色和紅色的斑斑血跡，有時候還有彈孔。

法醫在向首席法醫報告前，會先讀過調查員的報告，研究過現場照片，所以這是我們法醫調查員在解剖臺前為故事加點色彩的機會。星期一早晨的故事最精彩，因為週末比較多酒後肇事的魯莽行為。這個星期一，一號解剖臺有我處理的案子：年輕男子，額頭正中間中彈，臉上表情只能用目瞪口呆來形容。我馬上插話：「死者是十九歲男子，星期六買了他的第一把槍，點三八左輪手槍，單動扳機型。星期天早上，他在東休士頓街跟朋友炫耀他的槍。事發經過是這樣的：他扣上扳機，像牛仔一樣轉槍，槍從他手中飛出去。擊錘恰巧碰撞人行道，槍枝擊發，子彈不偏不倚射中他雙眼之間。」

我停頓了一下，才說出結論。

「所以他的第一槍是他最精準的一槍，也是他的最後一槍。」

哼哼聲此起彼落。

大家並不是在喝倒采，其實恰恰相反：那是認可，認可這個紓解焦慮的笑話。我有全世界最棒的工作，但這工作可不輕鬆。如果開個玩笑可以消除我對不幸如影隨形的恐懼，如果可以幫我度過那一天、那個月、那一年……應該也無傷大雅吧？

我抵達那個悲劇事發現場時，心情原本很好，開心能在明亮的夏日清晨出勤。我準備要用輕鬆的口吻說「嘿，發生啥事了？」來和警探打招呼，但那刻我看到一群青少年在發抖。

警察眉頭深鎖，露出不可置信的表情，嚴肅且存疑。比爾和艾迪把我拉到一旁找警佐。

「這案子可有妳查的了，芭芭拉。這些情緒低落的小朋友說，躺在地上的羅伊．羅傑斯用一隻指頭旋轉著他的新玩具，結果槍飛出去，擊中人行道，然後就開火了。那是左輪手槍，確實有可能。妳自己看。子彈射入處對我來說有點太完美。」

「你覺得是其中一人射殺他？」

「有可能，妳看一下，跟我說妳的想法。」

四名青少年嚇壞了。那不是青少年叛逆，是焦急和煩惱。這是那種「噢，該死，這下完蛋了」的那種恐懼。死掉的男孩仰躺人行道，眼睛直視天空。在他的鼻梁上方一英寸正中央，有個小小的圓孔穿入傷，下緣比上緣的擦傷更嚴重，這表示子彈是從下方射入，而非平直穿入。傷口周圍沒有斑點（燒灼皮膚的火藥殘留），也沒有來自近距離槍管的油膩煙霧殘留物，代表此非近距離射殺。沒有別的要檢查了，男孩雙手沒有痕跡，沒有防禦傷，也沒有其他外傷。

我問比爾那把槍的事。「那是便宜貨，週六晚上的特價品，品質堪慮。他朋友說他昨天拿到的。我沒看到擊錘上有異樣，沒有刮痕。我們檢查了槍枝應該撞擊到的水泥地面，但上面滿是泥土和裂縫，看不到什麼。妳覺得有可能嗎？」

「當然，如果他們的說法符合證據的話。你要對他們全部採樣，看有沒有槍炮射擊殘留物嗎？」這個檢測能顯示一個人是否最近開過槍，根據從槍管後排放出來的殘留物來判定。

「嗯，或許，」比爾說。「反正沒有損失。」

我不常聽到我負責案件的後續結果，因為為數眾多，難以追蹤，而且正義之輪在我們泥濘渾濁的體系裡緩慢跋涉。所以我很驚訝比爾當天晚上打電話給我，告知他們已找到目擊證人，該市民那天被塞在東休士頓街的車陣中，目睹整起事件，確認了這個說法。

不是他殺，只是意外致死（death by misadventure）。

Adventure，源自拉丁文，意思是「將發生之事」。Mis 意指「不好的事」。這是我最喜歡的分類，也許是因為有幾乎可謂浪漫的特質，刺激又危險，讓人聯想到海盜、傭兵以及有結實下巴的年輕氣盛英國人。在美國，我們現在用 accidental death 表示「意外死亡」，因為 misadventure 一字被認為不合時宜（而且或許還帶點價值判斷）。不過，這個字在英國還在用，表示自願冒險而發生的致命意外。某人做了某件自認有趣之事，結果沒能全身而退。那種「摸摸鼻子自認倒楣」的死亡。我覺得這個字聽起來很氣派又大膽，但我自己兩者皆非。

大家只要開始意外死亡這個話題，就聊個沒完。

「俄羅斯輪盤！算不算是意外死亡？」

通常是的，不過某些情況會變成自殺。我只看過一個案例，輸家死亡時，張開的嘴巴裡掛著義大利麵條。

「伊莎朵拉・鄧肯（Isadora Duncan）呢？就是那位舞者。她的長絲巾被跑車後輪纏住，她就這樣被勒死了？」

完全沒有冒險成分，純粹運氣不好。（或是因果報應，如果你相信葛楚・史坦對她死亡的評論：「感情可能很危險。」）

「那俄羅斯凱薩琳大帝和她的種馬呢？那一定就算是意外致死了吧？」

錯，那是農業致死。而且那根本不是真的。凱薩琳大帝在浴室中風，隔天過世。

意外死亡通常發生在法律規範之外的地方，或包含愚蠢的要素，像從屋頂上進行高空彈跳，或是同時施放整盒煙火。雷雨交加還去打高爾夫球也算；即使暴風看似還很遠，上桿時揮動金屬球桿的動作對於空氣中的電能量有極大吸引力，閃電會竄入你身體，干擾你的神經系統，擾亂心臟傳導，然後從你觸地的高爾夫球鞋鞋底穿出，可能會在那裡留下一個小小的深色燒傷，那是球道上為什麼有具屍體的唯一線索。平常你被閃電擊中的機率是五十萬分之一；在高爾夫球場上，這個機率會增加到三千分之一。

「聽到雷聲，請入室內。」我聽到一位法醫這麼喃喃自語，他正在檢查因暴風雨身亡的死者。我喜歡這類警句，晨間巡查時也聽到很多，例如有位病理學家在驗一名三百二十幾公斤男子時說：「他用牙齒自掘墳墓。」赫許醫師則說過：「如果你看解剖臺上所有的槍殺與毒品死亡事件死者，你可能會認為刺青是主要死因。」

多數時日，驗屍間是歡樂而忙碌的地方，停屍間技術人員、病理學家、警探、學生等人，一邊工作一邊聊天。當新的一屆警校學員被帶進來觀摩時，技術人員會打賭幾分鐘之內就會有人昏倒。一位法醫把他一系列的驗屍手術刀放在九槽刀架裡，就是那種廚房常見的款式。我認為會把那種刀架放在死者旁桌上的人品味大有問題，但大家有自己無傷大雅的怪癖。

每位醫師都有自己的驗屍風格。赫許醫師當上首席法醫前，他的綽號叫「閃電」。據說，他曾經切開一具屍體、了解事發經過、再縫合起來，全程只花十八分鐘。我問他是真是假，他只是微笑，這是他的一貫作風。有一位比較年長的病理學家花了兩小時進行普通案件，我聽到別人評論說：「那不是驗屍，根本是觀光。」之後，他被取了「觀光客」的綽號。我想，我們是一群怪咖，就像所有在日常生活邊緣工作的人一樣。總而言之，首席法醫辦公室不過是一個工作場所：你認真工作，說說笑笑，偶爾撩一下同事，逞口舌之快。死亡是不變的事實，但是日子還是得過下去。

對那些總是追求冒險的人和不怕死的莽撞傢伙，那樣說好像也不對。要說最鍥而不捨的，就是那些「性」致勃勃想嘗試新花樣的人了。最常見自慰方式之一是「自慰式窒息死」，常被誤認為自殺。請注意，沒有專業協助，請勿在家輕易嘗試，但如果你扣扼頸部恰到好處，封鎖頸靜脈，血液就無法流出頭部，導致缺氧，引起亢奮並感到飄飄然。自慰時這麼做，就能達到強烈的高潮。至少我是這麼聽說的。

如何壓迫頸靜脈？

上吊。但除非你設好安全機制，在你失去意識後繩結會鬆開，否則你就會死掉。我看過幾次有人用可以快速鬆開的活結，這個做法還不錯，利用水手繫泊船隻或收帆時所打的那種繩結。把繩結的一端綁在門把之類的地方，繩索比較長的那一頭綁在冒險者的手腕上。但願他昏過去時，他的手臂會垂到身側，繩結就會被拉開。不幸的是，安全機制不見得能發揮作用，失去意識者可能繼續吊著，直到斷氣，即使他只是跪在地板上。

人會為了享樂做出最離譜的事，然後隔天面無表情去上班。你到銀行努力說服房貸經理你有良好的信用紀錄，但他滿腦子都是脫個精光、只戴黑色乳膠面具、生殖器穿環、後庭插著假陽具在黑暗中滑雪下坡有多麼刺激快活。見識過數百種不尋常與致命的行為後，我看人都開始疑神疑鬼了。你永遠不會知道誰有祕密生活。

我遇到很多通報時是上吊自殺的案子，到了現場才發現又是失控的壞男孩遊戲。（在這檔事上，女性通常沒有男性那麼蠢。）我們怎麼知道那不是自殺？首先，繩索會墊上柔軟的厚布，免得在頸部留下痕跡，不然隔天上班開會被看到很難解釋。第二，受害者可能赤裸，現場有自慰的輔助品：色情照片、潤滑劑、不尋常的服裝。有些人穿著皮革、乳膠、羽毛或綑綁式器具。有個男子甚至在陰莖繫上藍色緞帶，彷彿它贏得了頭獎。從事上述行為的人，各行各業都有，但我相驗時發現最常見的行業是律師。我不知道原因，但或許整天研讀大部頭法典很無聊，需要大大刺激一下。我相信這只是統計的異常，但我馬上就能想到三個案例，都是年輕男律師，每個都身著戀物癖衣物，為了手淫的快感而裝設了上吊或窒息的器具。

約翰是被同事發現的，因為他連續兩天沒有到律師事務所上班。他倒臥在客廳，穿著黑色皮革馬褲，明顯展示出他的生殖器。生殖器緊緊卡在陰莖環中，腫脹充血，看起來又惱又怒。他還穿著紫色蕾絲胸罩，裡頭塞了泡棉墊；嘴巴塞了一球紅布，肛門則有後庭塞。這些本身都不會取人性命，但是他精心製作用來自縊的絞盤系統就完全是另一回事了。絞盤由兩塊短木頭組成，放置成十字，中心用螺栓和墊片接合，如此就能繞著軸心轉動。十字相對的兩條力臂都綁上墊好衛生棉的繩索（以免留下洩漏祕密的繩索痕跡），並且纏繞在他的頸部。如此一來，他就可以單手拉木十字的一端，收緊絞索，但當他失去意識時，力臂會擺回去，鬆開絞索。我猜他是這麼盤算的。這裝置的結構很陽春（彈簧結構效果會好一點），結果他死了。我不知道警方怎麼跟他太太解釋他的死狀，她因為工作出差所以不在家，我猜那是男子終於等到的「個人時間」。

有些人把全身用乳膠包裹起來，只透過一根小吸管來呼吸（可能會阻塞），以此自我滿足。有人藉由電擊來尋求痛苦，有人則喜歡像小嬰兒一樣被包巾緊緊裹住和包尿布，並從被悶住口鼻中得到樂趣。還好，比較少人用自焚來尋歡，因為那真的很可怕。我見過此景，因為那位死者錄下自焚經過，從事前準備到他的生命和相機電池都耗盡的最後一刻，全都鉅細靡遺錄下來了。相機架在腳架上，鏡頭對著一面全身鏡，男子全裸，站在相機和鏡子中間，所以你可以看到他的正面和背面。我有點猶豫卻也好奇地看著他把酒精倒在手臂和胸口上，然後點火。他露出狂喜的表情。藍色火焰在他的皮膚上舞動，他開始自慰，火苗變小時，他停下來添加更多酒精。他錯就錯在肩膀上還有火焰時就添加燃料，這一加，引發熊熊烈焰，燒到他的頭髮。他嚇了一跳，酒精掉到地上，底下的白色長絨地毯因而著火，火勢迅速蔓延到他的身體和牆壁。他急忙撲打火焰，後續我就不知道了，因為此時我已離開審查錄影檔的房間。我不想知道。

人類性愛表現的幅度很廣，我不批判任何人的喜好。因為在民智未開時期，我也是歧視的受害者，所以只要你的行為不牽涉未成年人、動物或傷害他人，我真的無所謂。要是你真想知道，我從公共服務的角度稍微提點一下：如果你的行為會有死亡或受傷的風險，請找人協助，為你把關。比方說，品味相同又值得信賴的朋友，或是同好會的成員。也請確定你身體夠健康，受得了興奮又劇烈的活動，畢竟心臟的負荷是有限的。在色情電影院自慰的老男人多半不會有事，但若加上古柯鹼助性就很難說了。那樣的話，我就會來到戲院，看到你掛點，然後跟警察說：「這案子很簡單。他爽到升天了。」

赫許醫生在走廊把我攔下。「早安，芭芭拉，今天還好嗎？」

「很讚，除了一個我搞不懂的謎團。」

他招呼我進入他的辦公室，我坐在桌前，他點燃菸斗。我描述我在百老匯街西側市場地下室看到的詭異景象。二十歲雜貨店店員把紙箱放進打包機中，結果自己上半身卡了進去。壓碎機往下移動時，他的腰部以下就被壓扁了。

「沒有安全機制嗎？」赫許醫師問。

「有，但被某人破壞了。原本應該要把門關上，走到旁邊按下啟動按鈕。有一片捲起的紙板卡在按鈕上，讓機器保持啟動狀態，於是壓碎機不停上下循環。我猜是為了讓作業更快速。」

「但為什麼人會在裡面？」

「這部分我就想不透了。我猜他可能掉了東西，然後伸手去拿。但我檢查過機器之後，沒找到任何東西。地下室也沒有別人。」

「有些事情我們永遠都不會知道。」他搖搖頭。「有人會為了省幾分鐘而冒險。看多這些事情後，我現在甚至不再開快車。」

「嗯，但是你抽菸斗……那也有風險。」

「這是我對危險生活的小小讓步。難道妳沒有做什麼蠢事嗎？」

「再也不做。我以前會去萊伊遊樂園玩雲霄飛車，有一次發現維護設施的是個獨眼醉漢。從此以後，我對每件事都會做風險評估。」

「是啊。職業病。今晚去找點安全的樂子吧。」

安全的樂子。我其實已經不相信有這回事了。潛藏的危險？無所不在。打從我四年級擔任糾察隊開始，我就一直在注意潛藏的危險。我巡視通往卡曼路小學側門的走道，攔住奔跑的學童，因為他們可能會在綠磁磚上滑倒，摔斷脖子。當馬薩佩誇公園的天空轉成深紫色，就表示快下雷雨了，我會關上家中每一扇窗，但留十公分的小縫，龍捲風來時就能平衡壓力（我在《讀者文摘》學到的）。然後我會跑到院子裡，把腳踏車收好，免得我們需要逃命時不小心被腳踏車絆倒。（我可能還會期盼災難真的發生，這樣我就可以處理善後。）

我現在依然是糾察隊，或套用精神科醫師的說法：「高度警戒，往往設想最壞情況。」擔任調查員幾年後，我那負擔過重的腦袋很清楚厄運躲在每個角落，伺機而動。巷弄裡有殺人魔埋伏、自殺者從天而降、酒駕者衝撞人行道。但是因為所謂的冒險行為而死？只要避免從事冒險行為不就得了。我很確定自己不會因為愚勇冒險而死，焦慮的控制狂才不會去冒這種險。我們會迴避風險，我們不會去偷快艇兜風，或在鐵路平交道比試膽量。我們絕不會從事「市區衝浪」這類危險的行為。

紐約很多嚮往衝浪運動的人找到替代方案，那就是玩滑板。市區公園有許多小孩飛下斜面坡道、轉彎滑行、輾磨。對很多人來說，這還不夠刺激，沒有被浪濤衝擊的快感，或是被飛來的滑板敲到頭的驚險。也因如此，才會衍生出所有競技運動中最致命的電梯衝浪。最適合衝浪的大樓要有至少兩臺相鄰的電梯，才有機會從一臺移動的車廂上方跳到隔壁車廂。首先，衝浪者把門撬開，然後按下「向上」鍵。電梯車廂往各樓層移動時，衝浪者跳到車廂上方，在天井中上下移動，在交錯的車廂間跳躍。來回跳最多次的人就贏了，滑倒或誤判距離的人就輸了，並墜落下方機坑，可能會被下降的車廂碾斃，或卡在電梯井與車廂之間被拖行，死狀極慘，我還必須撿拾屍塊。

此外，還有地鐵衝浪，我見過的就有三個等級。給新手的最初階是站在車廂連接處，雙腳跨在移動的臺面，接著站在連接車廂的鍊條上。隧道通常很狹窄，晃動中的衝浪者很容易被壁面突出的石頭敲掉腦袋。雷文曾經處理過一個案子，男子離開他的單身派對時嚴重宿醉，但是因為已和未婚妻說好，還是和她一起搭地鐵，要到市政府去公證。他覺得頭暈想吐，於是走到兩節車廂中間的通道，往外傾身，準備嘔吐在鐵軌上。結果他摔了出去，跌落第三軌上，觸電身亡。

第二級的地鐵衝浪是在列車離站之際從車尾跳上車，然後在列車加速行駛的情況下爬上車頂，或是緊貼著車廂側邊。你不只需要上半身的力氣支撐，還得有能力完全把自己放平，避開這一路會經過的所有設備。這顯然很刺激，因為紐約據報每年約有四百起這類事故，很多非死即傷。我記憶中就處理過三件。

我沒有見過第三級衝浪案件，這一類致死率百分之九十五，所以比較少人嘗試（謝天謝地！）。到了這個等級，衝浪者爬到奔馳的車廂上方，然後跳到隧道裡移動中的相鄰列車車頂，可能是對向來車，也有可能是同方向但速度不同的區間車和特快車，不管哪種，最重要的是時機。車站裡有一些柱子是用來分隔列車的，還有一些軌道間也有，為了增加遊戲的複雜度，要避開這些柱子。這下子沒人敢說紐約不是個運動之城了吧。

然後還有「泰山電纜人」這個招數，嚴格說起來不算是運動，比較像遭警方突襲或酒醉鬧事的最後一招。我的第一個這種案子發生在一九九五年，在哈林區，那是個悶熱的八月夜晚，凌晨三點的空氣還是很厚重。我停在那個街區時，有人在門廊用手提式音箱播放音樂，還有人在人行道玩骨牌遊戲。空氣太悶，沒辦法在室內睡覺。原本專心玩骨牌的人，被隔壁八樓大廈後面傳來的如雷聲響打斷，有人暫停遊戲，先去報警。

我走出有冷氣的車子，氣溫的變化讓我倒抽一口氣，我才走一百英尺到案發地點外的兩位制服員警面前，就已經大汗淋漓。我們還沒看到屍體，瑞歐斯警官就在門口告訴我事發經過，對於出乎意外的結局意猶未盡。

「那傢伙搖搖晃晃走過街區，伸手到褲子口袋裡撈啊撈，一邊咒罵一邊找，大叫著：『他媽的我鑰匙哪裡去了？』到了門口，他按了對講機上的每一個按鈕，有個鄰居回應，他叫鄰居開門讓他進去。鄰居後來說他還罵『操你媽的』。他老兄進了大樓，但當然醉到進不了自己家，所以他跑到頂樓去睡覺。我們上樓吧，我帶妳去看。」

我們搭電梯上去，走出樓頂鐵門，但是不見人影。我困惑地看著瑞歐斯，他揮手示意我走到女兒牆邊。他用手電筒往地面照，水泥地上躺著一個死人，黑色的電纜纏繞在他的手腳上。

「看這邊。」瑞歐斯說，把光線打在所有的電視纜線上，纜線掛在牆上，延伸到每一戶的窗戶裡。其中有一條破損不堪，邊緣磨損。水泥外牆上有一道八吋長的刮痕。

「好喔，我明白了，但是他到底要去哪裡？」我問。瑞歐斯一副樂在其中的樣子。

「關於這點，我發現他住在六樓。妳看他公寓的位置。」他把手電筒照向往下兩層樓的一扇敞開窗戶，側邊離我們站的地方只有一點五公尺。「我猜他想沿著電纜線往下進入公寓，但必須前後稍微搖擺才能搆到窗戶，這路線不是垂直下降，看到了嗎？電纜在水泥牆上摩擦，應聲而斷，他就掉下去了。」

我們下樓，從後門走出去。墜地的男子還抓著斷成一半的磨損電纜，全身都是符合從高處墜落的傷。

「夜間巡邏隊來過了嗎？」夜間巡邏隊是晚上在紐約市值勤的刑偵小隊，他們會先開始調查，隔天把案子轉給轄區小隊。

「還沒，皇后區有雙屍命案，他們脫不了身。」

「該死，瑞歐斯，你年底前就會升上警探了。這案子破得漂亮。」

他笑著把腳趾標籤遞給我。

另外兩起我見過的泰山案件都是男子在警方掃毒時試圖逃避追捕而發生的。在這兩例中，他們抓起毒品，從窗戶逃逸，一手抓住電纜往下滑，同時還要保護珍貴的毒品。當然，兩人的結局都很慘。毒品果真害死人。

為什麼有些人需要這種程度的刺激？需要冒著生命危險而來的快感？研究指出，這和所謂「腎上腺素成癮者」的大腦運作與神經系統有關。這些人身處危險時，產生的皮質醇（迎戰或逃逸的刺激物）較少，多巴胺（那種「老天，感覺超爽」的化學物質）較多。對某些人來說，他們的生理機能是這樣的：給自己壓力會讓杏仁核（大腦的情緒中樞）的正腎上腺素釋放，讓他們感覺活著。我完全可以理解。我努力掌控周遭大小事，笑看所見荒唐事，但我也有自己小小的冒險（當然是經過衡量的）。我真的有必要和緊急勤務單位一起在鼠輩出沒的地鐵隧道裡跋涉，撿拾地鐵衝浪者的屍塊嗎？才不呢。若這是一起明顯的意外死亡事件，我大可請他們去做就好。但此行很有意思，跟勤務單位的同仁在一起很好玩，我覺得備受保護，身心強健。我真的有必要坐在艙門大開的直升機上，只繫腰間安全帶，讓我那些航空部門的夥伴傾斜機身嚇我嗎？當然不是。但景色很壯觀，而且我的沉著冷靜獲得大夥的讚賞，這點我很愛。對於一個容易擔心害怕的人來說，要表現出大而無畏可不輕鬆。在死亡的國度裡，我感到自己活著。

Chapter 07 ／ 掌握時機

D先生是一個和樂融融大家庭裡深受愛戴的長者。一天深夜，他的大女兒回到家，發現九十一歲的老父死在床上。她打電話給一個妹妹，妹妹又打給弟弟，弟弟又打給堂姊，堂姊又打給姑姑。噩耗傳來，親友悲痛不已；不用多久，位於大廣場（Grand Concourse）的寓所就擠滿了二十二位泣不成聲的親友。這棟建築並非大廣場那些歷史悠久輝煌的裝飾藝術風格公寓（過去大家口中的「布朗克斯區的香榭麗舍大道」），那些寬敞通風的公寓是猶太中產階級住的地方，直到六〇年代末期，他們才移居長島、威斯徹斯特郡（Westchester）和合作公寓城（Co-Op City）。下一波的居民來自波多黎各，大家庭想找價格實惠、房間寬敞的公寓。這棟建築確實在價格上可以負擔，但是跟寬敞可沾不上邊，比較起來就像個窮親戚。房子建造得很廉價，通風井上有窗戶，沒有裝飾。房間又小又窄，天花板很低。和那些人共處一室，我都快有幽閉恐懼症了，好想盡快和死者獨處。

屋內倒是整理得很乾淨，布置舒適，看電視的最佳位置擺了一張破舊的老爺椅。走廊上掛滿了兒孫的求學照片，多到快碰到天花板了，看得出死者以後代子孫為榮。剩餘的牆壁空間則獻給了耶穌受難像和耶穌頭戴荊棘王冠流血的裱框畫。櫥櫃上擺著一尊三十公分高的聖母瑪利亞雕像，她的臉頰上畫著淚珠。

我對這種虔誠有點敬畏，反常地肅然起敬。我一貫的態度是專業、有禮、照章行事，不過目前看來不太適合。這些人對失去親人如此哀慟，我感到崇敬。受到這般敬愛是什麼感覺？他做了什麼而得到子孫的愛戴？較年長的家庭成員在廚房裡手牽手一起祈禱，接受上帝的旨意。溫柔的婦女穿著家常便服，深色頭髮盤成髻，她們神情悲傷，丈夫在一旁靜靜守護。年輕的一代身材瘦削，男孩強壯，女孩漂亮，堂兄弟姊妹親如手足。他們震驚之餘也很疑惑，激動地低聲議論：怎麼會這樣？

警方表示公寓無異樣，也就是說，前門用鑰匙上鎖了，而不只是帶上，窗戶也上鎖緊閉。因為D先生獨自死去，沒有醫師在一旁，我們需要確認一切沒有異樣。你知道的，會有那種不耐煩的親屬等不及順其自然，於是先下手，還有居服員的貪婪男友也是。在辦正事之前，我先致意，用西班牙文說「很遺憾您失去親人」，表達我的哀悼。

「好，誰能告訴我他的健康狀況？」

我犯的第一個錯誤：對全家人發問。大家你一言我一語，同時回答，還爭論著哪位醫師才真的知道他的狀況、哪位醫師差點害死他、哪家醫院對他們祖父沒禮貌，一定要告到底。最後，我問到死者的小女兒，她告訴我病史：「糖尿病、高血壓、心臟不好……喔，還有腎已經沒有功能了。但他上週才剛去診所，他們說他狀況很好！他怎麼會就這樣死了？」我常常得提醒家屬，死亡率是百分之百，而年老是個正當的原因。人終將一死，沒有例外；不過，如果單單靠愛就能讓一個人活著，那這個人應該會長生不死吧。

我解釋我準備要檢查D先生了，會讓他們知道我的發現，此時一位綁著頭巾的二十多歲男子走上前來。

「好，我和我兄弟跟妳一起進去。」

「很抱歉，我不能允許此事。只有警官才能跟我一起進去。」

「為什麼？妳要對他做什麼？我要看著。」

他身後一陣騷動，年輕一輩準備參戰，想保護自己人。我不能告訴他們我必須確保這是完全自然的死亡、沒有人動手腳加速他們祖父的死亡。我要是講出來，可能小命不保。我自然也不能祭出「這是規定」的說法，可能會更激怒他們。

動動腦，趕快想辦法。

「D先生似乎是位莊重的長者，或許他不希望別人見到他的死狀。有時候，死亡當下會發生一些事，你懂嗎？或許先讓葬儀社的人處理，保持他的尊嚴，可以嗎？」年輕人點點頭，他的兄弟放鬆了肩膀的肌肉。我能理解那種衝動，想做些什麼，有點貢獻。悲傷時很難坐著不動。

就在此時，安靜的二女兒走上前來，問我能否告知他的死亡時間。「我們想在他過世的時辰為他舉辦追思彌撒。」她解釋。

當然可以。

我走進臥室，見到一張教宗的照片，他垂憐的目光落在一位非常瘦、非常老的男子身上。他的鬍子刮得很乾淨，稀疏的白髮也梳理整齊。有人在他的皺紋滿布的皮膚上抹了乳液。他受到良好的照顧，他是被愛著的。這次相驗很快，他身形瘦小，把他翻過身很容易，也能簡單地恢復原本姿勢。沒有外傷，沒有任何異狀。顯然是平靜而自然的死亡。

現在要估計死亡時間了。

就像我大部分的工作一樣，確定「死後間隔時間」（亦即死亡時間）是一門科學，也是一門藝術。我們測量三個因素：屍僵、屍斑和屍冷，確定每個因素的時間間隔，並大致估計死者可能死亡的幾小時範圍。

每個人都熟悉屍僵的概念，即死後肌肉僵硬。人靠氧氣維持生命，其化學反應讓我們的肌肉收縮和放鬆，這種反應的副產品在肌肉中累積，然後分解。不過，人一旦死了就不是這麼回事了，沒有呼吸或心臟活動意味著沒有氧氣循環，所以反應就會停止，肌肉慢慢變得僵硬。

屍僵或許看起來是從頭部開始發展到腳趾，但那只是因為較小的肌肉先開始變硬。屍僵從下巴和手指開始，然後進展到頸部、手、手臂、腳，最後才是腿部大肌肉。整個過程大約是十二個小時，然後屍體會僵硬到可以用來當鋸木架的檯面，脖子和腳跟可以當支撐架（如果你想這麼做的話）。屍體不會下垂或彎曲，事實上，屍體會保持這種狀態再十二個小時，取決於環境溫度和肌肉量、體熱、最近活動等其他因素。如果一名吸食古柯鹼的健美運動員跑了八百公尺，因動脈瘤癲癇發作，在街上猝死，他會直接進入僵硬狀態；而患有癌症臥床不起的老年人可能根本沒有屍僵。

隨著組織分解和其他酵素反應出現，僵硬狀態開始消退，肌肉按照僵硬的順序漸漸軟化：從小肌肉到大肌肉，在接下來的十二小時內逐漸消退。我們透過彎曲四肢和身體來查屈曲度，以測量僵硬程度，並以一到四的等級來表示，四代表完全僵硬。如果稍微用力就可以把手臂推回網球發球姿勢，那就是二級。如果輕輕一推手臂就垂下來，那就是屍僵程度零。檢查完所有身體的末梢後，我們會根據到達該僵硬程度所需的時間確定出一個時間值。如果死者的下巴、頸部、手臂的僵硬程度達到三級以上，而雙腿的僵硬程度達到二級以上（可折斷），我們知道他已經死了大約八小時，且還在持續進入僵硬狀態。「可折斷」意味著肌肉可以彎曲或伸展。有時候下巴會緊到無法把嘴巴打開。如果我們需要檢查牙齒以辨識身分，就得切開下巴肌肉。如果死者的頸部、手臂、腳踝能輕易彎曲，但是股四頭肌仍僵硬到二級以上的程度，我們會判定他處於僵硬消退的階段，所以死亡時間在更早之前，也許是二十八小時到三十小時前。

檢查完屍僵後，就要評估屍斑，也就是血液沉積在屍體低處造成的現象。一旦血液循環停止，因為重力，血液會往下沉入組織中，皮膚顏色暗沉，呈現紅紫色。人死後大約一至二小時，屍斑會開始出現，六到八小時後全面顯露；此時用力按壓皮膚，紅色屍斑會變白，之後血液會完全沉澱並永久滲入皮膚。屍斑完全固定大概需要八到十二個小時。

屍僵和屍斑也用來確認屍體在死後是否被移動過。「屍僵／屍斑與姿勢不符合」表示死亡當下的身體姿勢與其當前環境不符。我曾經在賓館（兩小時三十美元，付現金給櫃檯）相驗過一名男子，他仰躺在床上，雙臂雙腿伸直朝向空中。多數人不會那樣死（「只有幸運的人才會」，我在警察學院講課時喜歡這麼說）。他身體正面呈現深紫紅色，但皺巴巴床單壓在皮膚上的部分呈現白色線條。顯然他是面朝下死的，四肢懸在窄床的側邊。緊急醫療服務員（簡稱EMS）把他翻了身，然後就讓他維持那個姿勢，這違反規定。

然後是「屍冷」，此法提供了較為精確的估量方式。在華氏七十二度（約攝氏二十二度）的房間裡，屍體以每小時華氏一點五度的速度失溫，直到達到室溫。如果伴隨寒冷、水、風等因素就會加速，酷熱或被包裹的狀態會降低失溫速度。這點要仔細評估。

這很適合當作美國大學入學能力測驗的題目：

第三題：

如果房間溫度為七十三°F（約攝氏二十三度），死者肛溫為八十三°F（約攝氏二十八度），那麼穿著室內衣物的六十八公斤成年男子死後間隔時間為何？假設自發現死者以來所有其他因素都未改變。

（A）四小時

（B）六小時

（C）十小時

（D）十五小時

正確答案是C：十小時。從人類平均體溫九十八°F（約攝氏三十六度）開始，到八十三。F時，他已經失去華氏十五度的體溫；十五除以一點五，答案是死後大約十小時。先問問警方，發現死者後，他們是否開、關過任何窗戶，因為環境溫度變化會影響冷卻速率。

解析如下：如果屍僵告訴我們死者在八到十小時之前死亡，屍斑顯示時間為六至八小時前，而屍冷顯示是八小時前，我們會在每項時間當中畫一條線，計算其中位數，以此案來說是八小時。然後我們加入模糊因素，推估死者在六到十小時之前死亡，大約在驗屍前八小時。這當然是科學，但是每個現場都有許多可使罪行減輕的情節，而且每起死亡案件都不同，要通盤考量整體情況。

我檢查了D先生，並且做了我所有的小小「科學」計算，得出他大約是四小時之前死亡。此時是凌晨三點，我走出臥室，以權威的口吻向外頭集結的家屬宣布：「D先生大約在晚上十一點時過世。」

其中兩個女兒尖叫。

一名女婿緊緊摀住心臟。

「但是西莉亞午夜的時候才跟他講過話！喔，我的天啊，妳認為……？」

該死。

在估算死亡時間時，我忘了最重要的問題：「最後一次與死者交談或見到死者是什麼時候？」

我施展一些口才並坦白估算有誤，十分抱歉，這才擺脫了我與這家人的災難。我再也沒有犯下相同的錯誤。

在我的工作中，出於必要，我對死亡時間相當在意，原因很多。舉D先生的案子為例，死亡時間可以給家屬一種解脫感。對很多人而言，死亡時間是值得紀念的，代表死者的最後一刻。死亡時間還有助於死者家屬了解導致親人過世的情況，就像追蹤某人的腳步一樣，藉由建構起讓人能理解的敘事，試著慢慢接受失去親人一事。我能夠理解。這不就是我在做的事嗎？努力拼湊出某人臨終時刻的情況。

然後有民事訴訟和刑事調查。死亡時間對於遺囑認定以及法院決定遺產處置非常重要。假設一對夫妻死於車禍，而他們各自在前次婚姻中都有孩子，但兩位都未曾立下遺囑。在很多州，倖存的一方自動獲得對方遺產的一部分，即使他們只多活了一或兩分鐘；也就是說，如果妻子先過世，丈夫的孩子就能得到妻子的遺產，那麼有人應該會跳腳吧。在凶殺案中，死亡時間可以協助警方縮小嫌犯範圍，針對那些符合時間軸的人。

如果可以證明受害者在星期日晚間七點到九點之間死亡（我們會給一個範圍），那就能排除當時正搭乘火車前往波士頓的女友的嫌疑。如果分居的妻子說她當時獨自在家看電視，那就很難說了。

我遇過一個案子，公寓失火，火勢不大，撲滅之後，煙霧散去，急救人員在血跡斑斑的床上發現一名身上有刀傷的死者。那是間小小的單房公寓，空間只能容納一張雙人床、一個五斗櫃、簡易廚房和一間浴室。牆壁漆著不常見的藍綠色，看起來很像水族館。五斗櫃的抽屜被拉出來，東西丟得到處都是。房間各處放了十幾支大蠟燭，其中幾支燒光了，燒到五斗櫃上，引發了火災。屍斑和屍僵顯示，受害者已經死了一段時間，但因為火災，他的體溫高於華氏九十八・六度（攝氏三十七度），讓我無法估算。根據鄰居的說法，因為他是「奉行門戶開放政策的牛郎」，所以要解開他的謀殺案，死亡時間是關鍵，可以找出是哪個客戶殺了他，哪個客戶趁他死亡打劫他，哪個客戶（或哪些）見到屍體後害怕地跑出去。

蠟燭的尺寸不盡相同：有可以燒六小時的，也有四小時、兩小時的。這點有幫助嗎？如果我們知道行凶者點燃了一支長達六小時的大蠟燭，而現在蠟燭幾乎燒到底部，還沒全燒完，我們可能會推測死亡發生在五小時前。但由於無法判斷蠟燭之前是否已被點過，所以這點其實沒什麼幫助。如果凶手蓄意使用蠟燭的熱混淆調查員怎麼辦？經驗老道的凶手可能會故意改變房間的溫度，因為這會對計算死亡時間有不利的影響。他有可能刻意把蠟燭放在五斗櫃其中一層打開的抽屜邊緣，可能在他離開數小時後才會引發火災，這樣他就有時間遠走高飛，而一把火也能燒掉他犯罪的證據。更確切地說，燒掉屍體以外的證據。這不是第一次有狡猾的凶手試圖讓我們混淆。最後，我發現受害者的右下腹呈現綠色，那裡的腸子最靠近皮膚，可以顯示出早期腐敗跡象，意味著死後間隔時間其實更久。他的腿上也出現皮膚滑落、起泡、脫皮的情況，這是腐敗的另一個跡象，但那也可能是熱的影響。考慮到所有因素，看來他已經死亡至少二十四小時了。

日常物品對於確立死後間隔時間很有用，常識也是。如果一名婦女每天早上八點都會去前門階梯拿報紙，而當我們抵達現場時，發現週日和週一的報紙都還在外面，那麼她大概是週六某個時間死亡的。餐桌上的中餐外帶盒上通常釘有收據，上面有日期和時間戳章。一杯啤酒在短短四小時後就會沒氣（如果酒是溫的就更快），所以如果你看到茶几上有一杯美味的金黃艾爾，上面有綿密的白泡沫，底下氣泡直冒，那行兇者才剛離開。至於在點滿蠟燭房間的被刺殺死者一案，一直都沒有偵破，因為太多人進出那裡了，而且他們全都身分不明。

我工作上的案件，大多屬於死亡間隔時間短的，屍體在一兩天內就被發現。但也有一些案件涉及較長時間，死者幾週甚至幾個月都沒有被發現。紐約算得上是孤獨之城吧，有些人無人聞問。赫許曾告訴我：「如果妳想要隱姓埋名，就搬來紐約市吧。」

我學會利用「腐敗的自然傑作」來計算距離死亡的天數或週數，以估計長期的死亡間隔時間。在溫暖的月份，綠頭蒼蠅將卵產在潮濕的身體開口或傷口中，在大約二十四小時內長成蠕動的大量灰白色蛆，然後經過六到七天的攝食和長胖後爬出來形成蛹，很像爆米花的棕色蛹殼在六天之內孵化成下一代蒼蠅，生命週期共計兩週。計算空蛹殼的不同面積，你可以估計距離死亡有幾週。法醫昆蟲學家可以更精確地估計天數。我去過一些住宅，裡面空氣中蒼蠅密密麻麻，看起來就像是黑色的暴風雪。在這些「害蟲派對」裡，蟑螂、大老鼠、小老鼠和蒼蠅享用死人自助餐，大快朵頤，狂歡繁殖，這是上帝將有機化合物和礦物質歸還地球的方式。

然後還有屍蠟（adipocere），這是「皂化」的化學過程，身體脂肪被轉化為油膩的發臭白色蠟層，這表示屍體曾被埋在溫暖潮濕的環境下。在那種條件下，屍蠟大概在三個月後形成，所以出現屍蠟就表示屍體已經被埋在地底下一段時間了。

幾年前，年輕人會從郊區來到莫頓街碼頭（Morton Street Pier）閒晃，同志沿著克里斯多福街一路開趴到這個熱門地點。有些人會喝酒、吸毒，做一些蠢事，比如掉進哈德遜河，或是進行「粗暴性交」，向他們收錢從事性交易的男妓會突然一陣自我憎恨，恐同發作，反倒把他們毒打一頓。此處發生過多起死亡事件，有些是意外，有些不是。

威斯徹斯特郡一名警官的年輕兒子在這種情況下失蹤了，有可能是從碼頭掉進河裡。格林威治村第六分局的警探都在尋找他，所以當一週後布魯克林大橋下東河沿岸發現一具男屍時，第一分局的李警探打了電話提醒眾多同事，或許這就是他們在找的自家人兒子，即使屍體是在東河發現的，而非哈德遜河。

我在黎明時分到達，見到太陽升起的壯觀景象，陽光照亮河面上的薄霧，玫瑰色天空映襯著深色石橋。橋塔間的懸索有金色陽光從背後打光，像極了黑色蕾絲。那樣的美景和我面前醜陋的遺骸形成鮮明對比。就在那裡，有一塊男性軀幹的下半部，一塊帶著腿骨的臀部。遺骸臭氣沖天，上面披掛著破布條，那是緊身內褲殘餘的部分。我立刻注意到屍蠟，厚厚的塊狀白蠟覆蓋著臀部。沒有魚或螃蟹啃食的跡象，所以遺骸不是從水裡來的。也就是說，這塊遺骸埋在土裡有一段時間了，那為什麼現在會在這裡呢？為什麼會出現在沙灘上，沐浴在陽光下呢？

我向河面數百英尺處望去，看到一輛黃色鏟斗機，原來是工人在河岸清淤疏浚。顯然，遺骸被埋在之前的海岸線上，水流的變化使遺骸露了出來。回到太平間，我們試著把軀幹下半部和我們有的一些上半身比對。沒這麼好運。這也不是威斯徹斯特郡的失蹤男孩。死亡時間不符合他失蹤的時間。

屍體腐敗有助於估計死亡時間，但也用自然傑作妨礙我們，因為看似外傷的地方可能其實是腐爛或環境因素（如害蟲進食）所造成。這世界上再也沒有比腐敗屍體更難聞的氣味了，再也沒有比通知我有腐屍的派件電話更不受歡迎的電話了：「嘿，甜心寶貝，我是西西。妳在三二分局有腐屍，狀況很糟。親愛的，我很抱歉。」夏天時，法醫調查員絕對不可能計劃一下班就去哪裡，因為夏天是腐屍季，惡臭就像一條油膩的毯子，裹在你的頭髮、皮膚、衣服上，尤其會存留在天然布料上。六月到八月，我只穿聚酯纖維的衣服去上班。

身體死亡時，我們體內的細菌就可以為所欲為。細菌一旦不受我們免疫系統和自然抵抗力的抑制，就會瘋狂繁殖，產生惡臭氣體，造成腹部腫脹、眼瞼和陰囊因壓力而繃緊。酵素分解消化人體組織，細胞爆開，產生「屍水」，一種難聞且散發苦味的紅棕色液體從每個身體開口處冒出，流淌成一灘噁心的東西。皮膚裂開，看起來像是被刀割過，但那是氣體壓力撐開所造成的。然後皮膚會脫落成一片片灰色的髒汙，肉變成一團堅硬閃亮的黑色，眼睛和舌頭突出，像教堂屋頂上的石像鬼一樣。嘴巴似乎在動，你走近一看，會發現舌頭湧出一層厚厚的蛆，不停蠕動。但那個氣味，天啊，沒有比這個更難聞的了。把變質的肉加上病狗的糞便、臭雞蛋、高麗菜、乾蒜頭一起丟到果汁機裡攪拌，都要比腐屍那令人作嘔的甜臭味好聞多了。

木乃伊的氣味倒是沒那麼令人反感，比較有趣，那是種黴味，有機質的味道。我曾經調查過一堆看似乾樹葉和皮革碎片的東西，就在一棟被占建築的床上。此處當然沒人繳房租，也沒有暖氣、沒電、沒水，但那堆樹葉好像穿著一雙很不錯的Timberland靴子。仔細檢查後，我發現一具骨架，裡面的器官已經被躲在生銹爐子後面的大老鼠吃光了。乾燥的環境和有著溫暖微風的天氣讓死者脫水並慢慢木乃伊化。屍體剩下的組織實在太少了，所以我抬起他的手臂時，手臂就脫落了。這具屍體就只是一個由乾燥皮膚、肌腱和骨頭組成的斑駁棕色外殼。但，可惡，我還是被嚇到了。不過，有趣的是，有顆子彈在他空空如也的胸腔裡嘎嘎作響。那是死因嗎？或者那是過去打鬥或戰爭受傷時留下的舊子彈？沒有人知道，所有的證據都被吃掉了。

就算是老手，也有可能被腐敗的自然傑作欺騙。我曾遇過一個案件，幾位警察因為一名老人被毆打致死而憤怒不已。他們指出死者腫脹的臉上青一塊紫一塊，鼻孔出血，流出血清，下巴有香菸燒傷的痕跡。他們說，**這樣折磨老人，令人不齒，我們要揪出犯人，讓他付出代價**。只不過，他們的看法都是錯的。腫脹和紫色瘀青是因為血液沉積在皮膚內，而當時老人的姿勢是臉朝下趴在地上，氣體充滿了組織內部。鼻子留出的液體是屍體分解產生的屍水，而香菸燙傷的痕跡其實是被蟑螂咬的。全都是死後的自然變化。在嬰兒猝死案件中，不只一位父母被懷疑虐待兒童，其實那是蟑螂或老鼠啃食的小傷口。

出勤時，我們都會有恐懼。最恐怖的事是碰觸死者時，死者突然活過來。布魯克林區辦公室的達爾就親身經歷過。他的死者是一名女性，服用過量煩寧（Valium）結束自己生命。當達爾把她翻過來時，她睜開眼睛呻吟，達爾差點嚇昏。他們把尷尬不已的EMS叫回來，而可憐的達爾渾身發抖地回到辦公室。顯然那名女性的心跳和呼吸都已經減緩到緊急救護技術員無法察覺的速率（他們大概太匆忙了）。

我對那種恐懼很熟悉。有一次我獨自爬上一輛貨車，後車廂裡有具腐爛浮腫的男屍。當我把他翻過來時，他大聲呻吟，我尖叫著跳下貨車，投入一位大笑不已的警察懷裡。結果那只是氣體從死者喉嚨中湧出所發出的聲音，有點像擠壓手風琴。不過，我後來跟那位警察扯平了，因為幾週之後，我們遇到一位臉朝上的裸體死者。

「太好了，」我說。「這次我們可以輕鬆判斷死亡時間。」

「等等。什麼意思？」他揚起眉毛，用警察慣用的懷疑眼神看著我。

「把陰莖想成時鐘上的時針。朝向肚臍為十二點，朝向腳是六點，而九點和三點在兩側。現在陰莖指向哪個方向？」

「我猜大概是四點鐘方向。」他說。

「很好。那請告訴我，是上午還是下午？如果陰囊的右側垂得較低，就是上午，如果左側較低，就是下午。所以這個人是凌晨四點左右死的。我們來檢查屍僵確認一下。」

我認真地說完這些……然後爆笑出聲。這玩笑大概也只能開這一次了。

腐屍氣味固然難聞，但氣脹有個好處：讓我們知道紐約的春天何時到來。當屍體被丟進河裡或者有人落水溺斃時，他們會沉到水底。只要水冷，屍體就會留在底下，魚群就會啃食。但是春天來時，水溫回暖，屍體內在寒冷中蟄伏的細菌全部復甦，重新開始工作。結果就是氣體，氣體在組織中膨脹，然後砰！屍體浮到水面上，就像雛菊破土而出……春天來了。

Chapter 08 / 娃娃臉殺人魔

我不是個篤信宗教的人，至少不是大眾定義的那種。我比較像是背棄信仰的天主教徒（lapsed Catholic），或者是從信仰負面影響中康復的前天主教徒（recovering Catholic），我無法接受教會對於同志、女性、原罪等諸多議題的立場。像我這樣的人很多。不過，一些教義我還記得很清楚，例如禁止對父母說謊，還有不要當扔第一塊石頭的人。我從來沒有忘記「蓄犯之罪」（你的所作所為）與「疏忽之罪」（你的無所作為）的差別，雖然聽起來根本很容易鑽漏洞。

我一直在尋找答案，也非常想相信萬物有某種秩序，有讓我們全體投入的重大意義。我需要可以信任的東西，大概也因如此，我覺得匿名戒酒會所提出的「更大的力量」概念很有吸引力。想到宇宙間有某人確保一切如常運作就令人安心，那是說不出名目但仁慈善良的存在，比我強大、有智慧許多。這個人有所安排，說話聲音令人放鬆，是讓人平靜的男中音，像納京高[14]那樣。

14 Nat King Cole，美國音樂家，以爵士鋼琴演奏及男中音聞名。

令人安心，是啊，但要相信並不容易，因為屍體隨處可見，連美麗的公園也不例外。我調查過一名女性，她陳屍於中央公園樹叢間的小帳篷內，包著羽絨睡袋的她被捅了很多刀，血跡斑斑的羽毛四處飛散，黏在樹上。每次我散步經過北面森林或漫步區時，一定會想著林間空地可能藏著屍體。有時候屍體就暴露在光天化日之下，通常是海洛因成癮者，他們坐在長椅上，吸入溫暖甜美的氣體，輕飄飄，茫茫然，充滿快感，然後就吸毒過量，靜靜死去。死者可能就那樣維持坐姿好幾個小時，紐約人一向不多管閒事，所以儘管人來人往，也沒人發現。

倒是有人打九一一報案說晨曦公園（Morningside Park）的長椅上有男子全身起火。晨曦公園綠意盎然，美不勝收，緊靠著曼哈頓陡峭的片岩懸崖，是晨邊高地和哈林區的邊界。我到達現場時，警方才剛用滅火器撲滅他身上的火。我趕過來之前，在附近檢視一起綁架勒贖案中男子遭囚禁與折磨的衣櫃。

男子頹然跌坐長椅上，垂著頭，左手拿著打火機。他大腿部分嚴重燒傷，長褲和尼龍夾克燒成黑色碎片。他身體有一半覆蓋著滅火器噴出的白色粉末，所以很難看清楚燒傷痕跡。我在想，也許他在加熱吸食精煉的古柯鹼，結果不小心燒到自己。這以前也發生過。也許我當天抱持過多希望，但我真的不願意相信有人會蓄意對他人放火。

當時，我已經入行快五年。五年來，謀殺、自殺、意外及常見的悲劇輪番上陣。我很疲憊，想求個明白。為什麼孩子死得那麼慘？為什麼有人以殺害女性為樂？為什麼人會挨餓、受苦、孤單無依？

為什麼？

區區三個字，隱含世間所有的傷痛與遺憾，更不用說困惑。我想要確切答案，讓我寬心，想參透箇中意義，給我慰藉。我想說「一切事出有因」，而不是翻白眼。我想要答案。

但這份工作並不提供這些。

一九九七年五月，通訊部的孟迪打給我，通知有案件。我耐心等他講完一貫流程：「這裡是紐約市首席法醫辦公室的荷黑・孟迪斯（Jorge Mendez），致電調查員芭芭拉・布徹。請問是她本人嗎？」

「對，孟迪，是我。什麼案子？」

「我有案件要發派給妳。」

「我知道，孟迪，在哪裡？事發經過？」

「電話來自中央公園轄區。有名男子在湖裡，顯然是凶殺案。」

「了解。到達犯罪現場的預估時間？」

「他們在路上了。需要司機去接妳嗎？」

「是的，孟迪，請派司機給我，也請他開快一點。」

「好的，我會把妳的要求轉達給司機。我會印出案件單給妳。以上。謝謝。」

孟迪很擅長他的工作，但他好像把整本訓練手冊都背下來了。他嚴守規矩辦事，一絲不苟。即使他忘了某事，三十秒後回撥給你，他還是會走一次流程，報上他的全名和工作地點。他為人不錯，對工作引以為榮，但有時候會讓你很火大。

沒多久我們就抵達目的地。我很開心是威爾斯先生來載我，他不常值晚班，我很想念他。

「妳還好嗎，芭芭拉？」

「我很好，但是十二點到八點簡直是完全不同的世界。你知道嗎？壞事都發生在晚上。」

「沒錯。妖魔鬼怪出沒的時間。」

我們把車停在七十二街入口處的中央公園西路上，我往湖泊走去，此時見到我在犯罪現場認識的警探哈爾，他正沿著通往街道的小徑走，追蹤地上的血滴痕跡。「嘿，芭芭拉，妳好嗎？妳看這些血滴，可能是加害者逃跑時從他身上或他的武器上滴下來的。有方向性，看到了嗎？也許是他的，也許是受害者的，或兩者皆有。妳認為呢？我應該切下幾段人行道鋪面當作證據嗎？還是採幾個樣本就好？」我正想要回答，才發現他在自言自語。「沒錯，我要放記號筆在旁邊，拍照記錄，用棉花棒取幾個化驗樣本。好，這樣可以。」哈爾說話速度很快，邊想邊說，我興味盎然聽著他的鑑識取證課程。最早教我血滴如何受動作影響的人就是哈爾：站著不動的人滴下的球狀血跡，周圍通常有微小衛星血點；如果人在移動狀態，血滴的頂端會往前拖曳，在行進方向留下一個點。

我讓哈爾沉浸在他的思考世界。我找到一位夜間巡邏隊警探及幾位警官，他們站在湖邊的木造涼亭旁。中央公園湖泊是紐約最浪漫的地方，可以划船或在隱密的湖灣漫步。橫跨湖泊的拱橋是許多情侶互許終身的地點。

警探指著淺水處上下浮沉的一個巨大白色形體，像一艘翻覆的船。「芭芭拉，那就是妳的人。可憐的傢伙簡直被碎屍萬段，像被宰的動物。報案的是個女生，聽起來是個孩子。其他人都到她家去問話了。緊急勤務小組快到了，他們會幫你把他拉上岸，架設照明器具。」

可憐的小女生，就這樣撞見屍體，想必很難消化情緒。

一位警官用手電筒照著令人毛骨悚然的景象。湖水被血染成鐵銹色，男子的腸子從敞開的腹腔中掉出來，漂浮在蘆葦和青草之間。用術語來說，就是「內臟被移除」（也是禮貌性用詞），但這個詞彙完全無法傳達看到一個人被開膛破肚的恐怖，宛如肉鋪櫥窗裡的肉塊。

我往前一步查看。傷口邊緣似乎很平整，沒有參差不齊，顯示凶器是鋒利的刀子。我們要等到驗屍完畢，才能掌握凶器的特性：矛型刀尖還是直背刀尖、匕首還是寬刃、寬度與長度。這裡太暗了，看不清楚，所以我拍了些照片，記錄他的位置與現場的全貌，才去看哈爾還發現了什麼。等緊急勤務小組把沉重的屍體拉上來後，我再回來檢查。

約莫五點半，太陽升起，黑暗的樹林縫隙間，晨光露臉。我看著湖面亮起淺橘和粉紅的光芒，漣漪讓光線閃爍。這景象有點不真實，在清澈的金光下，男子蒼白、支離破碎的屍體映襯著風景月曆等級的背景，簡直是浮誇的電影場景，我也意識到自己在當中的角色。泰然自若的年輕女子，金髮，身穿棕褐色風衣和黑色高領衫。感覺像老掉牙的電影畫面，卻真實不虛。太過真實了。

一記聲響把我從沉思中拉回現實，我警覺灌木叢中有東西。我用手肘輕推一名員警，指著湖泊對岸的一小塊土地。清晨五點半有人在灌木叢中鬼祟地移動，任何人都會覺得可疑吧，但接下來我們看到了相機的閃光燈，就知道應該是八卦小報的記者（《紐約時報》的記者通常不會躲在灌木叢裡）。一名警佐揮手示意他離開，但也只是做做樣子，因為知道沒什麼用。保護被害者的隱私固然重要，但記者也沒有干擾犯罪現場，所以我們也不能拿他怎麼樣。

緊急勤務小組小心翼翼把男子從水中拉上來，讓他躺在湖畔。我可以看到他的臉，幾乎被切斷的鼻子下有兩撇深色八字鬍，口中含著血塊，慘遭割喉。我拍了一些特寫，戴上手套，對他進行檢查，發現一隻手遭到斷掌，只殘存少許組織連接著手指；另一隻手幾乎和手腕分離，鬆垮垮地懸在那裡。絕對是防禦性傷口，他舉起雙手要阻擋攻擊。被害人是個大塊頭，一定很難制服。這個可憐的傢伙一定奮力抵抗過，他全身上下都被刺、被砍、被割，手臂、胸口、背部、腹部，到處都是。傷口多到數不清。

我靠近死者敞開的腹部，聞到酒味，高興了一下，他醉到對疼痛和恐懼都麻痺了吧，這樣想也不錯。不過我很清楚，當刺痛燒灼般的神經切斷疼痛感襲來，你很快就會清醒了，並且為生存而戰，拚命想活下來。我有個拳擊手朋友說，在打鬥當下，原始的獸性腦會接管一切，阻絕疼痛感，但我對此存疑。匆匆一瞥，足見男子的驚恐，我不忍卒睹。

我檢查死者的體溫，和水溫及氣溫比對。因為他的四肢已被緊急勤務小組抬起並移動過，所以屍僵並不準確。他才剛死沒多久，大概幾個小時吧。我能斷定是因為即使他泡在水裡，體溫也沒變冷太多。我把他傷痕累累的雙手套袋，在前臂處用證物膠帶緊緊封住，他的指甲下可能有某人的肉或毛髮。我們搜索水域和岸邊，尋找和被害人有關的任何東西，並把散落周圍的破爛衣物收好。一切都有可能是證據。

我走出公園時，一名記者攔住我，問我可否透露被害人或其狀況的訊息。我說，不行，抱歉。他不死心，希望我提供情報，什麼都可以。我記得赫許醫師一再提醒：「對付記者的唯一方式就是帽子。戴上帽子，直接走人。」我比照辦理，見到威爾斯先生在車上等我時，我心懷感謝。

與此同時，幾個街區之外，在中央公園西區的一棟豪宅，這個案子也有些進展。「雄麗大廈」是一棟宏偉的裝飾藝術風格建築，多年來有許許多多知名住戶，包括演員佛雷・亞斯坦（Fred Astaire）和查理・盧西安諾[15]。在這一晚，警方回應了兩通從雄麗大廈撥出的電話：一通是九一一報案電話，是豪宅年輕住戶、十五歲的達芙妮・阿布達拉（Daphne Abdela）打的，另一通則是門房打的。

紐約市的門房可說是赫赫有名，這些身著制服站哨的門房會通報訪客、簽收包裹、阻止外界的打擾。你或許可以保守祕密，瞞過配偶，但是你在這些男士（少數是女性）面前可是無所遁形。當天，就是夜班門房通報警方，渾身是血的阿布達拉小姐和年輕男性友人克里斯多福進入大樓後方的儲物間，準備進行清理。

警方發現兩位在清洗身上的血跡；他們宣稱渾身是血是因為在中央公園玩直排輪受

15 Charles Luciano，本名為薩爾瓦托雷・盧卡尼亞（義大利語：Salvatore Lucania），綽號為幸運的盧西安諾（Lucky Luciano），在義大利出生、活躍於美國的黑幫分子、黑手黨犯罪老大。盧西安諾創立了第一個黑手黨委員會，被稱為「美國現代有組織犯罪之父」，也是紐約五大有組織犯罪家族之一的吉諾維斯犯罪家族第一個正式老大。

了傷。不用多久，警探就戳破兩名青少年的供詞，挖出事情真相。

達芙妮在戒毒康復計畫認識湖裡的死者：四十四歲的麥可・馬克莫羅（Michael McMorrow）。他和善健談，有暴飲傾向，晚上喜歡在公園閒晃，常待在紀念約翰・藍儂的草莓園裡。此處白天時擠滿了遊客和粉絲，為遭到槍殺的音樂人藍儂點蠟燭、獻花；但是太陽下山之後，就不是這般景象了，很多事都是如此。達芙妮和朋友克里斯多福・維斯奎茲（Christopher Vasquez）當天晚上去了草莓園，遇到幾個公園常客、一群溜直排輪的年輕人，還有大約八位喝酒聽廣播的成人。達芙妮身上有幾瓶海尼根，她似乎急著和人分享，宛如「啤酒仙子」，《紐約時報》後來是這麼寫的。她拿了一瓶給一名身材高大的中年男子，此時認出他是戒毒康復計畫的成員。他們開始聊天，不久，馬可莫羅就跟著這兩個孩子走入公園，遠離人群。

沒有人知道這三人聊了什麼，沒有人知道為什麼會引發謀殺，只知道心情不好的達芙妮曾告訴大家：「今天結束之前，我絕對要殺人。」她的確切用字是「千刀萬剮」（slice）。在她帶這個即將步入死亡的男子到湖邊前，她顯然曾挑釁公園裡的其他人和她打架。達芙妮承認自己在謀殺案現場，她承認踢了馬克莫羅的腳，也承認她煽動克里斯多福的行為，甚至指示他把馬克莫羅開膛破肚。「他是個大胖子，」據說她這麼說。「他會沉下去的。」她否認參與謀殺。

克里斯多福和達芙妮不像一對。她是法裔模特兒和以色列裔高階主管的女兒。這對富有的夫妻在她尚在襁褓中時就領養她了，但她長成一個問題少女。她十五歲就酗酒，去過戒酒會，做過所有用錢買得到的治療。克里斯多福．維斯奎茲住在上東城的中產階級社區，他是輔祭男童，喜歡幫流浪狗找家。鄰居說他很安靜，常看起來很憂鬱，和在學校擔任祕書的媽媽非常親。

所以，要怪誰？百萬富翁的女兒，還是勞工階級的小孩？達芙妮說人是克里斯多福殺的，克里斯多福說是達芙妮。典型的**各說各話**。

我沒見過達芙妮，但我見過克里斯多福，因為首席警探致電要求我到分局為克里斯多福採血液樣本，那是法院命令。我和他坐在小房間裡安靜等待，他環顧四周，看起來就是個嚇壞的小男孩。他瘦骨嶙峋，身材瘦小，長著一張娃娃臉，兩頰有汗毛，看起來不像有能力犯下凶殘的謀殺案。那時候，我已經知道看外表不準，並沒有所謂殺人犯「長相」。不過，我見到克里斯多福的第一印象就是如此：他看起來不像會殺人。

我們在等法院命令時，克里斯多福向一位警官喊道：「我肚子餓了。」他向警官點餐時，我覺得寒意襲遍全身。「請給我漢堡，漢堡肉三分熟，番茄醬多一點。」

我有禮貌地對他說話，就像我對所有嫌犯一樣，解釋我準備要做什麼，我會如何抽他的血。或許我還給他一個微笑，那是不由自主的保護反應，想讓孩子安心。那是一張輔祭男童的臉，貨真價實的輔祭男童。突然，麥可・馬克莫羅支離破碎的雙手閃過我的腦海，我一時之間困惑不已。需要保護的是誰？我回過神來，問他我可否繼續。他點點頭，說可以，然後把棒球帽拉低，蓋住眼睛。看到自己的血是不是讓他不舒服？

案件開庭審理時，我被傳喚為控方證人。我猜想是要我生動描述發生在公園美麗小角落的恐怖景象。在地方檢察官的要求下，我重述了克里斯多福點餐的那段話給陪審團聽。克里斯多福抬頭看著證人席上的我，露出困惑的表情，好像在說，**那有什麼不對嗎？**

法庭很安靜，儘管媒體對於最初的事件進行瘋狂報導。紐約客對於中央公園的殺人事件群情激憤，對於加害者是孩童感到大惑不解。各大報社見獵心喜，用了「娃娃臉殺人魔」和「公園不為人知世界的人生糾葛」等標題。

達芙妮的父親聘請麥可・傑克森的律師班傑明・布拉夫曼（Benjamin Brafman）來代表他女兒。她接受認罪協商，承認一級過失殺人罪。她在法庭上的陳述是：「我錯了，不該晚上去公園。我錯了，不該未成年飲酒。我錯了，不該犯下我承認的那些行為。儘管我非常希望能夠回到過去，但我也盡全力應對目前的情況。」

這是疏忽之罪嗎？

謀殺案之前，達芙妮偶爾會去西六十三街YMCA地下室的匿名戒酒會聚會。跟我一樣。我不意外，聚會的成員兼容並蓄，有精神病患，也有精神科醫師。我不認為我們曾有交集，但如果有的話，我可能也不記得她。她就只是個青少女，充滿焦慮和憤怒，想要成為別人，借酒澆愁。

除了宣判前拐彎抹角的陳述外，兩位被告都沒有表示悔意。克里斯多福採取「我是倒楣到家的可憐蟲」語氣。達芙妮一再聲稱她對麥可進行心肺復甦術，試圖救他，如果屬實的話，可能是最微小的認罪，但是這個說法超荒謬。試想，麥可的鼻子搖搖欲墜，鮮血從他的臉和嘴巴湧出，要對他進行心肺復甦術應該不容易吧。

我很在意的是，這些孩子的行為從未有合理解釋，原因也付之闕如，我們無從理解。我們不知道「為什麼」。邪惡是唯一的可能，而這使得一切更加恐怖。邪惡是沒血沒淚的，我痛恨這點，邪惡之力的唯一目的就是毀滅。我不喜歡用這個詞，但有時候唯一的答案就是接受邪惡存在於世上。不然還能怎麼解釋？為何十二、三歲的男童放火燒了晨曦公園的那名男子？他們宣稱因為「當晚無事可做」，所以才奪人性命。不然還有什麼能解釋，為什麼達芙妮和克里斯多福這兩名青少年在溜直排輪時，會凶殘地攻擊一名男子呢？

Chapter 09／紐約市的另一面

我經常到下東區執行工作，那裡的人不是很年輕，就是很老，或是很窮。字母城（Alphabet City，有人稱之為 Loisaida，以紀念來自波多黎各的移民）仍保留許多東歐裔的色彩。而在附近的唐人街，新移民八個人擠在一間房裡，每面牆都有一張上下舖，有些還在床柱間掛了吊床，就可以再擠兩個人。住在裡頭的人每天工作十六小時，在當地餐館當雜工和洗碗工，存下每一分錢，就為了讓下一個家庭成員來美國。在個人主義當道的國度裡，這種犧牲讓我嘆服。我羨慕那種使命感，那種完全奉獻自己以幫助他人的純粹堅定信念。那是我自己也想要的。過去，小義大利也有相同的生活模式，但那些移民已經成功、同化、移居到紐澤西的史坦頓島或是長島的郊區。他們離開後，年輕專業人士搬進來，街區範圍縮小，如今此區自成「諾利塔」（Nolita，是 North of Little Italy 的簡稱），旅遊指南稱之為「充滿時尚氛圍的迷人高級地區」。

我把車停在王子街的雷氏披薩店前吃披薩、喝可樂時，忖度著這些變化。無線電發出刺耳的聲響，夏琳通知在里文頓街有案件，看來是吸毒過量。

「該死，夏琳，我在吃東西。這對消化很不好欸。」

「妳不用趕啊，芭芭拉，反正死者哪裡也去不了。」她對自己開的玩笑竊笑幾聲，然後才給我地址。威爾斯先生也笑出來。「很好，因為我得去『梳洗』一下。」自從我告訴他「梳洗」表示我得去尿尿以後，他就一直借用這個詞。

我們抵達一棟半廢棄的建築物，建築物目前被占屋者霸占，每扇窗戶都用空心磚堵住，一條沉重鏈條穿過大門上的兩個洞。我見過這種情況，街友想辦法進入廢棄建築，就此紮營。他們會把電線接到路燈底部，從聯合愛迪生電力公司偷電。他們可能把大樓的銅管拆去回收賣錢了（如果沒被捷足先登的話），所以水要一桶一桶從消防栓或雜貨店後面的水槽裡裝進來。東村有一些占屋者是有組織的社群，他們會分擔責任，例如運水和在垃圾箱裡翻找餐廳的殘羹剩飯。有些市中心的占屋者比較像草寇，顧好自己為要。我一直對人如何死亡很感興趣，但我非常想知道這些占屋者是如何生活的。冬天時他們如何保暖？他們在哪裡尿尿？他們對彼此友善嗎？會混在一起嗎？我從沒有機會問，因為警察一出現，他們就鳥獸散。

一位警官陪我繞到後面去，穿過狹窄的小巷，到一個被撐開的木製出入口。他用手電筒照進六十乘九十公分的開口，眼前這個只能爬行的空間堆滿垃圾，五顏六色，亂七八糟，像是一團團的五彩碎紙。鮮紅色的塑膠杯、寶藍色的義大利麵盒、純白色的外帶容器。雖然是垃圾，卻有不可思議的美感。藝術俯拾即是。

我必須爬進去才能找到那個穿著藍外套、瘦到皮包骨的男子。他躺在那堆垃圾上面，深褐色的眼珠直視上方椽架，嘴巴和鼻子四周布滿了乾掉的白色泡沫，那是吸毒過量造成的肺部泡沫。橡皮管止血帶還掛在他的手臂上，除此之外，整套行頭都不見了。吸毒工具包裡的注射器、針頭和湯匙都不見蹤影。不意外。不管是哪個鄰居發現他，都會把這些拿走。我曾見過毒蟲跑去買朋友才剛吸食過量死亡的同一種海洛因，這是某種詭異的街頭邏輯：**讓他嗑到死的絕對是好貨**。

男子的手臂和腿上滿滿都是注射毒品留下的痕跡，他的手指之間大概也有，但是我看不到，因為老鼠把他雙手的肉啃噬殆盡。我告訴員警我最近看過一具裸體木乃伊，老鼠只吃內臟，沒吃手指或臉部。他解釋，死者亡故時，天氣大概非常寒冷，所以老鼠會鑽進溫暖的體腔，在裡頭大快朵頤。

我們蹲在垃圾堆上討論著鼠類的壽命，我問他是否注意到周圍五彩繽紛的垃圾很有意思。他說沒有，他一點都不覺得，不過就是垃圾。但自從我近看過第五大道上的那些畫作後，我的眼光有了改變。其實，在那之前就改變了。在我訓練初期，有位法醫告訴我要努力尋找美的事物。她或許也沒料到是在垃圾堆裡找，但我越來越擅長在殘缺破碎之處找到美麗。我因此得到喜悅，拓展我的世界，讓我意識到與我大相逕庭的生活方式。

和多數紐約人一樣，我住在地面以上的公寓，完全不知道地下城的存在，也就是所謂的「鼴鼠人」所居住的地下隧道。但是，在地底下，儼然自成一個世界。我第一次看到是在「西城調車場」底下，我們當時接到羅柏的電話，他是中城南區的警探，正在籌組搜索小組，要尋找一個洞穴裡的骸骨。當然，我馬上就自願加入，這個任務堪比頑童歷險記，多有趣啊。我們在西三十街與第十大道附近一條廢棄的美國國鐵隧道外見面，通過破損的鐵絲網柵欄，和幾位巡警和兩位警探會合，一位嬌小的美女被他們簇擁保護著。她看起來大約二十一歲，髮型好看，衣著講究，帶著一抹心照不宣的微笑。「芭芭拉，這位是潔西卡，她會帶我們去看洞穴裡的凶殺案被害人。」

緊急勤務小組早我們一步到達，他們拿著燈，領著我們走過鐵軌，進入一個黑岩深洞，懸崖和壁架切入兩側。緊急勤務小組的組員是警察局裡的馬蓋先。紐約市警察局裡的超級專家職位是為了執行戰略、技術救援與特殊任務而創立的，他們可以當機立斷，急中生智完成工具或想出辦法解決奇怪問題，像是用高角攀繩救出困在布魯克林大橋上的人，或是進行水肺潛水找出被丟棄在東河裡的武器。他們全都是精實、性感、自信滿滿、泰然自若的男性，有寬闊的肩膀和瀟灑的笑容。在他們身邊我覺得很安心，我知道如果岩石從洞穴上方掉落，他們會不假思索擋在我面前，不是霸氣逞勇，而是純粹想保護夥伴。

進入洞穴後，他們的探照燈照亮我們四周晶亮閃爍的灰黑岩石，那是曼哈頓片岩，這座島的基岩。洞穴裡有隧道和通道，通往不同方向。我們走在主幹道上，深入曼哈頓的中心。羅柏邊走邊告訴我為什麼會有這趟潔西卡帶路的洞穴探險。

「她是妓女，很厲害的那種，有口皆碑。客戶都是一些有錢人。她還會說日語，在東京工作過一段時間。她是在警察突襲某個富豪公寓時被抓的，男的在賣古柯鹼，她手裡拿著袋子，人贓俱獲。她告訴丹尼，她有一起謀殺案的情報，可以帶他去看屍體什麼的。她想說可以做個交易之類的，妳懂吧。」

他朝著丹尼的方向點點頭，丹尼是個年輕警探，長相英俊，他挽著潔西卡的手臂，走在我們前方。他們還蠻配的。隧道越來越窄，我在一個房間前停步，那是大小約三公尺乘三公尺的岩壁內凹圓形洞穴，天花板很高。裡面點了蠟燭，擺設很不錯。在燭光搖曳的陰影下有張小床，鋪著黃色方格的棉被，還有張舒適的安樂椅，以及被滿滿的平裝書壓彎的書架。岩石上的一塊小壁架支撐著一張裱框的杜本內葡萄酒平面廣告。那張海報我也有。

「不曉得住在這裡的人到哪去了。如果能見到他，一定很有意思。」

「不可能見到，」羅柏回答我。「看到我們來，他們跑得跟什麼一樣。這地方都屬於美國國鐵，他們會被驅逐，會因為擅自闖入而被逮捕。」

「不會吧。他們看起來很無害啊。」

「沒錯，他們沒給我惹任何麻煩。據說紐約市地底下的洞穴和隧道裡住了兩千人，有些過得悽慘宛如鼠輩，有些給自己弄了舒適的家。」

我見到另外兩個洞穴房間，都沒有第一間那麼舒服，但都還堪住。地上有一堆毛毯、一張摺疊桌、幾個裝東西的紙箱。有一間還有月曆，上頭的日期打了勾。他在等待什麼呢？

我們在一個主要的大房間停下來，看起來像是個聚會的場地。

緊急勤務小組在安裝吊帶，準備攀岩，我問潔西卡是哪裡人。「這裡和那裡。」她聳聳肩，微笑著說。

「聽說妳會說日語，日語不是很難嗎？」

「在那個環境裡就沒那麼難。我住在日本一陣子，遇到的很多人都不會講英文，所以我得學日文。」

潔西卡很迷人，她的魅力來自於相當注意對方。她談到在日本的生活，銀座區的購物商場和俱樂部勝過大多數美國城市，但還是沒有紐約好。紐約什麼都比較好。

我不懂她。她既聰明又活潑，以各種標準看都是美女。她有能力做任何工作，成為任何人。為什麼她會在這裡，和我們一起，在這個陰沉的洞穴裡？她怎麼淪落到從事性工作？這個行業很辛苦，風險高，即使是在高級性產業工作也一樣。

丹尼受她吸引，她很清楚。她駕輕就熟，跟他稍微打情罵俏，微笑，輕聲細語，這樣丹尼就必須傾身仔細聽。潔西卡跟丹尼要菸抽，丹尼劃火柴時，她仰頭注視丹尼的眼睛。高招。

她帶我們四處走，我們經過熄滅的營火堆，周圍有幾個塑膠牛奶箱，靠著牆壁有一堆垃圾、空酒瓶與食物容器。「就是這裡了。」她終於說。「之前這裡有聚會，我在場，骨頭就藏在四處，上面隆起的地方和那些角落後面都有。」

緊急勤務小組很快找到一副有幾根肋骨的胸骨，胸骨正中央有個完美的圓孔，周圍都是凹口。這我還是第一次見到，我大聲說不曉得那是不是彈孔，引起大家的興趣。或許這趟搜索還真的不是白費力氣。

在壁架上方，我們發現一些長骨，包括我見過最粗的大腿骨。這些骨頭屬於身體有畸形的胖子嗎？當時我還是菜鳥，我覺得應該請人類學家來鑑定，這些骨頭看起來很不對勁。

潔西卡轉身面對丹尼，露出燦爛微笑。「我想尿尿，憋不住了。」然後她指著旁邊的一個通道說：「我可以去那裡。」他陪她走過去，她繞過轉角。我和緊急勤務小組繼續忙，拍照、蒐集所有找得到的骨頭，排列在黃色塑膠防水布上。

過了一會兒，我聽到丹尼大喊：「站住！給我回來！媽的！！」他大叫著消失在通道裡，兩名巡警跟在後面跑。他們沒有回來。我之後才知道，潔西卡請丹尼轉過身，讓她有點隱私，身為紳士的丹尼也照做了。潔西卡對隧道瞭若指掌，輕鬆逃逸，但是三天後她和客戶在第十大道的旅館被逮到。可憐的丹尼被懲戒，而我超級丟臉，因為那個身體有某種畸形的胖子其實是一頭小牛。好一陣子我得忍受別人開的爛玩笑，比方說：屠夫（英文拼音和我的姓氏相同）怎麼連牛都認不出來？

我又去了城市底下的其他洞穴，包括哈德遜河旁哥倫比亞長老教會醫院附近的那些，我在那裡處理了幾起凶殺案。我聽說那裡的居民比較粗野，比較不可能有書架、蠟燭、復古海報這類陳設。不過，他們還是有個棲身之地，有個可逃離塵世的避難所。紐約市許多無家可歸的遊民就沒有那麼幸運。有些人因為不幸才淪落至此，比方說失業、火災、健康亮紅燈等，財務陷入困境，生活保障用盡。（事實上，很多人過著月光族的生活，根本沒有生活保障。）有些人面臨精神疾病或成癮症狀，連保住飯碗和維持家計的能力都沒有。

人生很難，有時候摔了一跤就跌落深淵，太多人就此爬不起來。我十幾歲的時候，常聽鄰居在我媽媽的廚房裡喝咖啡配點心聊是非。

他超沒用，就這麼簡單。他願意的話一定可以找到工作，他就是太懶。

這很難說欸，蓋兒，或許他從越南回來時腦袋就出問題了。他們說很多人打完越戰回來都有創傷。

那就去看醫生啊。我也神經緊張，但妳有看到我像個無業遊民一樣呆坐在公車站嗎？

我們很輕易就會同意這些女士的看法，至少那樣就不用對其他人的不幸感到難過。我猜，在某些方面，她們和我一樣害怕。我們都必須接受一夕之間一切都可能改變的事實，命運可能瞬間奪走一切，連郊區的家庭主婦也不能倖免。前一分鐘妳還如常生活，買牙膏和清潔劑什麼的，下一分鐘突然出事，妳就也成了天涯淪落人。要把此歸結為道德缺陷似乎會好過一點，好像可以靠努力和走正軌來克服這局面。但是厄運是躲不過的。

我們社區的成年人在孩童時期經歷過經濟大蕭條，他們認真打拚，脫離困境，所以認為其他人也應如此。我覺得嚼舌根的女士們看法不正確，但也不敢講什麼，怕就此自曝其短，反而引來她們對我的批評。

人生很不公平，這點大家都知道。當然，有些人刻意選擇主流之外的生活，沒水沒電，餐風露宿，自訂規則。我記得七〇年代末和八〇年代初，沿著哈德遜河的市中心廢棄碼頭是生活在主流社會外一小群人的避風港。我最喜歡的族群住在西村克里斯多福街附近的一個破舊碼頭。以前我會晚上走在西村蜿蜒的街道上，望著透出溫暖燈光的褐石建築，想像住在裡面的景象，有高級家具和藝術相伴。接著，沿著哈德遜河蜿蜒而行，我會在廢棄的西城公路下方生銹的鋼柱林間眺望，看著變裝皇后從狹小的棚屋和帳篷裡走出來，為晚上出門做準備。夏天夜裡，他們穿著鮮豔的印花和服，把化妝包打開放在牛奶箱上架設的木板上，梳著架在面無表情假人頭上的假髮。有時候河畔微風會把他們的聲音傳送給我：拜託啦，瑪莉！

日落時分，哈德遜河上方的天空染成深橘色，襯出他們隨著手提音響音樂起舞的剪影。他們的小團體正在舉辦舞會，我開心地看著他們。但是，對於打扮成女性的男性來說，生活並不容易。有些是阻街女郎，招攬嫖客，那些嫖客開著掛紐澤西車牌的家庭房車，在西街和華盛頓街尋花問柳。

他們常被逮捕，警察對他們毫不客氣。其他區的青少年會擠滿一車，開來這裡，以海扁他們一頓為樂。詭異的客戶或「粗野的交易」有時候讓他們惹來殺身之禍。但是他們與在高架公路下和卡車司機進行非法交易的女孩們團結起來保護自己，把刀子塞在墊高的胸罩裡，或把剃刀藏在蓬鬆的髮型下。

最終，西城公路和朽爛的碼頭都被拆除了，濱水區蓋了美麗的公園，女孩們和變裝皇后與他們的客戶都被掃蕩，抵擋不了看上這塊土地的房地產開發商和投資客。我常想他們到哪去了，他們的小部落是否還能群聚。他們曾是我的鄰居，我想念他們。

多年後，身為法醫調查員的我見到羅斯福大道（FDR Drive）下其他街友在東河的營地，於是又想起他們。每一次我要去東河岸撿「漂浮物」（警方用語，指在水中發現的被害人），都會經過公路下的灰色水泥斜坡，我會見到在紙箱、廢木材堆、帆布陋室裡擠成一團的人們。

有個寒冷的十二月中旬下午，我在東河見到一對中年夫妻的屍體。不肖子因為錢和父母起爭執，而將父母勒死，把屍體包裹在工業用大型垃圾袋中，在退潮的時候從堤岸上將屍體丟到河裡。這個案子很簡單，但我快凍僵了，一直想到我剛才經過的那群人，他們包裹著破爛衣物，靠薄薄的帆布牆擋風。

當時耶誕節快到了，我靈光一現，我可以買禮物給他們，例如溫暖的羊毛毯和手套，那會讓他們好過一點。想到自己可以實際做點什麼，就已經讓我心裡好過些，我滿心期待。我下班後，專程到三十四街的梅西百貨，有滿心歡喜敲著鐘的耶誕老人，有琳琅滿目的玩具展示在櫥窗裡，有閃亮奪目的佳節燈光秀，一切都那麼耀眼、明亮、愉悅。但我看到一條像樣的毯子要價多少後，就開心不起來了。有好幾十個人需要，我根本負擔不起。

隔天上班時，我問蘭迪哪裡可以用合理的價錢買五十條品質不錯的羊毛毯，雷文從報紙後探出頭來說：「大批發。大量的東西妳不會在零售商場購買。」然後又消失在報紙後面。後來，他給我他從事服裝生意的伯伯索爾的電話，索爾又給我羅德島一家製造商的電話。我打電話過去說我要五十條毛毯，一位好心的業務給了我折扣，寄了兩箱厚重的灰色軍用毛毯到辦公室來。每條毛毯上都有印著公司標誌的紅色小標牌，有點耶誕節的感覺。

那個週六早晨，我們的一位保全人員載我沿著東河開到市中心，在羅斯福大道停下來，走到天橋下或是半拆毀的牆面後，很多人在那裡躲避河風，用廢材搭建簡易臨時的居所。我們慢慢靠近這群人，用開朗的語氣打招呼，免得驚嚇到他們。他們用警戒的眼神看我們：來者何人？是警察還是社工？但我們帶著禮物前來，發送溫暖的毛毯和手套給棲身陋室的街友。他們既驚訝又高興，有些還幫朋友多要一條。他們都說：「耶誕快樂！」我們那天都很開心，看來這會是個美好佳節。

兩週後，我和威爾斯先生夜間出勤，這期間是耶誕節後的平靜，新年的胡鬧還沒開始。我們倆都加班來支付過節購物的帳單。當晚大約九點半時，我們出發到凶案現場，從辦公室到四十二街匝道口下的羅斯福大道車程很短。天氣非常冷，我們把車停好，我邊發抖邊走向高架道路下那一小群被手電筒光暈圍繞的警察。兩名警探正在和衣衫襤褸的啜泣男子說話，男子醉到站不起來，但急著解釋什麼。

「我不記得那個。我不記得有做那件事。他是我朋友，我朋友欸，你知道嗎？」他哭喊著。警探交換了懷疑的眼神，然後轉向我。

「嗨，大家好。我是法醫的布徹。他朋友在哪裡？」

他們指著被壓扁的紙箱下兩條布滿瘡痂的腿。我們走過去，我拍幾張照片後，掀起他身上的紙板，相機快門也凍僵了，發出緩慢悶悶的喀擦聲。男子包裹在厚重的灰色軍用毯裡，毛毯上有個紅色小標牌。鮮血從他被撕裂的頸部和殘破的臉龐上流出，滲進毛毯纖維裡，暈成一個暗紅色的血漬。我認出那條毯子，倒抽一口氣：「我的毯子。」

「啥？什麼意思？」穿著黑色防寒夾克的警探問。

「沒事，沒事。別放心上。事發經過？」

「那邊哭哭啼啼的男生說他們是朋友，他們都住在羅斯福大道下。他們整天喝酒取暖，然後為了搶酒瓶就開打了。他說他昏過去了，醒來就發現手上握著破掉的海尼根瓶子，然後他朋友死了。他說他什麼都不記得。真是一堆屁話。」

一名犯罪現場鑑識員彎腰檢查切口邊緣參差不齊的綠色酒瓶，並為死者拍頸部特寫。我知道他很容易就會在血跡斑斑的玻璃瓶上找到哭泣男子的指紋，我也知道男子說的是事實。我太清楚喝酒喝到斷片是怎麼回事，他絕對不會記得自己做過的事。

Chapter 10／以防萬一

我的一幫同事都很好，我們有革命情感，相處愉快，彼此之間沒有醫院那種主治醫師地位最高、停屍間助手最低的階級之分，工作上那些不為外人道的經驗讓我們關係緊密。不過，我們的工作也不全都是謀殺案和一片混亂。我們常接到偏執狂的電話，並以此為樂，那些人宣稱有謀殺案相關訊息或知道某人有犯案意圖。一名男子打給我們說，林肯不是被暗殺的，根據彈道學和傷口角度，他可以證明那是一起意外。還有一位婦人大清早打電話來，說她立刻就需要調查員。她操著濃厚的皇后區口音，描述事發現場。

「我的窗臺上有一隻死蒼蠅。昨天晚上還沒有的。」

「好的，女士。妳確定牠死了嗎？」

「確定，牠六腳朝天，沒有呼吸。」

我按下擴音鍵，讓辦公室同事也能聽到。

「好的，妳家有隻死蒼蠅。哪裡需要我們幫忙嗎？」

「是的，事出必有因，不管讓牠死掉的是什麼，都可能還在空氣中，可能也會害我死掉！」

「嗯，蒼蠅的壽命是兩三週，所以大概是自然死亡。」

「妳他媽的，妳又不知道！我需要有人過來看看！要是是毒氣怎麼辦？」

「妳有聞到怪味嗎？」

「妳白癡喔，我不在屋子裡。我怎麼可能還待在屋子裡？很危險欸。」

「女士，我們不處理昆蟲，只處理人。不好意思，或許妳可以請鄰居進妳家查看一下。」

「妳是調查員，就給我過來好好調查！小姐，盡妳的本分！」

「妳的位置在？」

「我住雷哥公園這一帶。」

「噢，那是皇后區辦公室負責的，我幫妳轉過去。」

新來的法醫調查員黛安噗哧大笑。她一定很快就能融入。

我們擴編時，招募了比較多的女性調查員，法醫調查員辦公室於是更友善、更包容，比較溫暖，多了一絲同情心和一點圓融。我很開心有女性一起共事，因為我很容易就會被周遭的男同事影響，掉入硬漢心態。我發現自己的觀點會變得較冷酷無情，開始不在乎那些通常會困擾我的事，例如青少年嗑藥過量死亡，或是無數起行人遭卡車撞死的事件。隨著其他女性陸續加入辦公室，彼此吐槽取笑少了一點點，爭奪誰當天見到的死法最離奇的情況也稍有改善。不過整體氣氛沒多大改變就是了。

黛安是第一位新進的女同事。她年輕，有自信，有頑皮的幽默感。辦公室對她到來並沒有太大騷動，但雷文發表了高見：「噢，這下好了，現在她們人比較多了，我們得注意用詞。」

「大笨蛋，她們是哪些人？聰明人嗎？」我回答，黛安大笑。

調查部主任里察請我訓練黛安，引起蘭迪不悅。他覺得自己比較資深，理應負責訓練新血。我們準備出門辦案時，他酸溜溜地說：「祝妳們女生玩得愉快。需要幫忙就打給我。」

黛安停下腳步。「說真的，蘭迪，我確實有件事要徵詢你的意見。」她說。

蘭迪微笑，看了我一眼。「請說。」

「依照我的膚色來看，你認為我穿大地色系還是粉色系比較好看？」

雷文和新來的喬伊哈哈大笑，而我們趕緊大步衝出門。我知道黛安和我會是好朋友。

我發現，辦公室有了女性，我談論自己的時候變多，談工作的時間變少。以前身邊都是男同事時，我會刻意避免談自己，因為在蘭迪或雷文面前暴露出弱點就好像遞匕首給忍者。而新來的女同事都不是省油的燈：蜜琪是騎哈雷重機的雙胞胎媽媽，她很寵那兩個精力過剩的男孩；黛安曾是非政府組織的志工，在東南亞的叢林長途跋涉，提供醫療服務。現在她把救起的小貓偷帶進辦公室，我們就可以用奶瓶餵牠們。

有天晚上，我坐在赫許醫師的辦公室，告訴他這些女同事有多棒。黛安已經準備要獨立出勤了。

「我不意外。妳知道嗎？我覺得女性比男性更能勝任調查員的工作。」

「為什麼呢？首席？」我問。

「女性不像男性那麼執著於證明自己是對的，」他說。「所以她們更能保持開放心態，不急著下判斷。講得粗俗一點，她們不會跟警察較量誰比較屌。」他說得有道理，他也不是第一次說女性較具優勢。查爾斯・赫許喜愛女性，但除此之外，他欣賞女性。比起男性自我意識高漲的風格，他更喜歡女性思考與說話的方式。

我總覺得嚴重神經質的人和他們的居家環境很有意思（可能是因為我跟他們半斤八兩）。你並不是一開始就用鋁箔紙鋪滿窗戶的，這是逐步累積的結果。某天你下班回家，決定要裝第三道輔助鎖。幾週之後，你在門上安裝鐵欄杆。當二B的住戶用奇怪的眼神看你時，你用膠帶把門上的窺視孔貼起來。當你半夜把垃圾拿出去倒（不能讓鄰居看到），而且不再應門，實際上你就已經讓自己消失無蹤了。

在窗戶上貼錫箔紙，通常就是下一步。

我第一次見識到防死光公寓，是在查驗一起自然死亡案件時。一名女性打電話叫救護車，說她心臟病發，警方協助緊急醫療技術員破門而入，但為時已晚。她已死亡。門窗都關上鎖好，沒有損傷的跡象，沒有裂成碎片的門柱、沒有破掉的玻璃，也沒有被棍子撬開的窗戶，總之沒有讓警方起疑之處。沒有血跡、瘀青或奇怪扭曲的四肢。四周倒是有很多心臟病藥物，看來她的自我診斷並沒錯。一切看來都很正常，但在五月的大白天，室內卻出奇地暗。

這是中城東區白磚大樓裡很典型的公寓，毫無特色。四四方方的房間清一色白牆，有一間臥室、一間鋪白色磁磚的衛浴、簡易廚房、沒有餐廳。仿鑲木地板。南曬，所以室內應該光線充足而明亮才對，但是，每扇窗戶都覆蓋了鋁箔，還用膠帶把鋁箔邊緣牢牢黏在窗扇上，所以昏暗。大門的內側也用鋁箔封住，門上的鋁箔比較光滑閃亮，窗戶上的比較皺。再加上一條紅緞帶，這間公寓看起來就會像個等著被打開的禮物。

「這些到底是怎麼回事？」我問其中一位員警。

「死光。把死光阻隔在外。」

好樣的。他在開玩笑吧，是不是在回敬我平常愛對他們警察開玩笑？

「說真的，你覺得這是為了什麼？她認為鋁箔可以防寒還是隔熱？」我必須這樣問，即使當時已是暮春時節，天氣相當好。

「我是說真的，」他故作嚴肅繼續說。「鋁箔是用來隔絕放射線和死光的，還有預防別人讀你的心思。」他又解釋道，每天警方都接到許多民眾的電話，投訴有人企圖用輻射線殺害他們，或者是鄰居要偷竊他們的想法。據說，鋁箔紙法是由一位聰明的警察發起的，他對於每天回應千篇一律的投訴感到很厭煩，於是想了個辦法解決。

好的，老兄，你就照我的話做。去找一些堅固耐用的錫箔紙，好幾捲，還有一些大力膠帶。用鋁箔把窗戶遮起來，用膠帶貼牢貼緊；那樣的話，射線就會反射到對方身上。死光無法穿過金屬，懂嗎？門也要鋪好鋁箔，小心為要，安全至上，好嗎？

從此不再有電話打來了。

這些年來，我看過好幾間類似的公寓，有間公寓裡整面牆都用鋁箔紙覆蓋，那面牆是共用牆，而屋主和隔壁鄰居不和。原本可能算得上是七〇年代裝潢風格，但門上面還貼著紙條：「請勿直視此處」以及「我會告訴他們你的事」。另一間公寓把鋁箔貼在電燈周圍，還貼在插座上。死者的姐姐告訴我，死者很擔心漏電，所以他把所有可能的出入口都密封起來，舒適安穩。她說死者非常聰明，認為漏出的離子和環繞電流的磁場會造成腦波干擾。這是根據物理實在論的特定恐懼。我們一直都被射線和輻射包圍，所以或許他們真的發現了什麼。如果此舉能讓他們比較不害怕這世界，那何害之有？我也無法證明他們是錯的，而且我從不評判我死去當事人的生活方式，不評判他們為了隔絕恐懼所做的努力。

人生可能很可怕。我是過來人，我知道。

我在布魯克林的公園坡區（Park Slope）出生。現在那裡是時尚街區，居民都是年輕專業人士家庭，到處可見美金一千三百元的 Bugaboo 嬰兒推車。但以前，這區住的都是藍領階級愛爾蘭和義大利移民，不是當警察和消防隊員，就是經營小店。在一九五〇年代初，小孩都在人行道上玩耍，媽媽們坐在門廊石階上抽著菸閒聊。

我還能想像當時的畫面：年輕媽媽們翹著腿，撩起裙子。很酷，但也有點怪，因為她們隨意優雅的姿勢不約而同都是左手臂彎曲橫過胸口，支撐著右肘，這樣拿著菸的手就能擺出典雅姿勢，畫出一縷煙霧。她們彷彿已經達成某種協定，默默協議應該有一致動作。

然後她們的話題葷腥不忌。

哎喲，艾莉絲當然會背痛啊，看看她老公的塊頭。

妳看她，穿那種廉價俗氣的鞋子，還以為自己很了不起。

痛了二十二個小時才生。我想啊，他這輩子只能睡沙發了。

在那個吵雜邋遢的社區生活，我很開心。但是時代在變，婆婆媽媽的聲音中潛入一絲不安，那是我無法理解的恐懼。我記得從家裡窗戶望著PS三二一小學的遊戲區，問媽媽我什麼時候才能上學。「老天，妳不能念這裡的學校，」她說。「校風崩壞了啊。」

所以我父母離開市區，搬到郊區的房子。我父親擔任紐約市警察的週薪不過四十五美元，但他們努力湊了頭期款。我們搬到長島的馬薩皮誇公園尚未完工的住宅開發區時，我才五歲。我們的新社區沒有歷史，那裡原本是海，然後是沙漠，然後是冰河逕流的殘餘物，然後是住宅開發區。七年級時，我學到馬薩皮誇印地安人曾步行經過這區，往更好的生活前進。

新的社區原本該給我們「更好的生活」，卻嚇到我了。我們的街道空曠，一排又一排的房屋好像就這樣從天而降，掉在一望無際的沙質平原上。我們小小的柯德角這區和其他地方一樣都是暗白色的，裝飾百葉窗除外，不過顏色也是千篇一律。沒有路牌，沒有門牌號碼，只有每一戶前院栽種的亂蓬蓬樹苗。我從來沒看過那麼大片的天空，澄澈的藍色，一望無際。我緊挨著門口的階梯，心懷恐懼，像是恐曠症發作的小小孩，害怕在這千篇一律中失去蹤影。

我媽媽不明白，如果我踏出家門，我會永遠迷路。我們街區有四戶人家都和我家一樣是黑色百葉窗，我怎麼找得到路回家？後院沒有籬笆可以劃分出邊界，我怎麼能在那裡玩？要是我跨過那條看不見的界線怎麼辦？

紐約人對於那條看不見的界線瞭若指掌，知道那條線因人而異。焦慮存在，我們懂，不需解釋；我們也不妄自評判他人的恐懼。在紐約，公寓華廈有十二樓，有十四樓，就是沒有十三樓，何必去挑戰命運？沒有人會拿整疊報紙最上面的那份，一定會從底下抽。就是這樣。在地鐵月臺上，總是有人執意要從倒數第三節車廂上車，不管停在他面前的車廂有多乾淨，空位有多少，而我們因此被推撞也見怪不怪。不管是用什麼方式，只要能幫助那個人度過這一天，我們都能接受。紐約的生活，就是跟這些人生活在一起，我們並無二異。

下班後的我完全可以接受這些怪人怪事。上班時專業的我，接受並觀察，學著歸類。這是多數人都有的需求，為世界加上秩序，找出隱晦的關係，建立起連結，並嘗試理解。調查讓我有機會接觸一切，包括我從不知道的無數生活方式。我努力了解這一切。我在廢棄的大樓和公寓見到藝術家的公社，那簡直就是禮拜堂，擺滿了五彩繽紛的聖像和薩泰里亞教（Santería）崇拜的祭壇，包括小動物獻祭的遺骸。有海洛因成癮者的施打區域，某人可能在那裡躺了好幾天才有人注意到他已死亡。不管這些是好是壞，又或者是不好不壞，共通點就是讓人與人更和睦。

在紐約，很多人獨居無友。有些人刻意隱居，他們想獨來獨往，但對於住在荒郊野外又不安心。至少在城市裡還會有人聽到你尖叫。獨居的人一但死亡，要等到鄰居聞到屍臭才會有人注意到，赫許醫生稱之為「寂寞的惡臭」。我有一次調查一位獨居男子的死亡，他五十歲，單身，住在裝潢簡單的小公寓。室內乾淨但樸素，只有必需品，毫無裝飾。冷凍櫃裡塞滿了微波食品，冰箱有一包熱狗和一罐即溶咖啡。櫃子裡沒有藥物，沒有毒品，沒有酒，沒有外傷。沒有什麼可以識別他的身分，他就像他棲身的空間一樣，一片空白。他看似自然死亡，但我得送他去驗屍。我在尋找能證明他身分的蛛絲馬跡時，發現那種買新皮夾時裡頭會付的身分小卡。只不過，在「緊急聯絡人」那一欄，他寫的不是一般人會寫的姊姊的電話或好友的名字，而是「九一一」。不曉得為什麼，我很在意這點。難道他沒有任何人可以寫嗎？像是工作上認識的朋友，或是星期三固定打牌的牌友？他怎麼淪落到這步田地？

我可以預防很多事情。我在煙霧偵測器裡裝好電池，我深夜絕不涉足治安不好的地區，但是我不知道怎麼避免像這樣孤獨離世，此事令我恐懼。

我在工作上見到這些孤獨的人時，不免覺得他們的人生始終如此。但其實並非如此。物換星移，環境變化；朋友搬走，伴侶過世。當我到了現場，目睹孤獨死時，我得不斷提醒自己這點。每個人的故事都會隨著時間有所變化，而我只讀到了故事的終章。

警方接獲電話，前往默里山區東三十六街的公寓，鄰居抱怨聞到惡臭。警察破門而入，發現六十幾歲的婦人倒在沙發上，在寒冷的天氣下，屍體已輕微腐爛。死者身材瘦削，蒼白如蠟，身穿洗到褪色的藍色居家服。或許已經死亡一週。

公寓看似無人闖入，室內很空。地板未鋪地毯，牆面也空蕩蕩；有一張墨綠色沙發，一張棕色摺疊餐桌和兩把看似不舒適的椅子。單人床，上頭鋪著綠色薄被，小小的床頭櫃，還有個衣櫃。沒有照片，牆上沒有用鉛筆標註預約事項的月曆，沒有令人愉快的事物，連一個空花瓶都沒有，放藥物的櫥櫃一樣空空如也。公寓很像監獄囚室，牆壁尤其如此：原本的白色牆面，因為年久而變成髒兮兮的灰色。

我四處查看，想找出這名女子孤獨死在上鎖公寓裡的原因。但是藥品、醫生名片都遍尋不著，也沒有一氧化碳外洩的跡象（如果現場所有的警察和調查員都頭痛的話，我們會去找看看有沒有指示燈燒到汙黃的熱水器，或是壞掉的瓦斯爐）。也許，她的死因是孤單寂寞。

然後我去廚房查看，奇怪的是，我完全沒看到餐具和食物。多數人家裡都會有一瓶小木屋牌鬆餅糖漿，蓋子周圍有一圈結晶，還有一瓶沒開過的義大利麵醬，或是架上有一整排調味料，一半都過期了。她家卻沒有。什麼都沒有。然後我打開冰箱，找到寶庫：數百個白色小包，約九公分乘以四公分大小，每個都用橡皮圈橫向、縱向緊緊固定，下層抽屜裡甚至有更多。

「嘿，你們看！」我向站在前門的兩名無聊員警大叫。「我覺得這是古柯鹼毒販的存貨！」

我給他們看冰箱內部，塞滿了一小包一小包的東西，沒有食物，沒有多餘空間。這裡是毒品工廠，所以才這麼沒有生活的痕跡。我很興奮：這可能是我的第一個毒品大案子。如果每包是一克的話，這加起來可是價值一百萬美元的毒品。也許死者是集團的一分子，是國際黑幫的經銷商。緝毒局的人會對我的發現非常開心。在默里山這個犯罪率不高的安靜住宅區有此發現倒是令人意外，這裡通常並非毒販活動的地點。或許她是批發商，不是那種會帶進大批客流量的類型。

「你們覺得我們應該直接開一包檢查，還是需要搜索令？」我問。一位員警聳肩說：「我們就打開看吧，除非有必要，我不想把事情鬧大。」他好像不太興奮，或許這個情況他見過許多次了，但這種規模的藏貨，事情鐵定很大條吧。因為法醫調查員是為死亡調查尋找醫學訊息或線索，而不是找指控某人的理由，我們通常不需要搜索令。

我拿掉橡皮筋，用戴著手套的手慢慢打開小包裝，以免古柯鹼是純的、沒混雜其他物質。仔細折了好幾層的厚厚冷凍紙當中包的東西終於現身。甜酸醬、醬油、芥末醬。我打開另一包、再一包，每一包裡頭都一樣，都是外帶中式餐點的醬料。一千包以上。這位女士只吃外帶，這樣一來，沒有盤子和餐具就說得通了。但是為什麼要把調味料包留下來？為什麼不丟掉？因為你永遠不知道什麼時候會需要，就這麼簡單。某樣東西可能有朝一日會派上用場，不是今天，不是現在，但或許未來會。沒道理把好東西丟掉。

以法醫調查員的身分見到囤積者的家之前，我早已知道什麼叫囤積症，這要歸功於我母親的抱怨：「妳怎麼回事，跟柯里爾兄弟[16]一樣有囤積症嗎？」她發現壁櫥後面藏著一堆小玩具，那是我怕弟弟妹妹破壞所以才藏起來的。那時會有卡車在社區巡迴，上面是兒童乘坐的遊樂裝置；坐進油漆斑駁的紅黃金屬小車廂，投五分錢就能前進繞圈五

16 Collyer brothers，Homer Lusk Collyer 和 Langley Wakeman Collyer，美國紐約市哈林區著名的隱士，兩人在曼哈頓布朗斯通的房子裡與世隔絕，囤積了大量垃圾和雜物。他們成為極端囤積症的典型案例，經常被引用在心理學和社會學研究中。

分鐘，玩完後，小朋友會拿到廉價小玩具，例如紙巾降落傘，垂下的棉繩掛著一個紙板人，或是一個塑膠口笛，或一個綠色的綠軍小人。這些可能都是堆在地下室的便宜貨，卻是我的寶物，所以我都會藏好。這就是囤積狂的共通點之一，他們覺得自己一定要保存的東西是寶物，有真正的價值或用途。囤積行為不限於特定職業或收入等級，也很少會嚴重到像紐約市臭名遠播的柯里爾兄弟一樣，他倆在哈林區的褐砂石公寓裡，被一百二十公噸重的垃圾壓垮，他們囤積的物品包含十四架鋼琴、兩萬五千本書，還有福特T型車的底盤。

有一次，我見到一名成功（但已故）的神經科醫師，他訂閱了已知的每一種郵購目錄，收到所有已出版的垃圾郵件，卻無法打開任何一份。在他的公寓裡，郵件堆了幾乎六十公分高，蓋住了每一吋地板，我寸步難行。他都直接走在整堆郵件上方，才能到達他的椅子、電視或桌子。那是豪宅公寓，家具高級，但看起來卻像郵政總局裡收納無法投遞郵件的房間。我能理解為什麼他不想打開郵件，因為我是過來人，逃避是對焦慮的反應。但為什麼有這麼多郵購目錄和垃圾郵件？我記得小時候每年那厚厚一冊西爾斯百貨目錄寄來時，我仔細研讀時的興奮，不過熱度只持續一下子。然而，一旦你訂購這些郵件後，就永無止境了。他們會把你的名字賣給一家又一家的郵購目錄商，從此沒完沒了。

有些囤積狂活在過去，無法捨棄任何提醒他們過往快樂時光的事物。他們留著不合身的舊衣服、褪色的相片、壞掉的玩具、信件、書籍、不堪用的家具、唱片（即使根本沒有播放器）。每一樣物品，不管多破舊，或是多不堪用，都有回憶。對這些囤積狂而言，丟掉任何一樣東西都很痛苦，等於是他們美好的回憶被破壞，對摯愛的想念遭到侵擾。有些人囤積物品，因為說不定未來用得到，但天曉得那個未來是什麼時候。你那把刀刃磨損的大折刀說不定哪天可以幫你逃出上鎖的地下室呢！

我有一整盒從來沒用過的電線（事實上是兩盒），但我又不敢丟掉。所有的電線看起來都很重要，都對應著專屬的電器。有一次我丟掉幾條線，後來才發現其中一條是用在我印表機的傳真功能。我從來沒用過那個傳真功能，不過還是學到一課。我不是囤積狂，但我確實有「不敢丟」情結。

不過，我很謹慎。我一定會把床鋪好，把私人物品收好，免得哪一天我死在家裡。我希望記者這樣寫：「死者在窗明几淨的公寓裡被發現，室內無闖入跡象，未發現酒類或毒品。」身為法醫調查員，我祈禱著：「喔，上帝啊，請不要讓我成為腐屍才被發現。」我熱愛我的工作，也喜歡因此能窺見他人的生活（與公寓），不過，我喜歡躲回我自己的小空間，過我的小日子。我想待在自己的安全空間，這樣的念頭一直很強烈，我有輕微的人多擁擠恐懼症。還有，我確實喜歡我的所有物，每一個米老鼠玩偶和袖釦我都留著，還有我總有一天會修理的斷跟靴子。也許這接近囤積症了，還好有老天垂憐我，以及有喜歡丟東西的另一半。

最初一切都很理智，但對某些人來說，就是會變得太過火。我們年輕時，欲望主宰行動；當我們年紀漸長，恐懼取而代之。也許，在人生的道路上，你經歷過幾次心碎後，比較容易留戀事物而不是人。不管怎樣，囤積讓囤積狂感到安全，某種形式保護了他們，逃離痛苦的現實。我完全能了解。

我個人見過最糟的情況，是一個被戲稱為「威利」的男子。他會被叫威利是因為某位警察在我們找不到屍體時，自以為幽默地建議我們玩「威利在哪裡？」[17]遊戲。他說：「各位，直接找條紋帽和毛衣。」

警方一直打不開前門，頂多只能開個縫，因為東西堆得滿滿的，把門都堵住了，東西也堆得相當高，離天花板只剩六十到九十公分。緊急勤務單位抵達，帶我從防火梯進去，他們拆掉一扇窗，結果一些垃圾爆出來，掉到下方的地面。他怎麼能住在垃圾滿到屋椽的空間？

緊急勤務小組總能立刻想出方法，解決這類稀奇古怪的問題。所以，該如何進入塞

---

17 Where's Wally?，由英國插畫家馬丁．韓福特創作的兒童書籍系列。目標是在一張張人山人海的圖片中找出一個特定人物——威利。威利穿著紅白條紋的襯衫，戴著一個絨球帽，手上拿著木製手杖，還戴著一副眼鏡。

滿垃圾的公寓去找出死者呢？拿一片六十公分乘一百二十公分的三夾板，從窗戶塞進去，置於那堆垃圾上方。請一位緊急勤務小組警官站到板子上，在垃圾堆上方，像衝浪一樣移動，直到滑到門口。然後往下挖，清出足夠的空間，可以把門從鉸鍊上卸下來。看吧！成功了。

死者就倒在門廳內，悶死在自己囤積的物品下。他的東西幾乎塞滿了公寓的每一方空間，除了他自己弄的一個通道，可以通往浴室和床鋪。他覺得他囤積的東西很值錢，會引來盜賊，所以在通道裡設了陷阱。他拉設了幾條絆索，小偷一時不察碰到裝置後，上方堆滿的東西就會掉下來。結果，彷彿在跟柯里爾兄弟致敬，他被自己的陷阱絆倒，被鍾愛的物品悶死。太多東西真要命。

還有偽裝成囤積症的其他心理問題。一家大樓管理公司不斷寄逾期通知給合作企業的業主，該業主是一名年輕女子，獨居在蘇荷區的雅緻頂樓。七〇年代時，藝術家改造了休士頓街以南寬敞鑄鐵大樓內廢棄的廠房，而藝術家往哪去，有錢人就跟過去。幾個星期都聯絡不上住戶後，有人決定報警，請警方進行安危檢查。大樓管理員幫警方開門，當他們發現屋主死亡時就聯絡我過去。頂樓很寬敞明亮，一片白色，空無一物，除了幾十個大型透明垃圾袋，裝滿了鹿園牌的礦泉水空瓶和藍多湖牌的打發奶油容器。在廚房區域，有個金屬製附滾輪曬衣架，上面掛了十一件 Laura Ashley 的印花洋裝，尺碼全都是二號。一開始我以為這是我見過最特別的囤積狂，因為她家裡除此之外沒有別的。

屋子後方，在一整面空水瓶的後面，死者躺在地板上。她瘦得不可思議，幾乎木乃伊化的肉身呈現深藍灰色。她的頭部周圍是披散的銀灰色長髮，宛如一道光環。整體的效果頗迷人，但是我們發現她的小白狗死在她身旁時，就完全不覺得迷人了。小白狗也骨瘦如柴，皮毛亂糟糟，眼窩凹陷。

警探敲左鄰右舍的門詢問，最後找到一名認識她的男子，不過，死者很低調，所以他的了解也有限。他告訴我們，死者開口閉口都是減肥，願意嘗試時下所有的減重飲食，即使她已經很瘦了。我問他屋子裡為什麼沒有家具和物品，他也和我一樣困惑，因為死者非常有錢。結論是，這位住在世界上最有錢城市裡最有錢地段的富有女性，死因是餓死。

最糟的是，她還餓死了她的小狗。屋裡沒有狗糧，事實上，除了奶油，什麼吃的都沒有。銀製小狗碗的旁邊是個藍多湖牌奶油空盒，裡面早就被舔乾淨了。

警察同仁都很生氣，奧提斯尤其火大。「誰會對小動物做出這種事？賤人！小狗怎麼不把她吃掉？」

「我懂，真的太糟糕了，」我說。「但我跟你說，這我以前見過。狗會餓死也不會去吃飼主。貓就不見得了。貓會吃你的鼻子、嘴唇、手指，那些容易咬下來的部位。」

「但狗狗都要餓死了！難道牠沒有求生本能嗎？」

「有啊，但是狗是群居動物，牠們會盡力保護群體首領，甚至因而喪命。貓則不然，牠們是獨立個體，是捕獵者，盡其所能活下去。這是牠們的天性。但是狗忠心耿耿，直到最後一刻。」

我們站在那可憐的小狗周圍，百感交集。

「人不如狗啊。」奧提斯說著，轉身離開。

這點我通常不認同，但是「收藏家」的案子讓我有了不同的思考。我們常把收藏家和囤積狂搞混。有些人對物品很執著，會持續購買，停不下來，即使家裡已無方寸之地容納物品。本案的收藏家東西收得井然有序，他的東西整齊存放在無止無盡的架子上和堆好的盒子裡。所有東西都仔細用大型活頁夾分類：錄影帶、照片、書籍。盒子上都有清楚的標示，盒內是檔案夾，標籤處有編碼。文件夾裡的磁碟片堆在電腦旁，全都是兒童色情內容。要不是我親眼看見，我永遠不會相信。那些不是看起來年少或身材矮小的成年人或青少年，裡頭都是小小孩，他們都……唉，我不多說了。即使到今天，我還是無法去想這件事。

「收藏家」坐在桌前，面對著監視器螢幕，褲襠拉開，手抓著陰莖，已死亡。活該。我用床單蓋住他的大腿，讓一名鄰居可以進來指認他。鄰居說他是個好好先生，很安靜；他對大樓裡的孩子很好，會給他們棒棒糖吃。我的老天。我打電話請運屍車來載死者，然後迅速離開那個令人作嘔的地方，讓特案組的警探去跟恐怖奮鬥。我回到辦公室，希望（啊，我多麼希望）皇后區的那位蒼蠅女士可以再打電話進來。

Chapter 11／被害者與行兇者

一九九七年九月，我被叫到東哈林區的喬治華盛頓大樓。夏天遠離，秋意漸濃，那天下午的氣溫是舒適宜人的攝氏二十三度，是讓一切都比較輕鬆的好天氣。我才剛完成一起自然死案件，對於即將調查的案子所知不多，只知道住戶打九一一說大樓樓梯頂端失火了。消防員弗瑞德・茲芬尼斯（Fred Zvinys）趕到現場，撲滅了他一開始認為是垃圾起火引發的火勢。

我們抵達時，威爾斯先生把車停在消防車附近，然後我們在到處都是垃圾的小徑繞著，最後終於在那區好幾棟一模一樣的大樓迷宮中找到地址。我按了管理員的電鈴，然後輸入大門密碼，這才發現鎖根本壞了。威爾斯先生伸出手臂，要我退後，他拉開門。

「等等，我先看看裡面的情況。」

他探頭進去，環視鋪著綠色磁磚的昏暗大廳，提防潛伏在那裡襲擊弱小的搶劫犯。他環顧四周，才示意我進去。

我看著他的眼睛。「謝謝你，威爾斯先生。」他只是點點頭。

我們搭電梯（某些住戶把電梯當成移動式小便斗）到十五樓。長長的走廊是昏暗的工業風棕褐色，螢光燈管發出嗡嗡聲，不停閃爍，半數燈管都不亮。威爾斯先生把我送到警察那邊，然後回去看著車。我走上一小段樓梯，來到通往屋頂的門。

我看著眼前的恐怖景象，倒抽一口氣。我暫時別過頭去，盡可能保持鎮定。燒焦的屍體很駭人，扭曲不成人形，看起來反倒像外星人。被火吞噬的人體樣貌醜陋，恐怖至極，這種死法讓我深受衝擊。我永遠無法習慣這種可怕的事，如果我還想保有人性，就不可能習慣。我挺直肩膀，準備幹活。我必須堅強。

我觀察現場。死者是一名青少年，她半倚著空心磚牆，瘦小扭曲的身體部分被火燒焦變黑。煤灰圈出一塊白色區域，是這可憐女孩在被火燒前坐的位置，高溫煮熟她的肌肉，使她的四肢萎縮扭曲，她的腳從身體脫落。

我嗅了嗅煙霧瀰漫的空氣，聞出一種助燃劑，石油強烈的氣味充滿我的咽喉。面色嚴峻的警探示意我看向窗臺上那罐打火機專用油。小房間空無一物，空心磚牆，水泥地板，到處都是灰塵。一扇油膩的灰色窗戶，燈泡從天花板垂吊下來，外頭罩著燒融的塑膠籠，光線幾乎照不到那被燒毀的屍體。

這天在現場，大家不像平常那樣打招呼，沒人說今天天氣真好，沒人閒聊洋基或大都會，連「嘿，芭芭拉，妳好嗎？」都沒有。只有領頭的警探做簡短報告：身分不名女性，年約十八歲，鄰居打九一一報案，消防員發現死者著火。顯然是他殺。

一名消防員站到一旁，捲著水管，盡可能避開地板上的女孩。可憐的傢伙，一直別過頭去咳嗽。犯罪現場調查小組才剛抵達，開始架設照明，搜索房間找證據。巡警封鎖現場，派了一名警官駐守在樓梯口。我們全都安靜工作，拍攝死者瘦小身軀上的傷痕以及灰塵遍布的空蕩房間，對死者大腿未燒焦一側的怪異網格痕跡感到困惑。在她那張被燒毀的臉龐上，表情凍結在一抹詭異的笑容，嘴唇向後收緊，壓在整齊潔白的牙齒上。這是火災之作，也就是火災的影響造成誤導人的發現或外觀。肌肉和肌腱在高溫下變得乾巴巴的，於是變小萎縮。女孩的四肢彎折扭曲，背部弓起。雙手握拳，手臂繃緊朝上，膝蓋彎曲，這就是所謂的「拳擊姿勢」，因為看起來就像拳擊手在打鬥。但這個孩子沒有打鬥，她根本沒機會出拳。

「嘿，芭芭拉。」警探清清喉嚨說。「妳覺得這件事發生時她還活著嗎？」他雖然問了，但我不認為他想知道答案。

「有些燒傷看起來是死後造成的，」我告訴他。「不過，她的口鼻裡有灰燼，很可能當時還在呼吸。明天解剖後會比較清楚。」

「做出這件事的傢伙絕對是個人渣。」一位巡警低聲說。

當活人的肉體受傷或燒傷時，會產生「活體反應」。血液和淋巴液湧向受傷區域，造成發紅、腫脹、起泡、出血和發炎。死人也會被燒傷，但身體的防禦機制不會反應。死後燒傷看起來不一樣，通常是黃棕色且粗糙如皮革。如果受害者在火災時呼吸，就會把濃煙吸入鼻腔或口腔，然後進入咽喉、氣管和肺部。

藍尼拿出素描本開始畫畫，他看起來像在大都會美術館畫素描的藝術系學生。除了拍照記錄外，犯罪現場調查小組也會速寫現場，記錄每個物品在房間裡的位置。回到分局後，他們會按照比例製作一份最終版本，引導觀者，如此照片更清楚易懂，有助於為陪審團還原場景。犯罪現場調查小組需要我們讓開，好進行測量。

我和幾位警察走到屋頂。「我們下班後要去喝一杯，」其中一名警官說。「我們很需要。醫生，妳應該一起來。」

我想去。真的想。我想和這些人在某個昏黃的酒吧裡閒聊，把這恐怖的景象從腦海中洗掉。這跟喝酒無關，而是和有相同經歷的人一起，我們一同見識到道德的敗壞……那冷血的殘忍，對人性的背叛，那麼殘酷無情！和這群警察在一起會有幫助。我們不見得會談論此事，他們比較會互相吐槽或抱怨工作。

那傢伙自以為是局裡最聰明的，還怕人家不知道。

他們去吃屎吧。怎麼樣我都不幫政風室工作。一群背信忘義的傢伙。

他給我看他女朋友的照片，我敢對天發誓，菲爾，她看起來就像你帶去吉米派對上

的女生。你還在跟她交往嗎？

這對我可能是好事，我確實需要開懷大笑，但我不要用這個恐怖案件來考驗我的戒酒狀態。我已經滴酒不沾整整六年，沒有故態復萌。我去戒酒會的頻率沒以前那麼高了，但我還持續執行計畫。我不介意大家在我旁邊喝酒，那沒什麼。但這種道德淪喪的案件會是用酒精麻痺自己的好藉口，我不想冒險。我必須壓抑住情緒。**不能去酒吧。今天不行。**

我走到屋頂的女兒牆旁，俯瞰這座城市，然後祈禱。祈求女孩在被焚燒前就已死亡，祈求她沒有受苦，祈求我會保持清醒。這種時候，我真的想離開自己的腦袋，把見過的事物消除，把這些景象從腦中抹去。喝醉會有用，但只有一下下。我曾在其他悲劇慘案中有相同感受，但這女孩的死對我的打擊比平常更大。

讓我們辨識出女孩身分的，是她腳踝上繫的燒焦金屬環，環上吊著半顆心。這是羅莎・卡斯卓（Rosa Castro）送給女兒喬哈莉絲（Johalis）的禮物。喬哈莉絲是十九歲的資訊系學生，她是全家的驕傲。這個美麗活潑的女孩，往後都只能讓人追憶了。

驗屍顯示，喬哈莉絲遭到強暴、被悶死後被焚燒。燒傷混雜著生前和死後造成的傷勢，也就是說她被縱火時還活著。她當時有意識嗎？那一定難以忍受吧。當身體著火時，她絕對不可能坐著靠牆不動。人體用疼痛當作警訊，提醒我們身體受到傷害，發出求救訊號，吶喊著：停下來，快逃，採取行動！傷害越大，痛苦越甚。疼痛是為了存活。

至於壓在她皮膚上的泛紅網格痕跡，倒是提供了線索。警方找到監視器畫面，顯示一名男子推著一臺塞得滿滿的購物車進入大樓，內容物用床單罩住。購物車內就是喬哈莉絲·卡斯卓，已失去意識，被折疊塞入推車，所以側邊鐵絲網在她雙腿和手臂上留下痕跡，該傷勢屬於「活體反應」。她因窒息而近乎死亡，然後像院子垃圾一樣被點火焚燒。凶手仍逍遙法外。

我熬過那一天，又一天。我保持清醒不碰酒，做好我的工作。我翻報紙查找喬哈莉絲·卡斯卓凶殺案的消息，希望已逮補嫌犯。結果一無所獲。如果受害者是住在公園大道的女孩，新聞一定會大肆報導，就會引發憤怒和警覺。但出身社會住宅的漂亮拉丁裔女孩就沒有這種待遇了，她不會得到那樣的關注。

幾個月後某天，蘭迪辦完案子回到辦公室，他把出勤包放在我桌旁，要引起我的注意。

「之前妳是不是處理那個社會住宅頂樓樓梯青少女的案子？東哈林區？」

「對，那個被火燒的小女孩，在一〇四街。怎麼了？」

「我剛在東一一二街社會住宅處理一個案子，同樣的狀況，被強暴後勒斃，但沒有縱火。她在頂樓的樓梯平臺，靠在牆上。藍尼也在，妳的案子他也在。他說他想到妳的案子。」

死者是拉希達．華盛頓（Rasheeda Washington），時尚設計科系學生，在精品店打工。她在十八歲生日過後三天死亡。還有更多的襲擊事件：一名十四歲女孩，兩名十五歲女孩。別著小紅髮夾的十三歲女孩敘述一名男子如何不顧她尖叫硬是對她肛交，還叫她要「像個女人一樣接受」。另一名女孩的攻擊者拿著刀脅迫她說，她很「幸運」才能被如此英俊的男子侵犯。更早之前也發生過凶殺案，是十三歲的寶拉．以耶拉（Paola Illera）。她身材瘦小，皮膚蒼白，一頭烏黑捲髮。她放學回家，按電鈴請媽媽開門，然後走進電梯。凶手跟著她進去。她的屍體後來被慢跑的人在羅斯福大道附近發現，她被強暴且身中多刀。她戴著一只「街頭頑童」的手錶。

這些女孩身上發現的精液全都與一名犯罪者有關。但他是誰？在一九九七年，還沒強制輸入所有暴力罪犯的DNA檔案，所以被定罪罪犯的資料庫很小。犯罪現場採集到的DNA沒得比對，根本沒用。

從一九九一年到一九九八年，東哈林區的同一地區至少有七起類似的攻擊案，全都和一名冷血男子有關連。所有前程似錦的年輕女孩都被強暴，其中三名慘遭殺害，屍體草草被處理掉。我們為什麼沒在報紙上讀到此事？為什麼沒有對大眾發出警告？或是要求大規模調查？當房屋局被整併進紐約市警察局時，原本隸屬於房屋局的警察是否在人事重組中迷失方向？這根本不能解釋這些案件為何被冷漠以對。受害者的父母在住家附近張貼傳單，請求幫助，但是什麼也沒發生。赫許醫師總說：「我們是為家屬服務的。」我無法減輕這些父母的傷痛，也不能保護這些年輕女孩；我只能蒐集證據，協助找出凶手，然後證明我所見。但那喪心病狂的人仍逍遙法外。

一九九九年，為期八年的攻擊事件之後，警方終於貼出一張通緝海報，公布人像素描，還有少得可憐的一萬一千美元懸賞金。簡直是侮辱。不過，那張海報讓警方得到內幕消息，循線找到二十五歲的艾隆．紀（Arohn Kee），他和寶拉．以耶拉住在同一棟大樓。紀錄顯示，他在一九九一年第一宗謀殺案時就遭到訊問，但當時他用的名字不同。那時候有人舉報有個叫做艾斯．紀（Ace Kee）的猥瑣可疑男子，但是當天艾隆用母親的姓氏。就這樣，這個罪犯於是自由漫步於社會住宅這片沃土，伺機行動。

一九四五年左右，紐約市開始建造高樓大廈，清理貧民窟，為低收入家庭打造數千戶住宅，社會住宅立意良善。但是這些住宅缺乏感情，與現實脫節，和人們創建社會時的街道與社區過於疏遠。資金用罄後，這些建築物就疏於管照，人手不足的房屋局無法提供安全保障。海洛因和快克古柯鹼氾濫讓社會住宅成為犯罪分子的巢穴，他們公然銷售毒品、攻擊弱小、爭奪地盤時持槍互射。艾隆．紀在此地如魚得水，跟蹤走過昏暗樓梯間返家的女學生，尾隨她們穿過無人看守的大廳。

根據新的線索，艾隆．紀再次被帶進來審問，但因證據不足而被釋放。沒有指紋、沒有目擊證人指認，即使人像素描相似，還是不構成逮捕他的理由。但是警方監視他，不久後他因為偷電腦硬碟被捕。警探試圖誘騙他提供DNA樣本，但他拒絕了，他說他是耶和華見證人，此舉違背他的信仰。在他因輕罪指控被釋放之前，警方從拘留所取得他的水杯，送去分析。（有看電視劇的人就知道，如果嫌犯丟棄了某物品，你可以不需法院命令就取得其DNA樣本。）這樣本符合所有強暴案和謀殺案的DNA證據——走到這步，足足花了八年。

艾隆．紀獲釋之後和另一個女孩逃到佛羅里達：十五歲、來自布魯克林的安潔莉卡。她說艾隆人很好，買禮物給她，幫她做功課。她愛他，覺得艾隆會和她結婚。她父母在報紙上看到艾隆之後報警，如今報紙終於關注此事了：「連環殺手逍遙法外！」艾隆另一個穩定交往的女友因為他劈腿而大怒，於是告訴警察他的行蹤。他在邁阿密太陽酒店被逮捕，當時他躲在六樓一間破舊房間的床底下。

艾隆被偵訊時，警方發現他很聰明，能言善道，整潔體面，相貌英俊。他精通電腦。通聯紀錄顯示，在他放火焚燒喬哈莉絲．卡斯卓的前幾天，兩人通了數十通電話。他提議要教她功課嗎？他是不是迷住她、讚美她、約她出去約會，然後再毀了她？

我知道這類事情怎麼發生。我跟喬哈莉絲差不多年紀時，在酒吧遇到一名大我幾歲的男子，他是個有自信、臉部輪廓分明的大學生。他微笑著問我問題，輕輕碰觸我的手臂，全神貫注在我身上，施展魅力，發動攻勢。我覺得自己配不上他，所以當他請我喝一杯時，我很訝異。我甚至覺得看到幾個受歡迎的女生朝我微笑，表示稱許，好像我是她們其中一員。對啦，只不過我的身分證是假的，腳上的Weejuns樂福鞋是山寨版的。我心中隱約覺得不舒服，但我壓下那種感覺，才能好好享受此刻。

他跟我要電話，他說或許我們以後可以約出去玩。我不抱期待，「或許」我以前聽多了。不過，想到他可能打電話給我，我就很興奮，說不定我能有像他這樣的男朋友。當朋友問起，我才發現除了他的名字和年齡外，我對他一無所知。一定是因為他太有禮貌了。我在哪裡讀過，有禮貌的人不會一直講自己的事。

但他真的打電話來了，我們去了露天汽車電影院，他問我要不要吃爆米花，然後給了我一罐啤酒。他車子後座有個冰桶，他從裡面拿了兩罐到前座。我們看著〇〇七情報員電影時，他把兩罐都喝完了，電影裡有人被打時，他就咯咯大笑。他又從後座拿了幾罐，坐回來時靠我更近，伸出手臂摟住我。我喜歡他呼吸時令人熟悉的啤酒味。他親了我幾次，又轉頭看電影。他粗粗的鬍子扎得我臉有點刺痛。

不一會兒，我們開始認真親熱，他更用力親吻我，強迫我的嘴張開。我不喜歡，設法推開他，但他很堅持。突然，他把手滑到我的後腰，抬起我的臀部，同時把我的肩膀往下推，壓在我身上。他的重量讓我不得動彈，同時他搖動臀部，抵著我用力摩擦，把手伸進我的襯衫，解開我的胸罩，用他的膝蓋分開我的雙腿。這一切都發生得很快，我喘不過氣，大惑不解。**我做了什麼嗎？**我覺得雙唇因他牙齒施加的壓力而腫脹，臉部灼熱，被他下巴的鬍渣刮得很痛。我掙扎著要起身，想把他推開。**停下來，停下來。**他呢喃著：「來吧，來吧。」然後把我褲子拉下來。他的體重快讓我窒息了，我慌了手腳。我想大叫，但他用嘴壓住我的嘴。我雙臂用力推他，然後使勁揮舞，突然（感謝老天），我的手摸到車子的門把。我用力拉，車門彈開。

我從他身體下方扭動脫身，他驚訝地抬起頭來，我的頭垂向地面，我轉動膝蓋，腳跟用力抵著座椅。他起身時，我已經快要脫身了。我倒在地上，碎石刺入我的肩膀。我跌跌撞撞爬起來，跑到女生洗手間，恐懼、羞愧、氣憤湧上心頭，我忍不住啜泣。洗手間裡的女生圍著我，用冰冷的濕紙巾為我的嘴唇和臉部擦傷止血。

「他想強暴我。」我告訴其中一位女性，她們全都二十五歲上下，比我大。

「但妳脫身了。沒事了，妳做得很好。」她和她男友帶我回家。我心中升起一股無語的憤怒。

那一天，我幸運脫身。但不是每個人都如此。

喬哈莉絲就沒有。

艾隆．紀被兩位警探羈押在家屬觀看室，那是我們唯一可以採DNA樣本的空間。他雙手上銬，坐在桌前，一動也不動，非常冷靜。他長得很帥，有著和黛安娜王妃一樣低著頭的靦腆笑容，那種笑容效果相當好。難怪這個人渣有辦法騙過這些女孩們，他簡直就是英俊的迷路小狗，惹人憐愛。

我到那裡去採血液和毛髮樣本。十三歲的寶拉遇害時，鑑識人員在她身上發現陰毛，收為物證，保存了八年。現在我們有機會進行比對，看看是否符合他的。我很開心有機會為那些可憐的女孩做點什麼。

「紀先生，我需要從你的胯部拔陰毛，可能會有點不舒服。我會盡力迅速完成，可以嗎？」警探幫忙褪下他的褲子時，他抱歉地笑了笑，好像這對我這樣的女士是種冒犯。

「是的，女士，我能理解。做妳份內的事吧。」他很配合，被銬著帶離房間時甚至向我道謝。

我還以為自己能讀懂人心。我見識過他對小女孩做了什麼，目睹他施虐的結果，他想毀掉純真的惡毒和無情。但我從他的行為舉止察覺不出那樣的殘忍，就像和喬治．寇博（那位年紀較長的連環殺手）互動的感覺一樣，在其他情況下，我或許會覺得他有魅力。

艾隆．紀的真面目後來在法庭上展露無遺。他坐在證人席上大肆咆哮，表示他「發現」法醫有竊取器官的陰謀。他一會兒笑，一會兒哭，對著法庭大喊「操你媽的，我操你們所有人」。我得克盡職責把他送進監獄，二〇〇一年一月，我以控方證人的身分出席作證。

抵達法庭時，我看到紀的律師是個我認識且厭惡的人，一時沮喪起來。刑事辯護律師喬治．戈爾澤（George Goltzer）很厲害。這我親身經歷過，因為他在一九九八年柯瑞．亞瑟（Corey Arthur）的審判中，把證人席上的我狠狠批了一頓。柯瑞．亞瑟因為謀殺布朗克斯區的教師強納森．勒文（Jonathan Levin）而被起訴。勒文是時代華納執行長傑拉德．勒文（Gerald Levin）的兒子，是個好老師，放學後還會留下來幫助學生，即使學生畢業了還持續指導。柯瑞．亞瑟就是受益者，他和朋友到勒文家尋求建議。結果，他們回報老師的方式是用牛排刀折磨老師，逼他給出銀行密碼，然後射殺他。只為了八百美元。全國媒體大幅報導老師被殺害一事，這才正確。喬哈莉絲．卡斯卓被殺害無人聞問，這是錯的。

在較早那個案子的直接詢問時，我描述柯瑞．亞瑟手掌上的刀傷，他在被逮捕時，警方有拍照存證。那個傷口的線條斷斷續續，還有鋸齒刀尖刺入的痕跡，就像牛排刀一樣。傷口也有方向性，可以斷定刀是往上朝著拇指方向切過他的手掌。我解釋說，當他把刀子往下插入勒文老師的身體時，刀子碰到硬物，比如說骨頭，造成他的手滑過刀刃，割傷了手掌。（《紐約時報》上的法庭速寫描繪出我為陪審團示範這個動作，我看起來簡直像發狂的殺手。）

交叉詢問時，戈爾澤提出另一種解釋，他說柯瑞．亞瑟是在設法奪走朋友手中的刀子時割傷的，他是在保護敬愛的老師不要被真兇殺害。沒錯，這也是個說法，但是戈爾澤選擇攻擊我的信譽和資歷。我被激怒了，結果反倒犯了嚴重的錯誤。

「布徹小姐，妳寫過關於刀傷的書嗎？哪怕一章也好？沒有？那妳怎麼敢以刀傷專家自居？」他嘲笑著說。

我回答：「沒有，我沒寫過書，但是我看過上百件刀傷案件。」

我可以感覺陪審團略微轉向我這邊，然後他回敬我。

「布徹小姐，妳連醫生都不是，不是嗎？」

「我不是醫生，但是——」沒有用的。我可以感覺自己因憤怒而漲紅了臉，而我關於死亡時間的其餘證詞，都因為我覺得受到攻擊與貶低而不完美。我帶著防備的口吻回答，結果讓我聽起來沒那麼權威和篤定。這個律師很會看人，並直接抓住他們的弱點。

離開法庭後，我回到辦公室，去找赫許醫師。他站在窗戶旁，拿著一把小小的修枝剪在修剪盆栽。他示意我坐下。

「首席，我搞砸了。辯護律師讓我好生氣，結果我表現差強人意，聽起來戒心重重，好像我不確定自己在說什麼似的。我覺得好糟糕。」

他點燃隨身攜帶的菸斗，露出嘴角歪斜的微笑。「我很肯定妳表現得很好，芭芭拉，別太苛責自己。」

「但我才不好，差得遠了。他一直嘲笑我，語帶輕蔑，我真的很氣。」

「所以妳掉進了幾乎每個人都會掉進去的陷阱。」

「我何止掉，是重重摔進去。我覺得我表現得像個門外漢。」

「辯護律師的工作就是要質疑妳的證詞。妳的工作就是說出真相以及妳見到的事實，根據妳的經驗提供解釋。關鍵在於妳如何做到這些，那會讓一切大不同。」

我馬上覺得好多了。他總是能讓我覺得好過些。

「我跟妳分享幾件這麼多年來我學到的事，如果妳願意的話。首先，對檢察官和辯護律師一視同仁，全神貫注，禮貌以對。妳不站在任何一方，妳是客觀公正的證人。聽完問題之後，停頓十秒鐘。」

「十秒？安靜十秒太久了吧。」

「那麼至少五秒。雖然感覺很長，但妳有時間構思答案，也能不慌不忙應對那些蓄意讓妳亂了陣腳的陳述。然後，妳轉向陪審團，對著他們回答，而不是對著律師。陪審團才是審理事實的人，理應得到妳的注意。看著他們全體，在問題允許下盡可能告訴他們來龍去脈。」

「有時候他們會打岔。他們說：回答問題就好，是或不是。」

「那妳就照做。律師越咄咄逼人，妳就越客氣有耐心。陪審團會尊重妳的專業，會聽妳說。」

我知道他是對的，真希望我在上法庭前就來找他。他是那種不會主動對他人提供建議的人。

「現在，回家好好吃頓飯。辛苦一天了，要慰勞一下自己。」

我離開他的辦公室，感覺好過多了，我心想，要是他不是這等紳士，會怎麼處理此事。他知道他說的任何話都不會讓我比現在感覺更糟，所以他選擇讓我好過一些。不是否認我做得不好，而是告訴我下次如何做得更好。

所以，現在我在艾隆．紀準備受審的法庭外等待，很快就要接受喬治．戈爾澤的交叉詢問。我很緊張，到洗手間裡讓自己鎮定下來。我看著天花板，祈禱著：拜託，上帝，幫助我做好我的工作。然後我想著赫許醫師以及他教我的事。匿名戒酒會曾教我要「裝模作樣」，所以我決定要「裝得跟赫許醫師一樣」；雖然不完全是匿名戒酒會計畫的本意，但如果這樣行得通，那又何妨呢？我會沉著冷靜、客氣有禮、鎮定自若。

那天我穿了最好的套裝，是黑色的布克兄弟（Brooks Brothers）短裙套裝，搭配燙過的白襯衫和黑色平底鞋。我看起來像個律師。這身衣服讓我有力量，我也採取了相應的神色：嚴肅、自信、冷靜。

檢察官從「預先審查」開始，藉由這個程序，確認專家證人有資格出庭。他詢問我的履歷和資歷、我的經驗以及之前擔任專家證人的表現。接著輪到戈爾澤上場。他詢問我的學歷，我說我有哥倫比亞大學公衛碩士學位。戈爾澤很快就貶低這個優秀的機構：「布徹小姐，妳哥倫比亞大學的學位和妳在這起案件的工作完全無關，對嗎？」所以我知道他準備再次攻擊我的資歷和可信度，但這次我有備而來。

我臉上露出愉快的神情。「對，與本案並沒有關係。」

蘇多尼克（Sudolnik）法官同意我以死亡調查專家出庭作證，普蘭斯基（Plansky）檢察官開始直接詢問，請我描述現場狀況，並向陪審團解釋每項發現的含意。喬哈莉絲・卡斯卓的位置、屍體的扭曲樣貌、嚴重的燒傷。我知道卡司卓的家人也在法庭上，於是猶豫了片刻。我先深呼吸，然後盡可能不帶感情如實描述那可怕的一幕。該說的還是要說。某個時間點，檢察官在大螢幕上放出照片，請我解釋為什麼我認為喬哈莉絲．卡斯卓被縱火時已失去意識。照片顯示她坐著倚靠的牆壁，淺灰色的空心磚上有隱約的白色輪廓，那是她當時背部和頭部靠著的地方。這個輪廓環繞著一圈深黑色的煙灰，煙灰來自於她燃燒的身體。

我向陪審團指出這一點並加以解釋。「輪廓顯示，她靠牆跌坐，頭側向肩膀。如果當火燒到她時，她意識清楚，那這種難以忍受的痛苦和折磨會讓她移動身體，而不是癱坐在那裡。」我傾聽問題，停頓，轉向陪審團，就像首席教我的那樣。我告訴陪審團她鼻腔和喉嚨有煤灰，表示在火災時她有呼吸。檢察官給我充分的時間向陪審團解釋這些發現。

然後輪到戈爾澤詢問我了。

「布徹小姐，消防員茲芬尼斯今天作證說他撲滅了火勢。消防員不是會拉水管來噴水滅火嗎？那會把煤灰從牆上洗掉，怎麼會留下妳所描述來自卡斯卓小姐身體的陰影痕跡呢？」

我聽了並想了一會兒才轉向陪審團。「如果你們清過烤箱或燃木爐的玻璃門，你就會知道煤灰用水沖不掉，很難清除，需要強效清潔劑。另外，我不知道消防員是否用了滅火水管，還是在知道這是一場小火的情況下先用了滅火器。你們得去問他。」我說話時，幾位陪審團員點頭表示同意，毫無疑問應該是清過烤箱。

然後戈爾澤挑戰我，要我證明陰影是她身體造成的。「這個所謂的輪廓剪影不也有可能是來自別的東西嗎？」

「我不這麼認為。」

「但有可能，不是嗎？」

「是的，有可能。」

他拋出一堆問題，範圍很廣，要我把她的身體尺寸和空心磚大致尺寸進行比較。這沒什麼意義，但是此時他已經走投無路。我不知道空心磚的平均尺寸，你不能對自己不知道的事情作證。紀盯著我，眼神空洞。

「布徹小姐，」戈爾澤說，他總是加重「小姐」兩字，提醒陪審團我不是醫師。「妳說妳抵達現場時聞到碳氫化合物助燃劑的氣味。告訴我們，妳是氣味的專家嗎？」

我回答：「不是，」接著再次轉向陪審團。「但是我都自助加油。」幾位陪審團成員笑了。

還有更多來來回回的問答，戈爾澤試圖暗示喬哈莉絲．卡斯卓其實是放火自焚自殺的。我保持冷靜、和顏悅色、專業，給陪審團事實，解釋活體反應、煤灰沉積、火災作用，他們需要知道的一切，以做出有憑有據的決定。

戈爾澤盡力要讓DNA證據被宣告違法取得。「大眾必須知道，本法庭發現警方可能會跟蹤你，且在沒有預警或法官的許可下採集你的體液。」他說。這招好棒棒，但蘇多尼克法官不買單。她裁定證據是合法取得。

紀所有的指控都被判有罪，因謀殺被判處三次終身監禁，再加因強暴被判處四百年有期徒刑。聽到判決我鬆了一口氣，很滿意這些判決。紀永遠都不能重獲自由了。但直至今日，我還是為那些遇到惡人的小女孩們感到憤憤不平。發生在喬哈莉絲、拉希達、寶拉以及其他被他摧毀的人身上的事，永遠無法挽回了。

審判過後好長一段時間，喬哈莉絲．卡斯卓還在我腦海中揮之不去。當她發現那個帥哥其實不喜歡她、只想傷害她、利用她時，她作何感想？知道自己很無助，無法照顧自己時，是什麼感覺？在恐懼和痛苦蔓延之前，我想像悲傷襲來，對於純真遭到背叛的悲傷。

願妳安息，喬哈莉絲。

Chapter 12／去他媽的安特曼烘焙坊

一九九八年，平安夜，是我的生日。那天晚上我值十二點到八點的大夜班，有足夠的時間和我朋友安妮共進晚餐，甚至參加午夜彌撒（不知何故，晚上十點就開始了）。一九七〇年代後期，安妮和我在某個夜店認識，有可能在男廁嗑了幾條古柯鹼後熟起來。她的時尚圈朋友如果知道她是個虔誠的老派愛爾蘭天主教徒，一定驚訝不已，但我不驚訝，因為我深知這個老菸槍又伶牙俐齒的女子良善的一面。沒錢繳房租嗎？裝了幾百元的信封就會出現在你的沙發坐墊縫隙裡；失業了嗎？她會把你引薦給她的客戶，好像幫了客戶大忙一樣。安妮在暗地裡助人，如果被質問了，她也一笑置之。

當時我獨居，我的小房子位於距紐約市一個半小時車程的卡茲其爾（Catskills）。為了避免夜班時的長途通勤，我跟住東村的朋友租了一個房間。朋友的住處以前是棟豪華公寓，廚房旁邊還有女傭房。卡拉用那個房間存放她滿是灰塵的木偶、各種難看的白臉紅唇能劇面具，以及她在某個遺產拍賣會上購得的類似獾的動物標本。（人各有所好嘛！）她在展示架上方安裝了一個小閣樓床，我在長時間上班後用來休息。這地方陰暗骯髒，毫無生氣，我盡量不久留。

安妮似乎總是知道朋友何時日子不好過。對於她的晚餐與彌撒之約，我開心極了；她想和我共度平安夜，讓我覺得自己很特別。她選擇哈德遜街上的聖路加教堂，那是西村一處歡迎各路罪人的堡壘，包括像我們這樣的同志。美好的彌撒是聖公會風格，有華麗的法衣、燭光、沉甸甸的純金香爐在空中擺盪。自從我爸媽不再逼我們上教堂之後，我就不去了。（我父母虔誠相信，要把九個小孩送出家門，他們才能有點獨處的時間。）但今晚，被神聖的金色光芒和信仰的儀式所包圍，我感覺胸中湧起希望。我環顧四周，看著信眾，注意到兩位罩著狐狸披肩、染著紅髮的老太太擠進長木椅，旁邊坐著刺蝟頭年輕龐克，他們穿孔的臉上閃著友愛的溫暖光芒，還有坐立不安孩子們的目光。我心裡有一絲感激之情，還洋溢著一種近乎幸福的感受。接近午夜時，唱詩班的歌聲穿透高高的拱形天花板，我覺得欣喜若狂。然後我的呼叫器響了。

我走到門口處，用無線電呼叫辦公室。

刻薄迪娜回覆：「布朗克斯區凶殺案，等一下。」

我等著，無線電刺耳的聲音讓我很尷尬。

我再次發話：「法醫調查員二號回覆總部。欸，迪娜，我的案子在哪裡？」

「總部回覆法醫調查員二號。不是叫妳等一下嗎？！」

願妳也平安喜樂，迪娜，我心想。

「四三分局轄區，手提冰箱裡有屍塊。妳要奈森去哪裡接妳？」可惡，威爾森先生今天放假。

首席法醫辦公室公務車（白色車身，金色字母，還有車頂閃光燈）停在教堂前，引起小小騷動，奈森也是，他搖下車窗，於是群眾可以看到他穿著官方版的法醫夾克。奈森對這份工作以及隨之而來的一切感到自豪，他甚至在脖子上掛著一條鍊子，上面有偽造的法醫調查員徽章。他只有和我一起出勤時才不敢造次。我懂大家都需要歸屬感（我配戴金色盾形徽章時也覺得是種榮耀），但我不能坐視他活在謊言裡，他也心知肚明。這有點像冒充員警，讓犯罪現場的其他人一頭霧水。「我以為他是妳的司機？」他們會問。

我打開車門，鬍後水的味道撲鼻而來。好樣的。奈森沒有洗澡。之前我要求他少噴點古龍水、多穿件衣服的時候，他曾跟我解釋過這個小技巧。然而他又故態復萌，髒兮兮的背心下露出粗硬的腋毛，散發出灰色元素男性香水的怪味。天啊，好想念威爾斯先生。要是我能和他一起度過生日有多好。

我們在空蕩蕩的羅斯福大道上加速，開往布朗克斯區。該行政區在七〇年代已經被徹底清理乾淨，但仍保留著被燒毀的建築和布滿瓦礫的土地，象徵城市的衰敗。在八〇年代，我在那裡工作時，會冒險走出聖巴拿巴醫院參加會議，或者偶爾從街頭小販帕琵那裡買正宗的恩潘納達捲餅[18]。這需要快速穿過看起來像二戰後遭到轟炸、一片荒涼的德國的景色。當時我並沒有多想，布朗克斯區本來就是這樣。我從來沒停下來思考這對人們的生活意味著什麼。現在我比較懂了。

奈森開進聲景鎮（Soundview）的沼澤地，我們在冰凍的泥濘地上顛簸，朝著一群警察開去，他們籠罩在攜帶式探照燈的光暈下。就像許多毀滅場景一樣，眼前景象漂亮華麗。冷冽的空氣漆黑而清澈，所以每個藍紅閃光都是銳利反射光的清晰點。

警探們招呼我過去。

「嘿，是布徹醫師。什麼風把妳吹來布朗克斯貧民區？自從上次辦了二四轄區那個毆打母親的小混混後，就沒再見過妳了。」

「今天耶誕節啊，」我說。「我想說跟你們共度很不錯啊。」

「芭芭拉，我們現在有兩個裝滿人的手提冰箱，妳看一下。」

他打開一個特大號綠色柯爾曼（Coleman）手提冰箱的蓋子，這個尺寸是專為十人露營野餐而設計。我先看到大腿和小腿，少了一隻腳，粗暴地被砍斷。我知道為什麼警探

18 Empanada，流行於伊比利半島和拉丁美洲的一種餡餅。

們這麼開心看到我，屆時他們的報告就可以用我的姓氏玩文字遊戲：「法醫調查員布徹（Butcher）負責現場調查，檢查被屠宰支解（butchered）的殘骸。」

冰箱塞得滿滿的，但是我定睛一看，看得出有一副男性軀幹、缺了手的兩條手臂、一邊肩膀連著邊緣參差不齊的頸部、一條右腿。沒有頭。我不會在這裡把屍塊取出，最好在停屍間裡的防水布上進行，免得漏掉任何證據。況且，裝在冰箱裡比較好運送。

夜警艾迪通知我：「然後在第二個冰箱裡，我們有……」他移動腳步，讓我看到第二個冰箱。這個冰箱半開，一條手臂懸在側邊。那麼就有三條手臂了。我拍照，拍下這兩個迷你棺材四周沼澤地的方位基點，然後再聚焦於手提冰箱及其內容物。我戴上手套，把第二個冰箱蓋子完全掀開，確認的確有一具以上屍體，兩名男子。我把手伸進去，把一條右腿抬到另一邊，一時忘了這條腿會有多重，然後重新調整我的握力。

「嘿，艾迪，可以助我一臂之力嗎？啊不用了，這裡就有一臂。」

苦笑聲四起。

我不是拿受害者開玩笑，純粹是自嘲耍冷，這是我降低焦慮、驅趕恐懼的方式。默不作聲地工作讓人非常不舒服。我不喜歡在耶誕節時想著人類的墮落，我當然也不願意去想這些可憐人的下場有多悽慘。但是我不得不想，這是我的工作。

我找著頭部或另一隻手，這樣警方才能辨識身分，啟動調查。我們一無所獲，只有加起來相當於兩個人的四肢和軀幹。連可以掛腳趾標籤的腳都沒有。

我讓奈森幫忙拍攝遺骸的特寫照片，不然我每拍一塊就要脫一次手套。他愛死這個任務了，這樣他跟女朋友謊稱他是調查員就有些可信度了。可憐的奈森就是無法控制自己，他已經被懲戒兩次，被停假和扣薪，但他還是無法克制假冒他人身分的衝動。他會吸食快克也是基於同樣的需求。奈森是愛作夢的毒蟲。我不喜歡他，大概是因為我其實很像他，雖然我不願承認。他懶惰但聰明，很糟糕的組合。最後他被開除了，到死前才戒毒戒酒。可憐的傢伙。

犯罪現場調查小組拍完照、撒粉蒐集完指紋後，一名巡警在冰箱上蓋了乾淨的防水布，我們才走出去，用無線電呼叫總部，請運屍車來把遺骸載回去。

「大家耶誕快樂！明年見。」

回到車上，儘管暖氣大開，我卻瑟瑟發抖。這個現場令人毛骨悚然，沒有大夥在一旁分散注意力，不好的想法就會悄悄潛入。**他們的手被砍斷時，還活著嗎？其中一個人有看到對方被支解嗎？**我叫自己不要想之前，腦海浮出切肉刀朝男子手腕劈下去，他痛苦尖叫的畫面。我感受到一絲恐懼，他朋友知道自己是下一個，必定也有此感。想到那種無助，只能任由別人擺布，我就渾身發抖。我必須保持超然，不要去想死者，只要專注在物證和事發經過上。所以我努力趕走那些影像，我唱起歌來，想想有趣的畫面，比如老修女坐旋轉木馬什麼的。

不要退縮。不要去想。不要去感受。

我們都還沒回到辦公室，無線電就又響起。

這次是小西西呼叫我，迪娜有多刻薄，她就有多甜美。「甜心寶貝，真的很抱歉，但又來了一個案子。三二轄區分局，凶殺案。犯罪現場小組說他們十分鐘之後到。」

我們在曼哈頓的業務大多來自上城，在哈林區和華盛頓高地附近。貧窮導致毒品氾濫，毒品又造成暴力頻傳。

又是一棟老舊的建築，又再一次爬上處處裂痕的合成地氈樓梯，又是在一戶破舊公寓裡的案件。我看到四樓狹窄走廊上站著一群警察，我找著當中發號施令的老大。

我不認識這位當班的隊長，所以上前自我介紹，詢問內部狀況。

「男性，二十幾歲，顯然是他殺。犯罪現場小組結束後妳再進去。」

好喔，所以他想要照規矩辦事。「當然，沒問題，只要他們別碰屍體就好。屍體是我的。」

協議規定，駐守在門口的警官負責防止現場被無關的人員汙染，每個人都必須被記錄在他的備忘錄中：EMS、警探、犯罪現場小組、緊急服務。多數長官認為法醫一開始就應該在現場，但此人並不這麼認為。又或許他在擺大男人的架子，表現出現在已經很少見的「女人站一邊去」的態度。早在這之前，我就已經贏得警探們的尊敬了。他們已經習慣我的微微古怪，以及對不尋常傷口的巨大興趣，他們知道我渴望學習以及和他們分享看法。我喜歡冒險，願意爬上屋頂，或是在陰暗的地鐵隧道中沿著第三軌步行，尋找散落的屍塊，這沒什麼壞處。我也知道警察的用語，以及融入他們世界的正確態度。這都要感謝我爸，在他當警察的那個年代，被逮到的兒童猥褻犯會不小心從樓梯上摔下來……兩次。如今時代不同了，但是憤世嫉俗和沉著自若仍存在。我喜歡這些措詞強硬、凡事懷疑的警察弟兄。他們勇敢、真實、善良，他們冷酷的眼神是留給罪犯和犯輕罪的小混混的。我甚至穿得像他們一樣（幾乎啦）。他們穿西裝打領帶，穿深褐色風衣，鞋子擦得很亮。我穿質料好的長褲套裝和黑色風衣，以示區別。只不過這位隊長似乎沒有注意到，他不買單。他把每個人都擋在現場外。

我靠在搖搖晃晃的木頭欄杆上和巡警們寒暄。距離吃晚餐已經好一陣子了，我又有點餓了。我還得等一陣子，所以我請奈森到附近店鋪去買咖啡和甜甜圈。這讓大家精神一振，除了迪桑提斯，因為他拿到最後一個甜甜圈。「他們根本就不該放這個口味在盒子裡啊？」他看著手上的原味甜甜圈說。「我的意思是，大家都要巧克力或糖霜口味，甚至連肉桂都好過原味，所以幹麻放原味的啦？去他媽的安特曼（Entenmann's）烘焙坊。」

我們嚼著甜甜圈，啜飲咖啡，閒聊，大約二十分鐘後，犯罪現場小組的艾爾探出頭來，望著走廊。

「喔，嘿，芭芭拉，我不知道妳在這裡，快進來吧。」他說，並且看了隊長一眼。我是一家人，他知道我在幹麻。沒必要讓我在外枯等。

艾爾從門口退到一旁，我看到一棵壯觀美麗的聖誕樹占據了小小客廳大部分的空間。閃亮的超大顆紅球和金球、銀箔裝飾帶、五彩繽紛的小燈泡，每一串都都以不同節奏閃爍。這棵人造樹對客廳來說太高了，所以頂部枝條和星星都歪斜四十五度。這是棵開心的樹，把樹立起來、讓樹成為焦點的人，應該也很開心吧。

眼睛適應閃光之後，我看到樹底下堆著的禮物，好幾個用金色鋁箔紙包好的大盒子，緞帶底端捲起。很明顯有顆用聖誕老公包裝紙包著的橄欖球。靠在這些禮物上面的是個年輕人，雙臂雙腿都被綁在身後，臉部下方被封箱膠帶纏住，褐色的眼珠凸出，黑色捲髮被汗水濡濕。死狀極慘，窒息而死。

吸引我目光的是禮物附卡：一塊大紙板貼在他胸口，用奇異筆寫著：「瑪麗亞，妳是下一個。」

艾爾和我花了幾分鐘討論細節，談論男子是怎麼被發現的、有沒有可能從封箱膠帶上採指紋、死亡時間判定，以及我如何在不破壞他被縛狀態下做到這一點，總之就是典型的案件處理對話。他是在樹下被殺害的嗎？還是之後才被移到此處？有可能是後者，因為他的身體一定會抽搐亂動彎曲，但聖誕樹看起來未受波折。突然，走廊傳來女性的尖叫聲，分散了我的注意力。

「怎麼回事？」我問一旁的警察。

「噢，那是瑪麗亞。」

車子在市中心行駛，我想著取證鑑識來分散自己的注意力。或許犯罪現場小組會在柯爾曼手提冰箱上或聖誕樹下年輕人嘴上的膠帶上採到幾枚指紋，或許可以逮捕一兩個人。但是我心知肚明，和幫派與毒品相關的謀殺案很少偵破，等到真的水落石出，犯罪者可能也已經死了，自食惡果。那是職業危害。

當天晚上還有兩個案子，都是自然死亡，就只是久病纏身的獨居老人在耶誕節孤獨死去。我也很孤獨。當天早上天氣清冷，街上除了我空無一人，沒有人可以跟我聊當晚所見所聞。紐約市的其他人都躲在開著暖氣的公寓裡，穿著法蘭絨睡衣打開禮物。至少在我看來是這樣。

我喜歡平安夜。平安夜這個大日子裡充滿期待，沒有一絲失望。平安夜也是我的生日，不過在成長過程中，那也不代表什麼，跟小耶穌同一天生日，妳永遠不可能是主角。

「媽，我可以辦生日派對嗎？」我每年都這樣懇求。

「不行，耶誕假期沒有人會來的。」一直到現在，我都不能辦生日派對，因為不管在一年的什麼時候，我都確定沒有人會來。

所以喜歡平安夜絕對不是因為那是我生日，而是因為救世主誕生的承諾，祂為我們帶來希望。每年耶誕節，我都等待世界的改變，雖然從來沒有發生，我仍然愛著那個可能。雖然我在這世上經歷過許多黑暗，希望的儀式仍縈繞我心。但那一年不同，那不只是吸收過量的邪惡。那陣子我和一位美麗、風趣的作家分手，因為她偏好跟男生在一起，讓我黯然神傷。卡洛琳善用飾品搭配穿著、會用筷子把頭髮盤成法式風格，這些應該都說明了她不是女同志。我們維持朋友關係，女同志（和半女同志）都會這樣，所以我同意在她出門度假時替她看著東村的公寓，幫她照顧領養的浪貓，這樣就不用跟灰塵滿布的木偶共處一室。

我往卡洛琳在市中心的住處走去，心情沉重鬱悶。做這份工作幾年後，我在情感上變得封閉，心裡堆積了超乎我可以處理的悲慘案件。顯然，超然與黑色幽默不見得有用。我希望有人可以傾訴。我幹麻自欺欺人？我根本就絕口不談工作，而如果你對生活中一半的事情都避而不談，很快地，你什麼也都不會說了。我覺得這份工作對感情不利，但這是我的工作。有天晚上，我回到卡洛琳的家，脫掉衣服，拉起床單蓋住頭。我只能告訴她，我想忘掉我看到的一切，脫離自己，但我無法解釋。我常常悶悶不樂，沉默寡言，和我在一起一點都不有趣。我期待別人用直覺就能同理我，但別人怎麼會知道我到底為什麼心煩呢？

那個耶誕節早晨，我想起了匿名戒酒會的口號「HALT」：不要讓妳自己太飢餓（hungry）、太氣憤（angry）、太孤單（lonely）、太疲累（tired）。我符合其中三項。對於孤單，我無能為力，至少當前如此；我需要減壓一下，再去睡個覺，所以我還得再忍受一下「疲累」；但我至少可以用美食犒賞自己。剛出爐的玉米馬芬就很完美了。十二街和第二大道交叉口有一家快閃麵包店，他們利用閒置的餐廳空間，混凝土地板，沒有裝潢。他們只要放麵包架、櫃檯、收銀機就好。他們賣的馬芬是紐約人願意排隊等候的，口感濕潤鬆軟、表面酥脆，恰到好處。店門半開，我走進去，見到一位年輕女子把金黃色的馬芬從烤箱拿出來，放到架上。那味道香得令人心炫神迷，空氣中瀰漫著奶油的味道。那是希望的味道。

「我們還沒營業。」

「噢，不好意思，」我說。「但是我看到馬芬出爐了，我也有零錢不用找，三美元，對嗎？我不用袋子。」

我露出最友善的微笑。

「不行，還沒開。」她忙著弄麵包架，根本沒抬頭看我。

「小姐，我剛度過最糟的一晚，現在飢寒交迫，我只想要吃個馬芬，然後上床睡覺。拜託，拜託讓我買一個馬芬就好，我願意多付錢。」

「我們還沒營業。妳必須離開。」

她從櫃檯後走出來趕我走。我感到憤怒的淚水從眼眶湧出，但我用力眨眼，止住眼淚。現在我連「氣憤」都蒐集到了。我退到門外，她對著我關上玻璃門。我看著她走開，神情洋洋得意，好像她贏了什麼。她只要再多一點點善意，就能為我扭轉乾坤，但她選擇不那麼做。

我吸著鼻子，穿過第二大道到一家韓式熟食店，買到難吃的安特曼牌馬芬，裝在藍色小紙袋裡，至少已經放一週了。我得將就吃食用甘油、藍莓乾和三仙膠。

我開門進入卡洛琳的公寓，擊退了撲向我腳踝的浪貓。我在她的碗裡裝滿食物，同時泡了一杯茶，然後坐在餐桌前，啃著我可悲的食物。貓咪蹲伏在沙發椅背上盯著我，然後瞬間跳起來，奪走馬芬。她跑進浴室、用牙齒扯著馬芬、用貓爪輕拍，把我的早餐拋在浴室地板上，和一地的貓砂為伍。

在前一夜，我看見男子被殘忍支解並棄如敝屣、無助年輕人慢慢窒息、女子因即將被謀殺而恐懼尖叫、被遺忘的老人孤獨死去無人聞問，但只有在此時此刻，我才哭了起來。

Chapter 13／他殺：死在別人手裡

我走進辦公室時，蘭迪正滔滔不絕講著他最新的奇案。我因為工時太長而筋疲力竭，渾身不舒服。《紐約郵報》年度文章〈十大加班工作者！〉對市政府員工的加班費進行排比，連續兩年，我排名第三。至少酗工作比酗酒好，錢比較多。

蘭迪停下來，雙手插腰，等著我注意他，才繼續說下去。

「所以，這兩個人在公寓大樓的院子裡，不曉得在幹什麼，突然……砰！」同時蘭迪雙手對著桌面一拍，加強效果，讓那群跟著我們見習六週的醫學生更樂在其中。他繼續說：「一頂帶血的假髮從天而降，就掉在距離他們桌子不到一點五公尺的地方。年輕的那一個，非常可愛，此時忙著擦掉血跡，免得在他的喬丹球鞋上留下血漬，所以他朋友站起來查看。寶貝，那可真是一團糟，掉下來的不是假髮，而是個人頭。」

蘭迪現在是火力全開的表演模式，對於學生的反應相當滿意。「年長的男子聽到有人尖叫，抬頭看到窗戶邊有個傢伙，他的手臂往後彎，好像準備要丟出橄欖球，只不過那不是橄欖球……看起來像顆黃色網球。那傢伙把球朝地上丟，直撲他而來。他閃過身，聽到落地的啪噠聲。因為那不是網球……」蘭迪又停頓一下。「而是一顆鸚鵡頭！」

其中一個吃著炒麵的學生抬起頭來。「太可怕了。哪種瘋子會對小鳥做這種事啊？」

蘭迪對他揚起一邊眉毛，然後轉向其他人。他討厭被打斷。新來的喬伊很賞光地笑著，而雷文一臉懷疑。他覺得蘭迪過度誇張。不是只有他這樣覺得。

「原來啊，在四樓的那個人，三十四歲了，還跟媽媽一起住。媽媽的鸚鵡快把他搞瘋了，吵整天，聒噪又喋喋不休，他開始覺得鸚鵡在說他壞話。他突然失控，把鸚鵡從籠子裡抓出來，丟到廚房流理臺上，拿菜刀把牠砍頭。」

「唉喲，我的老天，這些人是怎麼回事。」鮑柏悲傷地搖著頭。

蘭迪清了清喉嚨。「如我剛剛所說……他宰了鸚鵡後，他媽媽發狂了，開始大叫：『殺人凶手，殺人凶手！』她一直叫個不停。於是他又拿起菜刀，割斷媽媽的喉嚨。然後他坐在地板上，取下她的人頭，接下來，咻……丟出窗外。」

新來的喬伊搖著頭。「你覺得他為什麼會那樣做？」

「我怎麼會知道？但是你知道他把鸚鵡頭丟出去的時候說了什麼嗎？」又是個戲劇化的停頓。「『老媽，接著，別忘了妳那該死的鳥！』」

這是個聳動的故事，該有的成分都有：駭人聽聞的死亡、滑稽的轉折、言簡意賅的對話。但我卻笑不出來。這一切開始讓我難受，尤其是殺人案。

「死於他人之手」，這是法醫學的定義，有別於地方檢察官所用的謀殺、重罪謀殺、過失殺人等等法律分類。殺人不見得是謀殺。士兵會殺人，那是他們工作的一部分。執法部門可能也會殺危害其他人的人。普通的公民可能會因自我防衛而奪走他人性命。這些都有正當理由和目的，但加起來也很沉重。每一次值班，至少都有一人被另一人殺死，而我必須目睹。這一切都在意料之中，刷牙，買咖啡和馬芬，看到某人被殺，看報紙，去槍殺案件現場。這漸漸成為常態，我開始認定我身邊的人不是要去殺人就是要被殺。我被邪惡包圍了，危險無所不在，我可以證明。

我告訴自己我應付得來，這是「洪水猛獸」療法。我看得越多，這些情境越不會讓我心情起伏，我的身心就會更強大。我在打造免疫力。但其實不然。事實是，我只是讓自己關機。我朋友在電視新聞上看到我的時候就是這麼想的，我在凶案現場喝咖啡、吃奶油捲。兩名男子被銬在吉普車的方向盤上，然後被縱火。案發現場在美麗的亨利哈德遜公園大道（Henry Hudson Parkway）上，靠近迪克曼街（Dyckman Street）一帶，熊熊火焰把全新豐田越野車燒到只剩冒煙的金屬框後，還把那裡的小山丘燒成一片焦土。我把燒成黑炭的屍體放在黃色大防水布上，新聞直升機從上方拍攝時，這畫面是視覺上的強烈對比。那天早上很忙碌，我接到呼叫就出勤，根本沒時間吃東西。所以我才會被拍到吃早餐的畫面，因為我當時在等待犯罪現場小組完成工作。

「有什麼問題嗎？」我問我那些愛批評的朋友。「你們不會在辦公桌前吃東西嗎？」對我來說，謀殺就像在辦公室度過的一天。

在蘭迪的故事劇場前幾天，我被呼叫到華盛頓高地公寓的一個恐怖現場，一個年輕的多明尼加家庭被殺害。這一家的媽媽、爸爸、十歲的兒子在他們以為安全的自家住宅裡被射殺。三歲兒子逃過一劫，因為他躲在客廳的窗簾後。他小小的腳印踩過父母的血泊，警方發現他躲在厚重的金色錦緞後頭渾身發抖，沉默不語。他小小的血腳印……讓我震驚到無法採取冷靜超然模式。我的硬殼出現裂痕，我很害怕。其他人似乎不受影響或驚愕，而那讓我感覺更孤單。但只要還和員警與警探一起待在客廳，我就還能把持住。

專心在工作上，一次一個受害者。

犯罪現場小組的艾爾正在規劃作業流程，同時有三位受害者要處理，會有點擁擠。

「嘿，芭芭拉，我拍父母照片的時候，妳要不要先拍臥房的小孩？」

「好的，艾爾，沒問題。然後我們再交換。」我獨自進入臥房。一名小男孩臉朝下倒在地板上，額頭上有槍傷，他有一頭柔軟的棕色捲髮，棕褐色的臉頰上有細毛，肩上背著一個星際大戰的背包。一股強烈的焦慮感席捲我全身，做出這般凶殘行徑的人還逍遙法外，有可能正在追殺這家十七歲的兒子，他是凶嫌的員工。毒販很無情，他們無所不在。

我無法開始工作。

我回到客廳。「嘿，我可以請一位警官進來這裡嗎？」盧索警官抬起頭。「你知道的，以防萬一。」他一臉困惑，好像寫著「萬一怎樣？」，但仍跟著我回到臥房，看著我工作。有觀眾，我就可以表演，裝出專業，裝出能幹，裝出冷靜。因為不安而微微蹙眉，因為思考而眉頭深鎖，對有證明價值的證據輕輕點頭。裝出不害怕的樣子。裝出不恐懼的神情。做好份內工作。

我的工作。打從第一天起我就愛上這份工作，我因而有機會成長成更好的人。我必須扮演好這個角色，在司法體系中的一個重要角色。我幫助他人，我每天都要測試自己，總是接受新事物的挑戰，一直在學習。在職業生涯早期，我參加過法醫精神科醫師關於連環殺手的講座，我問了那個我問過很多同事的問題：「你怎麼應對？目睹這些恐怖事件後，你如何過自己的日子？」

「拉上窗簾，」他說。「想像一大片厚重的窗簾，把窗簾緊緊拉上，隔開你的工作和私人生活。」我從來就不善於把自己和工作分開。工作占我身分認同很大一部分。**布徹，徽章編號一一一**。

有一天，這種事發生在離家太近的地方。

當時我和一位可愛的女演員住在東村，她在東四街的 WOW 咖啡館劇場演一齣戲，劇場離我們東五街的公寓只隔一個街區。《女同志澡堂》是一齣關於男性對女性遐想的諷刺劇，我覺得滑稽至極。穿著緊身短褲、戴著安全帽的女修繕工在一九五〇年代復古電視機下的地板上挑逗地移動身體，而穿著睡袍的家庭主婦在一旁觀看，被欲望征服。戴著棒球帽的送披薩女孩問一名女子說：「妳餓了嗎？因為妳看起來很飢渴。」同時靠著門口，把玩著襯衫鈕釦。客戶把她手上的披薩打掉，然後她們接吻，一起跌坐在地板上。每一場演出我都去看，甚至在其中一位演員生病時代班上陣。我在開演前兩小時學習那個角色，我一邊沖澡，導演坐在馬桶上跟我對臺詞。我祈禱在臺上演出時不會接到案件呼叫。

當晚我上場演出，一切都很美好。有機會不當自己，即使只有短短時間，還是令人興奮。我喜歡和大夥一起，也玩得很盡興，每場演出之後和一群才華洋溢又有趣的人出遊。我們坐在街角義大利麵餐館的長桌旁，當下身分就只是紐約市的演員。這對我來說是很棒的出口，在日復一日的死亡、絕望與毀滅中，享有一點點喜悅。

每場演出都會參加的還有曼尼，他是大樓管理員，是個年輕小伙子，可愛又勤奮，在正職之餘兼這份差事來養活兩個小孩。曼尼用一部搖搖欲墜的電梯把觀眾送到四樓，他經常修電梯，有時候如果場面太混亂，他會充當保全。我們的劇院屬於外外百老匯[19]，也就是說，每個人都身兼數職，除了演戲還得搭設布景、修補服裝、打掃舞臺。我們是一個大家庭，只是功能不健全的情況比真正的家庭少。大家都依賴曼尼，大家都喜歡他。

在我第一場演出後，他對我豎起大拇指。「妳表現得很好，芭芭拉，真的很好。」我沐浴在觀眾的掌聲中，那真的是好上加好。曼尼工作勤奮，是城市裡眾多拚命謀生的人。他是個愛家好男人，他給我看過兒子小一的照片，笑容和他一樣，露出有縫的門牙。他兒子很聰明，將來一定會念大學。曼尼是這樣跟我說的。

我當時在曼哈頓的值班時間是早上八點到下午四點，一直祈禱演出日值班快結束時不要突然冒個案子出來，我需要時間轉換一下。這點我還算幸運，不過還是遇到了。

「拜託，夏琳，妳就不能多等個五分鐘嗎？假裝妳筆掉了還是收訊不好什麼的？」當時是下午三點二十五分，我值班時間截止的時間是三點半。**該死！**

夏琳只是咯咯笑著。「很抱歉，親愛的，第九分局有凶殺案。我幫妳叫司機。」

至少這個案子在東村，或許處理完後我可以直接回家。我走到前面去見威爾斯先生，他遞給我案件單，上面有地址：東四街五十九至六十一號，位於第二和第三大道之

19 Off-Off-Broadway，指美國紐約市一些規模比百老匯及外百老匯劇院更小的劇院，座位通常不到一百個。

間。那是WOW咖啡館劇院的地址，但是在五樓，在表演空間的樓上。我以為那層樓是空的，跟多數大樓一樣。我們停在那熟悉的街道上，進入大樓，發現電梯故障。**可惡，我希望曼尼在表演前可以修好**。白天一個人待在大廳裡感覺很詭異，而且我穿著工作的衣服，我一貫的西服褲裝和平底鞋，感覺有點怪。在夜裡劇場的我穿的是皮褲和黑色高領毛衣。我有點搞不清楚方向，亂了調，好像我來對了表演，但是演出錯誤的角色。我爬上樓梯，用這段時間進入正確的設定：調查員芭芭拉。

我到達五樓，見到兩名警官和一名警探在昏暗的頂樓空間等待，除了周圍散落一些木材與工具外，那裡空蕩蕩的。午後陽光穿過後窗，反射後院鬱鬱蔥蔥的樹木，呈現涼爽的綠色。那景象很美，空氣聞起來有木屑的香氣。臉朝下倒臥在一疊二乘四角材的是個死人，雙腿分開，腳趾朝內，就像小孩子睡覺的樣子。

「嗨，路，事發經過？」

「新的房客翻修房子，一五〇〇進來，發現大樓管理員倒地身亡，打九一一報案，EMS一五〇七宣告死亡。他們鐵定是在樓下待命，對吧？不管怎樣，至少兩處槍傷，顯然是他殺。身分暫時確認為曼尼——」

我聽到「大樓管理員」時已無法動彈。腦袋裡哐啷一聲，眼前一面漆黑。我從陰暗的隧道裡凝視著他的屍體，等著自己的呼吸平緩下來。耳邊的轟鳴聲平息下來，我打開出勤包，激動地把門甩上。我變得麻木。我毫無感覺。

「路，我認識他。」

「誰？死者嗎？」

「對。我朋友在樓下劇場表演，他會來幫忙。」

「是喔？那只是他的副業之一。我們認識他。毒品小販，大麻和藥丸。」

「你確定是同一個人？曼尼滿可靠的，似乎是個好公民。」

「我確定，就是他。嚴格說來是這一帶的經銷商，就這麼簡單。說不定他不幹了，惹惱了上面。他們不給人第二次機會，這點妳是知道的。」

又是因為生意而殺人。以前，多數凶手和受害者彼此認識，有某種私人恩怨。人會行兇是因為受傷或憤怒、貪婪或瘋狂。他們有關聯，案子較容易偵破。自從毒品在這座城市氾濫後，殺人就成了一種商業策略，而且犯罪率急劇上升。變成職業行為，是互不相識的人之間的交易。無關個人，在商言商。

我抓住一邊肩膀和臀部把他的身體轉過來，此時，有人在我腦中大喊：這是曼尼。這關乎個人，關乎我，凶手入侵我的空間，我逃避現實的幸福小空間。他們汙染了這裡，毀了這裡。我感覺到滾燙氣憤的淚水在雙眼裡燒著，但我很快眨掉淚水。我努力不去感受，快速有效率地檢查曼尼。我毫無感覺。我完成工作。

我很少因為殺人案而情緒激動，我太超然了。當然，除非我有參照標準，有自身經驗讓我可以和案件連結、產生認同。因為我的恐懼（為數眾多），我通常無法將自己放在謀殺受害者的位置。在我做這份工作前，我對於暴力死亡的唯一認識就是擔任警察的父親帶回家的幻燈片，那張三十五釐米的彩色幻燈片上是被刺殺的女子。不知怎的，那和我們的家庭幻燈片混在一起，小時候我們一遍又一遍看著，死去的女子倒在地板上，她白色腰帶的一側有個血掌印。我還記得當時心想，那是個線索。

那個感覺前所未有，我往心裡去了。我再也見不到曼尼側身微笑，見不到他在觀眾席最後對我招手。曼尼已經變成「案件」。他不是人父、人夫或同事了，只是個案件。經驗告訴我，追查殺害他的凶手不會是分局的首要之務。他入錯行，風險自負。劇場的朋友聽聞此事時，我該怎麼說？**喔是啊，我負責那個案子**。非常遺憾。我無法告訴他們我內心的憤怒，我無法跟任何人說任何事，因為我不知道怎麼說。我只知道，憤怒比悲傷容易。

如果有人問起：「今天工作如何？」我可能有下列的回答：

「嗯，今天早上我去鐵路園區裡一個被燒毀的簡陋小屋，那是一名男子的棲身之地。起火時他躲在折疊床下，葬身火窟。看起來是人為縱火。」

「喔，今天我的死者顯然很頑強。他被綁起來，丟進裝滿水的浴缸裡，口鼻都被封箱膠帶貼起來，然後被勒死。殺害他的人還丟了一隻吹風機進浴缸（吹風機插著電而且打開），試圖電死他。喔，還有一臺收音機。」

沒有必要描述浴缸旁浴室牆面上的黑色踢痕，那告訴我死者曾掙扎與受苦好長一段時間。也沒有必要談論在賓館與窄巷裡隨意被殺害的妓女。沒有必要多說那兩具在第一百二十一街衣櫃裡假牆後發現的屍體，只剩掛著衣服與頭髮的白骨。

我不會談論這些案件，全都不會。在我的私人生活中，沒有人知道我目睹了什麼。我們只有在案件出現在報紙上時，才會談論我的工作，而這個情況很少。除非是有錢白人在優質社區被殺害，那才會有媒體大肆報導，例如「卡內基熟食店大屠殺」。

卡內基熟食店（Carnegie Deli）是紐約劇場區的地標，大家看完表演後會去吃鹹牛肉、煙燻牛肉、酸黃瓜和牛肉薯泥餅。炫目的紅黃燈箱招牌，就在大馬路旁，一排遊客呆呆盯著價目表，坐在裡面的饕客拿著餡料滿滿的三明治大快朵頤，巨無霸三明治讓下巴都要脫臼了。這家餐廳秉持的宗旨是「如果你吃得完，那就是我們的不對了」。

熟食店的樓上是無電梯公寓，住在五樓的是前演員珍妮佛．史托（Jennifer Stahl），她經營大麻經銷事業，生意興隆。珍妮佛當演員時，都只拿到一些小角色（在《熱舞十七》裡軋一角是她演藝生涯的巔峰），後來自己創業以支付開銷，並支持她的歌曲創作夢想。她賣的大麻可不是那種會混香草進去的一袋五分錢便宜貨，而是高品質的貨，一次大量賣給音樂圈的友人。她的顧客喜歡她好客的作風，他們會喝著紅酒，看著貼在牆上的手寫價目表悠哉選購。珍妮佛是個聰明的年輕女性，努力在紐約市討生活，想成為這一行的佼佼者。

二〇〇一年五月的一個晚上，兩名珍妮佛認識的男子上樓要搶劫她，此事易如反掌，因為她沒有保全。接下來就出事了，我接到呼叫。她的兩名顧客被救護車送走，留下滿地血泊，還有三位沒那麼幸運的朋友。

走進室內才幾步，我就看到地板上長條不規則的方形血跡。血跡的一頭是兩名跪著的男子，臉埋在濃稠的血泊裡，手腳都被膠帶綑綁在身後。他們旁邊有兩塊斑斑血跡，是他們朋友頭部中彈的地方，但因為他們還有脈搏，所以被EMS拉走了。他們全部跪在那裡時，應該都聽到第一聲槍響，那發子彈把珍妮佛炸成她家錄音室角落一團亂七八糟的東西。然後就是集體處決，四個人被綁著且無助，殺手一個一個對著他們的頭開槍，喀嚓，砰！歸零。我想著那是什麼感受：聽到槍聲，看到朋友被爆頭，知道自己是下一個。我叫自己不要再想。我有個想法，最邊邊那位整齊體面的年輕人卡其褲前方有一塊濕濕的痕跡，最後一個被槍決的是他。

我走進去時，聞到五樣東西的氣味：濃郁的紅酒、血液的鐵銹味、新鮮尿液、大麻青綠的嗆鼻味，還有恐懼。進門後右手邊有個高腳杯，放在暖氣裝置遮罩上，杯裡斟滿了石榴色的液體，散發出的黴味彷彿正面給我一拳。我當時非常想來一杯孔雀酒莊紅酒，這念頭嚇到我自己。尚未吸食的大麻散發的青菜味無處不在，為葡萄酒增添了令人愉悅的底韻。貫穿層層氣味的是持續不斷的恐懼氣味，那是你在口腔前方可以嚐到的銅或鋅的複雜混合味道，並與過熟切片洋蔥的十足臭味混合在一起。我一點都不喜歡這些味道，太有人味了。

這五種氣味在我腦中交織在一起，那是無意義死亡的悲劇氣味。經驗告訴我，等我接觸到新鮮空氣，尿味就會消失，大麻的臭味也很快會散掉。對葡萄酒的記憶會逐漸消失，這我知道。至於血的氣味，我太習以為常，根本沒放心上了。但是恐懼的氣味啊，會跟著我很長很長一段時間。

好好過日子對我來說越來越難。友誼、家庭、感情。我在工作上需要的超然滲透到我生活中的其他層面。我對伴侶和朋友似乎漠不關心，當我每天八小時都目睹悲劇時，要對他們日常的困擾表現出同情心實在不容易。我全部的惻隱之心都給了死者家屬。這讓我有目標，有早上起床的理由，即使這個理由把我折磨得不成人形。我們部門裡的年輕法醫調查員需要建議與鼓勵，這對我也有幫助。我喜歡當個年長睿智的同事（好吧，至少年長這部分符合），我想年輕人也知道這點。我猜，正因如此，新來的潘遇到棘手的問題時，前來徵詢我的意見。

「芭芭拉，我有幾位訪客在家屬觀看室，他們想知道如果人還活著，我們可不可以進行調查。我告訴他們不行，我們只對死者進行調查。」

嚴格說來，她說的沒錯，但是我很好奇。「怎麼回事？」

「是那家人的女兒。她目前昏迷中，我不太確定情況是怎樣。」

「走吧，我們去跟他們談談。」

我向那對心煩意亂的中年夫妻自我介紹，坐下來聽他們說。來自佛蒙特州的格羅甫（Grove）夫婦一週前趕到紐約市，因為他們接獲通知，說他們三十八歲的女兒莉亞陷入昏迷。這對疼愛女兒的父母每天都到貝爾維尤醫院去，在她的病榻前守候，然後走過我們的辦公室，回到飯店。當他們見到「首席法醫」的牌子時，他們心想或許有人可以檢查導致她瀕臨死亡的情況。

莉亞有輕微憂鬱症，不是很確定該不該繼續電腦銷售經理這種高壓的工作。她的人生想追求更多，但也沒有頭緒。朋友介紹她東四十六街的「奇蹟製造者」：精神科醫師詹姆士．瓦特（James Watt），他可以清除她體內所有毒素和重金屬，讓她自由自在，頭腦清醒。他還能進行靜脈輸液治療，停止老化過程。對於比較棘手的病例，他會引導客戶經歷「重生體驗」。他會用二氧化碳和一氧化二氮使病人失去知覺，當病人劇烈扭動、喘氣、掙扎、抽搐時，他把面罩緊緊蓋在他們臉上。然後他會慢慢把病人帶回光明裡，所有的顧忌與問題就留在子宮內。這個療程每週進行兩次，直到病人好轉或錢花光為止。

莉亞做過幾次療程，有些持續三小時。有一次治療時，她變得非常激動，打了瓦特醫師。醫師叫她下回必須帶朋友來壓住她，所以她最後幾次療程時，她的男友同行，並騎坐在她腿上，壓制住她的雙手。瓦特醫師給她百分之六十的二氧化碳（一般室內空氣的二氧化碳濃度不到百分之一），導致她猛烈抽搐和掙扎，然後就不動了。醫師指示男友檢查她的血壓。零。他說：「再檢查一次。」瓦特醫師不知道怎麼進行CPR（顯然也不知道怎麼打九一一），拿不定主意地瞎忙一通，打電話叫救護車的還是男友。莉亞在被送往醫院途中心臟驟停，EMS進行搶救，把她從鬼門關拉回來。她因為缺氧造成腦損傷，此後一直處於昏迷狀態。

我請格羅甫夫婦等幾分鐘，我去跟主任報告。我們的管轄權只限於死者，我不想搞錯任何法律行動或是待定的警方調查。我告訴赫許醫師事情的來龍去脈，他毫不猶豫地說：「去幫他們，管轄權的部分交給我。請求原諒總是比請求批准容易。」

到了貝爾維尤醫院，我看到一位蒼白、美麗的年輕女性被機器包圍，身上插滿了管子。她看起來很空洞，我知道她只剩下一副軀殼。醫生說她只有極小的下腦幹功能，處於植物人狀態。她是一具有心跳的身體，僅此而已。

赫許醫師和我們的律師談話，在她的指示下，我打電話到地區檢察官的辦公室。我陳述該事件，然後他們指派了兩名助理地區檢察官給我，分別是蓋爾・希瑟利（Gail Heatherly）和安妮・施瓦茨（Anne Schwartz）。他們和我一樣憤怒，對瓦特的辦公室發出搜索令。我打電話給瓦特醫師，禮貌問他是否可以提供任何能協助莉亞的資訊，比方說告知事發經過、過程中用了什麼藥物或氣體。他表示，「有鑑於情況的嚴重性」，他最好有律師在場。「沒關係，」我說。「你和你的律師能一起來辦公室跟我們談嗎？」我甚至說可以派車去接他，但他拒絕了。莉亞幾天後過世了。

隔天，助理地區檢察官希瑟利、法醫吉姆・吉爾（Jim Gill）、六位警探和我突襲瓦特的辦公室，位於一棟豪華大樓裡的單臥室公寓。白髮的瓦特醫師站在走廊上，對他的隱私被侵犯而大發雷霆。廚房是他的實驗室，流理臺上散放著血液和尿液樣本。客廳是治療區，有六張皮革躺椅，每張椅子旁都有點滴架。臥室有一張單人床和一張椅子，床頭擺了一臺簡陋劣質的機器，很像是熱衷某專題的青少年東拼西湊的東西。塑膠盒的一側露出亂糟糟纏在一起的靜脈輸液管，集攏到白色波紋軟管內，軟管又連到一個黑色橡膠面罩。沒有標示的壓力表用膠布固定在盒子的另一側，閥門從此處伸出，每個閥門和刻度盤都連到工業用橡膠軟管，這些軟管在地板上扭成一堆。每一樣東西都又髒又舊，好像他是從垃圾場撿來這些零件，打造出神奇的重生機器。我順著軟管找到一個衣櫃，打開後發現裡頭有六個大型的金屬儲氣罐，每個儲氣罐都貼著一家焊接用品公司的名稱。他的瘋狂科學家儀器是工業用品。

我檢查了旁邊四散的一些藥物，那些在緊急情況下會用到的東西。鉀和腎上腺素都在五年前就過期了。一臺小推車上有個抽吸器，裡面充滿了骯髒的灰水。沒有處理心臟驟停的急救車。沒有處理過敏反應的緊急藥物盒。沒有乾淨的氧氣供應。

我們查出一些詹姆士．瓦特醫師的背景，他在一九七二年被控違法職業行為準則，在加州被吊銷醫療執照。他在另一州也被指控對病人非法使用迷幻藥。然而，他擁有有效的紐約州醫療執照，因為每個州都有自己的醫療委員會，使得這些江湖郎中即使被逮到傷害、甚至害死病患時，可以換個地方就重操舊業。

解剖後，莉亞的死因確定為「因施用二氧化碳和一氧化二氮而導致缺氧性腦病變之併發症」。死法是他殺。在「傷害如何發生」一欄中，吉爾醫師寫下：「極度醫療疏失。」

瓦特最終因為過失殺人被起訴。他接受認罪協商，他會失去紐約州醫療執照，但不會服刑。有錢加受過教育乘以白人等於殺人不用受罰。

醫師誓言的第一句：「最重要的是，不傷害病人。」多麼諷刺。

Chapter 14／自殺：謀殺自己

我的匿名戒酒會互助對象告訴我，如果你意圖關掉某些情緒，所有情緒都會跟著關閉。如果你常壓抑悲傷，很快就會發現很難感受到一天當中微小的快樂。感受不是全開就是全關，你不能只撿你要的。我想正因如此，我對於九年份死亡事件的反應是疏離、麻木和憤怒。「憤怒是間接的情緒，」我的互助對象說。「保護妳不受更無力脆弱的感覺影響，比方說妳想避免的哀痛和悲傷。」是啦，我對她的說法沒意見。

我喜歡憤怒帶來的活力，而且我不吃脆弱那一套。當然，我希望避免哀痛和悲傷，雖然我有想過這本來就應該寫在職務概述裡：「此份工作理想的候用者應有能力見識各種恐怖且能安然無恙在這世上活動。」即使如此，遇到自殺案件時，我覺得要關閉情緒比較困難。當我被呼叫去調查自殺死亡案件時，無法避免地出現其他的情緒。我深深感受到那些悲劇，可以感覺當中的絕望、遭到遺棄與失落的椎心之痛。這是生存等級的痛苦，而且正在吞噬我。

赫許醫師了解我的感受。「芭芭拉，這是謀殺，謀殺自己，相當悲慘。想像一下，承受多麼巨大的痛苦，必須結束自己的生命、毀掉自己的小世界，才能擺脫那樣的傷痛。或者一直聽到叫你自我了斷的聲音，那也很可怕。憂鬱症是凶手。」我知道他說得對，因為我是過來人，包括酗酒到死的慢性自殺。看到這麼多人自殺，我很生氣。為什麼沒有人介入，讓他們接受治療或服藥？

我能認同這些人，覺得好像認識他們。有些人但願我真能認識，像是從二十五層樓高的辦公室往下跳到華爾街附近歷史悠久的三一教堂墓園的男子。他是在諷刺什麼嗎？我想是的，為此還蠻欣賞他。這名二十八歲的男子撞到三百年歷史的墳墓，年久失修的褐色砂石墓碑因而裂開，撞擊力道讓覆蓋在刻字上的翠綠青苔剝落，露出「生命」一字。他這一跳，粉身碎骨，為這個隱藏在華爾街與百老匯當中的美麗小教堂墓地帶來了騷動與混亂。這裡原本是繁忙金融區內的一方寧靜天地，但這天則不然，一大群股票經紀人、祕書和遊客聚集在古老的黑鐵柵欄外，想看這位年輕人的遺體。兩名初階主管在拍照，他們還先跑到對街的紀念品店去買便宜的拋棄式相機，那是大家還沒有手機的年代。他們集結在柵欄外，等我掀開布，露出那名絕望之人的遺骸。

我開始掀開罩著遺體的布，聽到群眾竊竊私語，期待著。我停下來，請警方舉高一大塊布，遮住這名支離破碎的可憐人。就算死了，他也值得被尊重，不管他人生遭遇到什麼讓他有此絕望之舉。旁觀者似乎不這麼想，他們發出噓聲，不高興眼前奇觀被擋住。他們此起彼落的噓聲迴盪在高樓大廈圍繞著的峽谷內。

噓！噓！

嘿，得了吧！我們要看！

噓！有什麼好隱藏的？

這些人是怎麼回事？這些普通人，男男女女，勞工階級，會買地鐵代幣和樂透彩券，會買紙杯裝咖啡，跟我們沒有不同。他們為什麼會有這樣的行為？我護送死者遺體到外頭等候的緊急事故車輛上時，火冒三丈，怒視人群。我把布蓋在擔架上塞好，捍衛他最後一刻的尊嚴。他有可能是我的朋友、我的兄弟、我的同事。他一定也是某人的朋友、兄弟、同事，會有人懷念他。是什麼事情讓他淪落至此？我心煩意亂。這些完全正常的人，怎麼會對一個處於痛苦中的年輕人這麼麻木不仁呢？

我的憤怒與日俱增，悲傷也是。儘管如此，我試著往好處想這些旁觀者。他們可能對有人想自殺的想法感到不安，於是把這起事件視為奇景，以盡量減少不適。又或者，不要有同理心是我們的本能，以保護人類這個物種免於滅絕。這或許能解釋為何自殺在世界很多地方都是非法的（儘管懲罰並無實際意義）。天主教會一直到一九八三年才允許自殺的人埋葬在教會墓地裡。（我外公就因此孤零零葬在聖艾格妮斯公墓的大門外。我媽十二歲時，他上吊自殺，因為他妻子跟別的男人跑了，他沮喪消沉。）今日，英文裡用來指稱自殺的說法已有改變，要把這個行為去汙名化。我們現在會說「自殺身亡」（died by suicide）而非「犯下自殺之罪」（committed suicide）。用「自殺企圖」（suicide attempt）來取代「自殺未遂」（unsuccessful suicide），後者真是很糟的詞彙，好像在責備受害者無能，連自殺都不成功。我還是會聽到大家用各種自我防備的說法，這些說法的目的在於減弱任何情緒的衝擊，對此事無動於衷：

> 她不快樂。她現在解脫了。
>
> 他應付不了這些，所以讓他走吧。
>
> 這是個人選擇。每個人都有權利以想要的方式離世。

我努力要了解這種漫不經心的態度，正如我努力理解為什麼這麼多人輕生。通盤理解或許有助於我保護自己，知識讓人免於恐懼。至少我是這麼盼望。

赫許醫師有一次問我，願不願意接受正在研究自殺現場的流行病學博士候選人訪問。博士生想知道我對於紐約州的自殺率是全國最低有什麼看法。

「希臘小餐館。」

「啊？什麼？」

「紐約有一大堆二十四小時營業的小餐館。在紐約市內、在長島，都有很多。所以如果你大半夜醒來，又焦慮又寂寞，你可以到巷口餐館去喝杯咖啡，坐在人群中一會兒。即使沒有客人，也有櫃檯工作人員可以聊個幾分鐘，讓自己頭腦清醒。你可以在那裡吃飯，便宜、吵雜，你可以跟人打招呼。你不是一個人吃飯。」

博士候選人說，紐約嚴格的槍枝法令有可能和自殺率最低較有關係，但我注意到他寫下我所說的小餐館的內容。我知道熬過艱困的一天後，這些餐館能讓我心情穩定下來。

我找自殺流行病學和方法的文章來讀，一直想知道有人如何及為何選擇這個最後手段。自從加入首席法醫辦公室以來，我見過數十起自殺事件，開始注意到大致分為兩類：憤怒和悲傷。憤怒的自殺要死得昭告天下，猛烈、喧鬧、血腥，發出一聲巨響，而不是低聲嗚咽。我認為他們的衝動是要釋放他們一直壓抑的痛苦，發出最後一聲吶喊。旁人非得注意到不可，且要為漠不關心而受罰。悲傷的自殺比較安靜、比較不張揚。婚姻走到盡頭，在自家床上服用過量藥物；經年累月的孤單後，在車庫裡吸入一氧化碳；親人過世後，割腕自殺。

雖然這些只是我的觀察，卻是幫我理解每日所見所聞的方法，就像那個茱莉亞音樂學院的學生，她是年輕的亞裔女子，從雀兒喜大樓的十六樓屋頂跳下去。她的遺書寫著：「最親愛最敬愛的爸爸媽媽，我很抱歉我沒選上大提琴首席。我讓你們失望了，我很抱歉。祝你們有個美好的一天！」消極抗拒的語氣掩蓋了深深的憤怒。她因為父母逼迫她成功而憤怒嗎？還是對她自己的「失敗」而憤怒呢？

上東區有一起類似案件，一位男同志住在一棟高樓大廈裡的舒適單臥室公寓。四十歲的他和媽媽很親，媽媽人很好，是俄亥俄州人，之前幫他打點公寓裝潢，帶來裝在銀框裡的家人合照為他的摩登品味增添暖意。她週末常常過來，陪兒子去看戲、上館子、買衣服。母子關係緊密，每天都會通電話。這個週末兒子請媽媽過來，因為他在等週一的愛滋病毒檢測結果，需要媽媽的支持。媽媽很擔心兒子，但至少確保他能享受幾天美好時光。

週六深夜，大概凌晨兩點，他們坐在兒子床上閒聊、喝酒、大笑，此時他說要去一下洗手間。將近十分鐘過去了，他還沒回來。媽媽走到客廳，感覺有股冷風。客廳窗戶大開。媽媽尋遍公寓，都沒看到兒子。然後她看到窗邊的音響喇叭上有封信，是寫給她的。信裡，兒子叫她不要再多管閒事，不要來煩他，不要和任何人討論他的愛滋病毒檢測或死亡。用字遣詞的口氣很差，語帶威脅，很不像話。我看了這封遺言兩次，還是一頭霧水。他連測試結果都還不知道呀，為什麼要結束自己的生命？這封信很可怕，我無法理解為什麼他會這樣寫信給媽媽，這不是孝順的兒子對慈母說話的方式，這個舉動與這封信的背後肯定還有其他原因，只有他自己才知道的憤懣。

可憐的母親，我到達現場時，她還處於震驚狀態，話都說不出來。

「史蒂芬是不是病了，妳知道嗎？他是不是有憂鬱症或其他疾病？」我問。

「啊？什麼病？」

「什麼都可以。妳知道的任何原因都可以，或許有助於解釋今晚發生的事。」

「今晚？今晚我們很開心啊。我們在高級海鮮餐廳吃生蠔、喝白酒。躺在床上談天說笑。」說到這裡，她開始用頭撞牆，很用力。我拉住她，抓住她的肩膀。

「拜託……不要這樣。」我說。

「我想要醒過來，這只是場惡夢，這只是場惡夢！」她想轉向牆壁，我抱著她，直到她冷靜下來。我永遠不會忘記她的眼神，空洞的大眼，驚魂未定。她支持兒子，愛兒子，也共度美好時光，兒子怎麼能夠對自己做出這樣的事？怎麼能這樣對她？是什麼事讓他那麼憤怒，不僅自殺，還那麼殘忍地打擊了母親？

答案隨他而逝了。

從相當高的地方跳下被稱為「公然終結私人痛苦」。史蒂芬顯然屬於這種，他從十九樓跳下，陳屍大樓後方小巷。我認為跳樓屬於「憤怒的自殺」，因為會造成大範圍爆炸性的混亂局面、目擊者的恐懼，以及身體的徹底毀壞。人類身體發出的聲音出奇地響亮，是震耳欲聾的轟隆聲。跳到車水馬龍的城市街道是具有攻擊性的行為，可能會導致旁觀者重傷或死亡。我讀過佛洛伊德的說法，他認為自殺的意義在於殺人，以此來代替殺害別人。這和赫許醫師的謀殺自己理論不盡相同，但也相去不遠。憤怒是難以忍受的，很多人藉由消除仇恨對象來表達憤怒。會不會憂鬱症患者和自殺者把憤怒轉向內心，結果卻突然爆發？又或者有別的原因讓他們以引人注目的方式終結生命？也許他們這麼做，其實是在對沒注意到的人吶喊：「去你的！」

偶爾，有人可能因為別無他法，所以才跳樓自殺，那真的是人間悲劇。我在工作上見過許多過往留下的罪惡，但沒有哪一起比猶太老婦人從西村住家六樓屋頂跳下更令人心酸的了。她住的地方是西村寧靜的社區，少有遊客，鄰居被她墜落在後花園水泥地上的聲音吵醒了。她穿著整齊，身上的洋裝曾經很時髦，印花早已褪色。她的長筒襪和粗跟高跟鞋讓我想起一九四〇年代。她左手無名指上戴著一枚細細的玫瑰金戒指，多年來磨損到不太平整了。她的屍體沒有損壞得太嚴重，我撿起她的手臂時，看到上面有奧許維茲集中營的數字刺青，那醜陋的藍留在她蒼白的皮膚上。這個事實讓我震驚，沒有什麼比這個小小的恐怖象徵更能提醒我們人類可以多麼惡毒。這位婦人熬過了集中營，經歷過失去家園和國家，在這麼多年後，是什麼事讓她想終結生命？

我在院子裡一無所獲，於是上樓到她的公寓，管理員開了門，他也只知道婦人的名字而已。她的家很老派，有點歐風。深色木頭沙發，扶手的深石榴紅天鵝絨破舊磨損。古董櫥櫃裡放著一個空的陶瓷花瓶和瑞士黃檀木桌鐘。那個鐘發出響亮的滴答聲，我環顧這個狹小整潔的空間，但是找不到任何解釋。如果有自殺遺書，也是多餘，每個角落都吐露出她的孤單。她家裡沒有家人合照，月曆上沒有名字或約會。我甚至找不到待辦事項清單。警方詢問鄰居她的情況，但他們也一無所知。

當天早上我大約八點半下班，回家換衣服，準備和幾位朋友共進早餐。我經過距離餐館幾個街區的猶太教堂，停了下來。教堂門開著，但是沒有人跡，只從地下室傳來微弱的低語聲。我大叫好幾次：「哈囉，有人在嗎？」終於，有一位拉比走上樓來。他看到我時停步，神情略微緊張。我忘了自己穿著機車夾克、靴子和黑色牛仔褲，不像要上教堂的樣子。我告訴他有位猶太婦女剛過世，她是納粹大屠殺的倖存者，我希望他能幫她念〈神聖祈禱〉（Kaddish），以悼念她。我沒有提起自殺，怕他認為自殺是一種罪。他問了我一些問題：她的家人、婚前姓氏、猶太名字等，我全都不知道。我哭了起來，他停下來。「別擔心，我們會為妳的朋友念祈禱文。」

什麼是終極的孤獨？就是你身邊唯一的朋友是剛調查完你死亡案件的陌生人時。

我見過的一些最憤怒的自殺事件，發生在曼哈頓中城的馬奎斯萬豪（Marriott Marquis）酒店。此處和過去的金門大橋或今日哈德遜城市廣場的 The Vessel 一樣，都是跳樓自殺的熱門地點。萬豪酒店有個巨大的中庭，一側是玻璃電梯，每一層樓都有美輪美奐的露臺，四十八層樓高，若要引人注目地邁向人生出口，這是絕佳地點。此處受歡迎到酒店都制定了緊急情況方案，要是有人自殺，馬上發出「黑色代號」訊號。移動式屏風已準備好隨時可用，若有人自殺，便可馬上展開，隔開遊客和大廳地毯上血肉模糊的屍體。

十一月一個風光明媚的日子，一名男子在最高層的露臺上向對面露臺上的小男孩喊了些什麼。「你說什麼？」小男孩喊回去。男子回答：「叫他們小心底下！」

然後他就跳下去了。

萬豪酒店的屍體通常會撞到露臺欄杆或電梯井反彈跳飛，斷成碎片後才墜落到驚慌失措的賓客腳邊。那個寒冷的下午，我在走過男子四散的殘骸時，不小心踩到他部分的肝臟。在前往他的房間蒐證和尋找身分證明之前，我到女廁去清洗靴子，免得踩得酒店到處都是。我穿著襪子站在洗臉盆旁，徽章從脖子上掛著的鍊子垂下來，我用棉花棒把鞋底沾到的東西弄下來，嘴裡咒罵著。不一會兒，一位女子進來，對著鏡子補口紅。她盯著我看，一臉困惑。

「親愛的，」我說。「妳不會想知道的。絕對不會。」

我回到辦公室時，告訴同事最新的萬豪酒店案子，死者在跳樓之前怎麼警告小男孩。我想要輕描淡寫，好擺脫這個案子，於是我著重在怎麼清我的靴子。我說靴子是新買的，上等棕色真皮，所費不貲。當然，蘭迪總是有更精彩的故事，他講了一個購屋者的案子。有位不多話、衣著考究的男子走進中城的房地產仲介公司，請他們帶看幾間公寓。他的要求簡單明瞭：現代建築中的一房公寓，高樓層，有陽臺。地區不重要，價格無上限。這對房地產仲介來說簡直輕而易舉，負責的仲介是一位親切女性，是公司的新人。

她帶著客戶參觀中城和上東區幾個物件，那裡有很多曼哈頓的高樓大廈住宅。前兩戶都未得到他的認可：一戶不夠高，一戶是進入陽臺不容易。參觀到第三戶公寓，男子讚許地環顧四周。「這樣很不錯。」他對房仲說，說完，他跑過客廳，跑到敞開的陽臺門，然後跳過欄杆，一躍而下，奔赴黃泉。

「我贏了吧。」蘭迪說。

所以我講了另一個案子。此案一開始感覺稀鬆平常，我抵達現場，發現死者陳屍於大樓後方的人行道上。他的雙腿呈現奇怪的角度，那是因為臀部撞碎了。他有一頭閃亮的黑髮，凌亂披在額頭上。死者外表英俊，身體支離破碎，慘不忍睹。

但是他的公寓卻說著截然不同的故事，和一般自殺者的公寓不同。公寓舒適、明亮、乾淨、精心布置。他的餐桌上有好幾盒派對邀請函，全都手工製作，寫好要給哪位朋友，為數眾多。每封邀請函都用色紙剪成不同形狀，用色鉛筆、麥克筆和蠟筆以及手繪文字裝飾，每張都不一樣。總共有好幾十張，我覺得他製作每一張卡片時應該很開心。在一張陽光黃的紙上，他畫著一名男子舉杯敬酒，旁邊用藍色鉛筆寫著：「嘿，比利，真想趕快見到你！」另一張是剪成圓形的綠色紙卡，邊緣用紅色漩渦裝飾，中間寫著麥可的名字，很像是客製化的耶誕節裝飾。這些邀請函，是邀請朋友參加他的守靈和追思會。

「妳有看到我的名字在賓客名單上嗎？」蘭迪問。

「沒有，」我說。「上面都是大咖名人。」

他猛翻白眼，走出辦公室。雷文放下《每日新聞》報紙，朝我走過來。

「芭芭拉，妳知道他滿嘴胡言亂語。那個購屋者的案子根本不是他的，那是巴瑞的。妳知道他會說謊，每次都要爭第一。」

「關於這點，你們半斤八兩，每次都要贏過對方。你也說謊啊。」

我給他一個「早就看透你了」的眼神，因為我無意間聽過他對生命中那些女子說的誇張故事。

他嘆了一口氣。「芭芭拉，我承認，我一直說謊。但我跟妳保證一件事，我永遠不會對妳說謊。」我瞠目結舌看著他好一陣子，然後大笑出聲。

那天晚上在家裡，我告訴當時的伴侶瑪芮那起購屋者自殺事件，說著說著我就笑了起來。她只是瞪了我一眼，就上樓去看電視。我清理廚房，大力碰撞盤子來表達我的憤怒。她真的很陰晴不定欸，都不太跟我說話了。我開始覺得自己在家裡像個陌生人，我猜因為她是護理師，對於死亡很敏感，毫無幽默感。她難道不知道這是我處理悲傷的方式嗎？她難道不知道要是我停下來思考那個因男子跳樓而心靈受創的房仲，或思考究竟是什麼原因讓一個人跳下陽臺，我隔天就再也不可能起床嗎？

瑪芮總要要求我多溝通，分享我的感受。現在我真的這麼做了，她卻轉身而去。管他的，我可以跟同事說。

有時候，當辦公室沒那麼忙的時候，我們會討論事出之因，人行為背後的動機。我對於不同自殺方式隱含的意義特別有興趣。大家的看法都不一樣。喬伊認為持槍轟頭是要阻止瘋狂的想法。鮑柏說自殺是要逃避這個糟糕透頂的世界的壓力，人們因此吃藥讓自己在睡夢中死去。蘭迪認為絕症患者有正當理由可以自殺，理應合法化。

雷文說他們都心理有病。我追問：「你都沒有憂鬱沮喪的時候嗎？比方說就是無法起床，不想再活下去？」

「誰？我嗎？拜託，我日子過得好得很。」雷文回答。

我告訴他們我把自殺分成憤怒和悲傷兩類。吸毒過量或瓦斯中毒這類消極的方式，屬於安靜悲傷的自殺。如果死者有留遺書的話，內容都是簡單一句「我很抱歉」。我覺得他們想在不傷害或驚動他人的情況下，逃離痛苦、憂鬱、寂寞或悲傷的情緒。他們沒有瘋，他們只是比悲傷更悲傷。

當然，自殺的方式也取決於是否容易做到、容易使用、文化差異以及會不會痛。在美國，朝頭部開槍自殺占絕大多數，因為我們擁槍人數多。在日本，跳軌輕生比較常見，造成通勤尖峰時段一片混亂像在發表激烈的聲明。自殺方式也因性別而有差異，相較於女性，男性傾向較猛烈的死法。我見過最有象徵意義的自殺是一名男子坐在哈德遜街前妻公寓門口的大型垃圾桶裡，朝自己的後腦勺開槍。這是有創意且直接的表態。

不過，我無法為上吊自殺分類。發現有人上吊身亡是很恐怖的景象，即使那不是大家認為的暴力死亡。自縊是頸部被勒住且極度渴望空氣，從椅子上跳下造成頸部斷裂。如果執行得當，自縊是安靜且平靜的死亡方式。只要施加足夠的壓力來封閉頸部靜脈，你還是可以呼吸。血液持續流向大腦，但血液無法離開頭部，所以壓力不斷累積，直到你慢慢昏迷，同時體驗缺氧和腦內啡釋放產生的奇異亢奮感。所以，是的，這樣走向死亡並不是狂暴的，身體上不是，但是讓這個人結束自己生命的痛苦仍然存在，那樣的痛苦不能低估。

有一本書叫做《人生退場》（暫譯，*Final Exit*），詳細說明所有自殺的方式，我看了就火大。那是一本暢銷書，我在很多自殺現場都有看到。我明白此書對於罹患絕症的人有幫助，也看到許多愛滋病患者遵循書中建議，在家裡平靜地死去，身邊有朋友相伴（多數人在我們抵達前就鳥獸散了，因為協助自殺是違法的）。我覺得這本書對於精神疾病患者、憂鬱症、躁鬱症者的幫助不夠，這些人很容易就能取得藥物治療。我也是其中之一。

我最早的憂鬱症狀出現在十二歲，或許是青春期荷爾蒙作祟，再加上父親告訴我，我不能再泡在他的工作間，該做點「女孩的事情」。我突然覺得好孤單，感到被遺棄。我坐在教室最後一排，不再說話。放學後，我到雜貨店幫媽媽跑腿，因為那是我的責任。每天都一成不變，盡責任，閉上嘴。在那之外，我看書，科幻小說和懸疑推理，書本能短暫把我帶離心裡的黑暗。夜裡，我會暗自哭泣。

我家小孩眾多，既沒有錢，問題又多，我得到的關注不多。我笨手笨腳，斷了顆門牙，戴著廉價眼鏡，一點都不討人喜歡。沒有人注意到我很痛苦。我想過自殺，還用我爸的刮鬍刀練習，拿著薄薄的吉列刀片輕輕劃過藍色靜脈。我研究過我的「透明人」模型，所以知道該從哪裡下手，我只要用力往下切，就能切開橈動脈。我是個體貼的小孩，我打算在淋浴時進行，才不會弄得到處都是血，給媽媽添麻煩。結果我爸覺得我自己洗澡太浪費水了，規定一次要三個小孩一起洗。當時我的自殺計畫被我爸的節儉阻撓了，後來好長一段時間，毒品和酒精緩解了我的痛苦，有什麼我就用什麼。

有些人坐擁資源，不乏幫手，但痛苦仍然沒有消失。就像那位有美麗妻子的有錢人，孤單死在他位於公園大道上的豪宅裡。讀中學的兒子回到家發現父親倒地身亡，旁邊有注射器和一瓶胰島素。他打電話給媽媽，媽媽在麥迪遜大道上開精品店，距離家裡三個街區，她趕忙跑回家。媽媽打電話給精神科醫師，他從四個街區外的辦公室走過來。此時，他們才打了九一一。

一位年輕警探告訴我這些細節。明顯自殺，可能是胰島素過量，最近情緒低落。我問他怎麼知道是胰島素過量，他說：「他太太告訴我的。」噢。死者床上有字條，上面用藍色墨水潦草寫著「對不起」。我檢查死者，發現下腹部有一些針痕，與糖尿病胰島素注射相符。就這樣而已。

資深警探喬（Joe G.）探頭進房間。「嘿，芭芭拉，我要訊問他的太太了，要不要一起來？」他對我揚起一邊眉毛，頭往側邊歪兩吋，提醒我事有蹊蹺。我們走進客廳之前，他收起臉上的疑慮，露出親切坦率的神情。我也比照辦理，露出專業的微笑，富含同理心。

客廳裡坐著一位美麗的金髮女子，身穿香奈兒套裝，戴著珍珠項鍊，四十歲左右，時髦優雅、沉著鎮定。她的斜對面是一位同樣俊美的男子，身材瘦高，金髮，穿著剪裁合身的西裝，翹著腳，姿態放鬆。我一踏進客廳，就感覺到他們很來電。兩人互相吸引是顯而易見的。

坐著的妻子向我伸出手，距離恰到好處，她傾身跟我握手。她用柔和的義大利口音說：「我是戴爾格羅索夫人（Mrs. Del Grosso），這是我先生的精神科醫師，迪萊尼醫生（Dr. Delaney）。」感覺好像電影場景。

喬請他們描述他們怎麼得知死訊、他們做了什麼、他們在撥打九一一前各自花了多少時間抵達房子。大約十五分鐘。喬問妻子為什麼沒有立刻叫救護車。

「我嚇壞了。當下第一個反應是打電話給他的醫生。」她看起來絕對不像是嚇壞了。她的妝容無懈可擊，沒有顯示她哭過的睫毛膏暈染，口紅也沒有一丁點汙跡。大多數人都會馬上打九一一，不管是發現老公死掉還是手指擦傷。

「那麼，醫生，你為什麼要等？為什麼沒有馬上打九一一？」

「我知道阿爾貝托（Alberto）已經走了，做什麼都無濟於事。當下我最關心的是他的妻子和兒子。」**是啦，都你在說**。我腦子裡出現神探可倫坡的聲音，穿著風衣和打折套裝的我，這部分倒是很像。我詢問妻子她丈夫的病史。「他非常非常憂鬱，」她說。「這一年來，他每週看迪萊尼醫生兩次，服用藥物，但好像都沒有用。」我詢問了胰島素一事，她說先生有糖尿病，所以我問了他內分泌科醫師或內科醫師的名字。

此時英俊的醫師插話：「我負責他的糖尿病。」

「喔，我以為你是他的精神科醫師。」

「我是，而且我也完全有能力處理他的醫療問題。」他露出淺淺的笑容，神情依然輕鬆。這兩人姿態高傲，喬和我只不過是小麻煩。我注意到他們肢體語言的微妙變化，兩人的肩膀和膝蓋都朝向對方，嚴陣以待，共同禦敵。他對她投以幾個請她放心的眼神。

我又問了幾個問題，然後起身準備離開，謝謝他們抽出時間，並向兩人表達我的哀悼之意。病人自殺對醫師來說肯定不好受。我走到門口時，停下來，轉過身。「噢，還有一件事。請問我可以拿他的用藥嗎？包括胰島素瓶。」

妻子說：「喔，那是空瓶。但我會拿藥丸的瓶子給妳。」

「我需要那個空的胰島素瓶，還有注射器。」輪到我微笑了。毒理學實驗室是首席法醫辦公室的一部分，實驗室同仁可以確定瓶子裡裝的藥物是否正確。

為了那個倒地身亡的可憐人，我會調查到底。或許某人將U－五〇〇胰島素換成U－一〇〇胰島素，這會導致他打入平常的劑量時，血糖卻急速下降。又或許他確實給自己注射了過量的胰島素，因為他對自己的妻子與精神科醫師背叛他感到絕望。他在世界上最需要且最信任的兩個人一直在他背後偷情，我很確定這一點。他們享受著彼此的陪伴，而他卻忍受著被遺棄和憂鬱的痛苦。不管怎樣，整件事就是不對勁，可能是我把自己的感受投射到這個案子上了。要是這對璧人並非戀人，而丈夫確實有嚴重的自殺傾向憂鬱症呢？從什麼時候起，精神科醫師可以治療糖尿病這種複雜且可能致命的疾病呢？如果我兒子打電話說我先生倒地身亡，我會從東七十幾街走回家，還是會馬上打九一一？想到這些，我簡直快瘋了。

我仔細撰寫報告，隔天早上驗屍時，我告訴病理學家我的懷疑。她抽取眼球內的玻璃體和血液進行毒理學和化學分析。正如所料，他死於胰島素過量。瓶子空空如也，無內容物可供檢測。此案裁定為自殺，無證據顯示並非如此。但就像我看過的許多死亡案件一樣，至今仍困擾著我。

我現在有各式各樣的情緒：憤怒、痛苦、焦慮，擔心自己的安危，因為除了這些自殺、他殺外，還有意外事故。無論是冒險行為的後果，或是命運捉弄人的隨機事件，都不斷在發生。每回走到街角轉彎處，都可能有超速行駛的車衝上人行道，這一撞，我就可能無助地卡在車子和建築物當中，而建築物施工草率造成磚塊鬆動，從上方掉落砸到我的頭，汽車廢氣使我窒息。我會感到很無助，真的很無助，而那會是世界上最糟糕的事。我需要掌控一切，即使是死亡。

我熱愛的工作正在折磨我。我已經當調查員九年了，九年間處理了大約五千五百人次的死亡案件，其中有六百五十件是他殺。（我們有追蹤。）我們沒有對其餘類別進行統計，所以我不知道在我調查的案件中，究竟有多少起自殺、意外和自然死亡。我只知道我開始過度思考受害者的想法以及瀕死的感受。在現場時，我都好好的；我和緊急勤務單位的吉米納悶地看著赤裸的公園部門工作人員卡在過濾水池出水管內，兩人開始討論起來。他怎麼進去的？他為什麼要進去？（顯然，他每天晚上都會在過濾池裡裸泳，他不去游泳池，因為小朋友會在裡頭撒尿。）他是怎麼被卡住的？（電腦設定有改過，在他游泳時把水吸出。）我們到底要如何把他救出來？（我們用繩子綁住他，用絞盤裝置往上拉，同時緊急勤務小組人員把他彎折的腿從出水管推回去。）

在我下班後的寧靜時光裡，我的思緒宛如脫韁野馬。那吸力必定很強，才會讓他的腿彎成那樣。他當時一定嚇壞了，知道自己卡住無法掙脫。水漲得慢還是快？過了多久他才被淹死？不管怎樣，實在太可怕了。我沒有答案，心思亂竄，就像大浪打上海灘，磯鷸飛快走避一樣。

有個地方可以讓我保持專業的距離，並充分享受工作樂趣，那就是在警校講課。幾年前，我開始教授凶殺案和犯罪調查課程，我不斷精進授課方式（和風格），直到我成為人氣講師。我的學生大部分是男性，課堂上有兩百位警探，沒有人打過瞌睡。我穿著我最吸引人的裙子套裝和高跟鞋，用我知道警察喜歡的黑色幽默使主題不那麼嚴肅。我獨特的演講風格（「各位女士先生，這就是那塊大腦所屬的頭骨部分。」）讓他們保持專注。

我母親有一次旁聽了我的凶殺案課程，她坐在講堂後方兩名警探的旁邊。她無意中聽到其中一人對另一人講到我：「哇！真的很想和她一起出去喝杯馬丁尼！」她自豪地露出笑容。「那是我女兒！」透過他們的眼睛看到我自己是種悸動，這告訴了我，我擅長這份工作，提醒我自己擁有的優勢。

我對自己的工作感到自豪，我覺得自己很成功。但我生活中其他的部分卻感覺很彆扭、不踏實，我好像盤旋其上，而非活在其中。我希望有人可以傾訴，但我的伴侶不想聽這些，太負面了。除了法醫調查員的同事之外，我不跟任何人談工作的事，但法醫調查員同事之間，多半都只是自吹自擂，吹噓誰遇到的案子最瘋狂、最棘手等等。我得撐住，我們全都是。保持足夠堅強的外表，準備承受一切，要比一般人更堅強，這很重要。那是我們的文化，但那樣的文化不再適合我。這九年來，先是慢慢地，然後一瞬間，我從恰如其分的超然變成完全的冷漠和硬心腸。我要嘛在意很多事，讓一切都困擾著我；要嘛完全不關心，或許覺得好一點點。我沒有折衷之道。

赫許醫師就曾經警告過我，可能會「同情心疲乏」，即無法再同理與憐憫他人。我告訴他我已筋疲力竭。

「妳需要好好放個假，芭芭拉，過一段寧靜的時光，為自己充飽電。妳就和瑪芮一起度個假吧，離開工作一陣子。」

「我不覺得瑪芮現在會跟我去任何地方。她一直對我不爽，我不知道為什麼。」我的伴侶總是在生我的氣，對我的沉默和煩躁、恐懼和悲觀感到厭倦。我不在乎。但我還是維持著這段關係，是因為當時她八歲的小兒子是我生命中真正的喜悅。因為他很會跑步，所以我叫他「飛毛腿」；他稱我「救急媽媽」，因為我會修東西，總是讓我們脫困。

飛毛腿是個完美的小男孩：聰明、敏銳、風趣、愛冒險。他小小年紀就懂得欣賞美。我們會在我卡茲其爾的房子後方山上散步，看著秋葉變化，兩人坐著，不發一語，直到他低聲讚嘆：「看看這個景色，這是真的嗎？」他六歲時，我們去輕鬆攀岩，我腰間綁著繩子，另一頭繫在他身上，確保安全。我摔下來傷到膝蓋時，他把繩子繞在樹上，這樣我就不會滑下去。他很自豪救了我，那天還畫了一張圖，上面寫著「幫助我媽媽的朋友」。

我得做些什麼，以免失去他。我已經延後一些必要的手術好一段時間了，因為太投入工作而疏於照顧自己。現在是個好時機，夏天放暑假，飛毛腿不用上學，會在家裡。

我們在紐澤西州的阿斯伯里帕克（Asbury Park）有房子，離海灘才幾個街區，他和我可以一起玩耍放鬆。五月時，我致電我的醫生，安排七月進行子宮切除手術；他說我們可以先做個剖腹探查手術，我不用一個星期就能出院。

「不要，直接切除吧。我覺得煩死了，拿掉就好，反正我也老到不能生小孩了。」醫生又據理力爭了一會兒，但我堅持。我安排好二〇〇一年七月十六日進行手術，休假六週。里察很生氣，因為當時大家都想要休假，但是，嘿，我是身體出問題欸。六月底，外科醫師來電，他說他想要的麻醉師當時正在休假；七月三十日可不可以？好啊，都行，開刀就對了。

手術很順利，我在醫院住了幾天，然後回家休養。沒有劇烈活動，沒有工作，只有生活盡量放鬆，拋開謀殺案和混亂。或許可以減掉幾磅體重，我之前為了減輕工作焦慮，狂吃巧克力豆，結果變胖了。那年夏天，我教飛毛腿投擲刀、玩滑板、烤豬排。我們帶著他的狗「音速小子」在附近散步，走好長一段路，聊著冒險和神祕事物。飛毛腿代表了生命、希望和未來。那些日子是黃金歲月，我不想結束。我原定九月十日星期一返回工作崗位，但最後的那個星期五，我一整天都感到不安，有些事不對勁。我一直告訴自己放輕鬆，不要跟小寶寶一樣耍賴。重新見到主任和同事們是件好事，妳一定可以的。但是我還沒準備好回去工作，我知道我得跟里察說。

「啊，該死，芭芭拉，妳不能這樣。我已經安排好妳整個星期都值八點到四點的班。我現在要怎麼找人代班？」

「拜託，里察，我不知道該說什麼，但我感覺得很糟。我不知道是怎麼回事。」

「那就一定沒事啊。如果妳不是哪裡痛，那有什麼關係？妳不要神經兮兮的。況且妳也沒有病假了。」

他很生氣，一直逼我，但我堅持。最後，我們各退一步。我再多休息兩天，九月十二日星期三回去上班。

Chapter 15 ／ 斷訊

九月十一日那天早上，我很晚才起床，那是我從病假返回工作崗位前，毫無責任的最後一天，我打定主意要好好享受。那一天很完美，天朗氣清，涼爽舒適，微風徐徐。大概八點半時，我開始為自己做早餐。之後我又得回到在車上嚼貝果、喝外帶咖啡的日子了。

快九點時，電話響了。

「打開電視。」電話那頭是瑪芮十九歲的兒子唐恩，他從女朋友家打來。他的聲音聽起來很不肯定和困惑。「我想有一架飛機撞上世貿中心了？是那種小型的通勤飛機，是嗎？」

我打開廚房的小電視，我們把電視安裝在拉伸式支架上，這樣就可以一邊煮飯一邊看晚間新聞。螢幕上的影像搖搖晃晃的，一時之間搞不清楚到底發生什麼事，但看起來很不妙。我站在原地，瞠目結舌，被我遺忘的話筒在我身側來回擺動。

「喂，芭芭拉？」唐恩大叫。「哈囉？」

「唐恩，抱歉，」我說，猶豫了一下。「我不認為那是一架小飛機，破壞力太強了。但是客機不會飛這麼低，照理說不可能。」

「但是，我是說，我正在看電視，然後——」

「我不知道撞到建築物的是什麼，但是世貿中心有很多緊急系統，大概有防火裝置。」我不知道我自己在講什麼，但是安撫唐恩會讓我好過一點。「我先打電話回辦公室了解情況，等等再打給你。」

我盯著世貿大樓一側正熊熊燃燒的黑洞。還有什麼能造成這樣的損害？不是爆炸，模式不符，太線性了。我盡我所能對自己解釋情況。分析，找出合理解釋，這是我處理恐懼的標準療程。然後新聞說那是一架飛機，大飛機。

飛機失控、過度下降？可能是機長喪失行為能力？接著，當我驚恐地看著電視時，第二架飛機撞上南塔，爆炸起火。

紐約遭到攻擊。

我打電話給首席法醫辦公室、調查辦公室、赫許醫師、里察、通訊部櫃檯，全都在忙線中。我一次又一次撥打，沒有人接，更多忙線中的嘟嘟聲，更多沉默。雷文的手機響到地老天荒才轉到語音信箱。我打了一遍又一遍，留下的訊息一回比一回絕望。我需要做些什麼，需要有計畫。我需要聽到首席怎麼說。

我想要說我的訓練派上用場了，但我根本沒有接受過這方面的訓練。我們誰也沒有。在毫無頭緒的情況下，我們怎麼知道該如何反應。我丟了幾件衣服到袋子裡，眼睛一直盯著電視。鏡頭對準了高樓的大片窗戶，玻璃不見了，濃煙和火焰噴出。很多人站在邊緣，緊抓著窗臺。然後他們從邊緣掉落，在空中往下墜，掉到底下廣場，發出轟然巨響。終於，新聞控管室裡的某個人恢復理智，切掉這場孤獨的悲劇。

一名播報員說，紐約市已經停止運作。隧道、橋梁、機場，市長下令全面關閉。曼哈頓成了一座孤島，與世隔絕。我得想辦法從阿斯伯里帕克進城。我得有點用處。

新聞播報傳來一個緊張的聲音：五角大廈被撞了。

事情不只發生在紐約而已。

正當我看著電視，分析思考、努力想弄清楚怎麼回事時，世貿中心南塔的頂部以一個奇怪的角度傾斜。接著，彷彿才剛嚥下最後一口氣，南塔應聲倒塌，成了百萬噸的熊熊烈火與瓦礫堆，活埋了無數人。我尖叫（就這麼一次）並目睹那些在飛機撞擊後逃脫的人，在一片粉碎的混凝土和殘骸的追擊下跑過市中心的街道。可能有數萬人死亡，數十萬人受傷。有些可能還活著，但我對此不樂觀。

我們該怎麼找到屍體？

我們要怎麼把他們救出來？

我們要把他們安置在哪裡？

最後，我聯絡上雷文。

「怎麼回事？我要去哪裡報到？」

「聽著，芭芭拉，首席和幾個人到現場去設置停屍地點。黛安跟他一起，還有另一輛鑑識部門的車，是人類學部門的艾咪。從南塔倒塌後，我們還沒聯絡上他們。斷訊了。」他出奇地冷靜。

不，拜託，老天，不要。不要是赫許，不要是黛安和艾咪。我很確定，全國各地都發出這樣的祈禱。拜託，老天，千萬不要。不要是我朋友，不要是我家人。

「妳不要趕過來這裡。里察和我在訂定接收屍體的計畫，目前還沒有可以做的事。之後會有很多事需要妳。」

鬼扯。

雷文當真在這個災難的節骨眼對我頤指氣使嗎？「好，當然啦。一有赫許和其他人的消息就打給我。」

我會聽他的命令行事才有鬼。我要進市區。

我掛斷電話，然後打給阿斯伯里帕克警局。我告訴他們我工作的單位，我需要進紐約市。他們能幫忙嗎？一名警官告訴我，他們才剛派了一輛載滿急救人員的巴士進城，現在正為另一支隊伍作準備，大約兩小時後出發。他可以幫我留個位置。

很好。太好了，我能夠進市區。我會找到赫許和黛安，我如果跟他們說我很擔心，他們大概會覺得好笑。我彷彿聽到赫許在說：「芭芭拉，抱歉，我只是暫時不舒服。」

我才剛掛斷電話，眼角餘光就瞄到北塔開始崩塌。這怎麼可能！

然而這是事實。

我快瘋了，來回踱步。我迫切想回到曼哈頓，也害怕我即將面對的一切。我痛恨自己人在紐澤西。紐約是我的城市，我的家，我們的同胞正在喪命。我為什麼要堅持多待在家裡兩天？我腦中閃過一個念頭：**不然我就會和赫許一起死在那裡**。我嚇了一跳，趕忙拋開這個想法。

電話響了，阿斯伯里帕克警局的警官回電，告訴我第一輛公車在荷蘭隧道（Holland Tunnel）被警察擋下來了。沒有人能夠進出紐約市。

該死。

我父母從佛羅里達州打來關切，看我是否安好。確認我還活得好好的之後，我父親的第一個問題是：「妳怎麼沒和妳的弟兄在一起？」我因為愧疚而漲紅了臉。他說得對。我應該和同事在一起，協助他們評估狀況，做該做的事。而不是困在紐澤西，像觀光客一樣看著電視了解狀況。

「是，我知道，多謝。我跟你說過，我請病假。現在封城了，過河的路都封鎖了。你有門路幫我進城嗎？你的朋友誰有直升機嗎？」

「好啦，好啦，我只是說說。」

「你以為我不想在現場嗎？那都是我朋友。我和那些警察一起工作，消防弟兄我也都認識。老天爺。」

我不記得那天後來我除了擔心之外還做了什麼，天啊，這麼說真是輕描淡寫了。當然，我一直看電視。我坐在那裡，驚恐不已，努力想保持鎮定，恨自己不知道目前狀況。我一直打電話回辦公室，不停按著重播鍵。最後，我打通了，比爾接的，他是副局長。

「他們沒事，他們還活著。赫許在紐約大學醫學中心急診室，他說黛安在紐澤西州某處。艾咪受傷了，還有鑑識部門的某個人，我不知道他的名字。但是他們都沒大礙。」

謝謝祢，上帝，謝謝祢。

幾年後，黛安告訴我當天的情況。「一股力量把我們吹倒在地，有點像爆炸或滿是殘骸的強風。赫許和我被推著走，在人行道上側向一邊滑行，一起摔倒。我被吹到人行天橋下。我像胎兒一樣拱著背倒在地上，赫許趴在我身上，蓋住我的身體。他用雙手和雙臂護住我的頭，環抱著我。他護住我的頭，而不是他自己的。我可以看到混凝土塊和鋼筋掉落四周，擊中我們，讓我們窒息。赫許救了我的命，芭芭拉，他是我的救命恩人。」

那一天有很多英雄。赫許是其中之一，這點我並不意外。

不知怎的，黛安和赫許被分開了。她不知道是怎麼回事，也不知道一切如何發生。她只知道自己孤單一人，被岩石和斷垣殘壁擊中，心想著，**喔，哇，死亡的那一刻到來了**。原來這一刻就這樣來臨，那是重大的最後時辰。她不害怕，只是對於當下發生的事情與事情如何結束感到迷惘。然後她感覺到有潮濕的沙子落在她身上。過了感覺好久之後，轟隆聲逐漸平息，取而代之的是完全的寂靜。**噢，我還不會死**。這個想法一開始很微小，然後黛安激動不已，為自己還能存活感到高興。她沒有感覺到任何疼痛。

消防人員佩戴會發出遇險訊號的個人安全警報系統（PASS 救命器）。這些警報在她周圍響起，像是動物的叫聲，表示幾百名消防員都已倒下，刺耳又嘈雜。儘管如此，戴安還是扯著嗓子，不顧嗆鼻的塵土，大聲喊著：「赫許、赫許！」

「我在這裡。」赫許回應。

她試著站起來，走向他，但是腿沒有支撐力，那條腿不管用。赫許一跛一跛走向她，腳踝的韌帶撕裂了。兩人看起來很像雕像，全身都覆蓋著厚厚的白塵，除了她頭上傷口和他撕裂手臂上湧出的血。

「其他人在哪裡？艾咪和吉姆呢？」他問。

黛安搖搖頭。「我們得離開這裡。」她說，意識到他們上方有搖搖欲墜的混凝土。

赫許拉著她站起來，他們兩人共有兩條完好的腿，他伸手撐住她，想辦法要出去，逃離這裡。但是逃去哪裡？怎麼逃？到處都是斷垣殘壁堆成的土丘，他們怎麼能跨越或繞過？

然後她見到一名男子穿過煙霧朝他們走來，看起來「就像主派來的天使」。他把她抱起來，交給一排救援人員當中的另一人，救援人員將他們抬過瓦礫堆，把他們傳過一個又一個的人，往西越過高速公路，到達河邊。黛安記得當時想著，**感謝上帝，我核心肌群練得不錯，才不會軟趴趴重摔在他們身上**。她被送進救護車，車裡擠滿了人，大家坐在地板上。車子駛在崎嶇不平的路面，不斷晃動，她的腿開始痛起來。她拉起褲管，看到斷掉的脛骨末端穿出皮膚，疼痛難耐。一名男子伸手握住她的手。「那舉動相當暖心，感覺有被慰藉。」她想起她和赫許站在廣場上，看到那些從天而降即將墜地身亡的人，有些就是緊緊牽著手。

救護車把傷患送到碼頭上的空屋，傷患從那裡搭乘渡輪到紐澤西的一個河濱公園。黛安在野餐桌上接受檢查，醫護人員用空紙箱和膠布固定她的腿。更多的救護車把他們載送到郊區的小醫院，醫院裡所有的急診床位都滿了。黛安接受檢查後，赫許告訴她，他要回首席法醫辦公室。他走到碼頭，但是沒有公務船願意載他回市區。太危險了。他找到一個有私人小船的男子，直接雇用他。沒有什麼可以阻止赫許前往需要他的地方。

當我問赫許醫師事發經過時，他的說法大致和黛安相同，但他沒講用身體護住黛安的那個部分，也沒說他一直等到確定黛安平安無事時才離開。他說，當瓦礫砸向他時，他也耐心等待死亡，他並不害怕。聽到這句話，我露出了一絲微笑。那就是赫許：始終是個紳士，即使在死神面前也一樣。

據說他等得不耐煩，所以自己縫合手臂上二十五公分長的傷口，但事實並非如此。他讓醫生清理並縫合傷口，包裹腳踝，並給他拐杖，他才回到首席法醫辦公室。後來，胸部X光檢查顯示，他大部分的肋骨都在世貿中心倒塌時斷裂了。他呼吸時想必很痛苦，但他什麼也沒說。

紐約市的每間醫院都處於高度警戒狀態，醫護人員帶著擔架和急救設備在外頭等待即將湧入的數千名重傷者。結果等不到。因為人們不是當場死亡，就是受到沒有生命危險的輕傷。現場的緊急救援人員認為曼哈頓的急診室會不堪負荷，因此將傷患用船送到紐澤西州。往西行渡河會比往北去市中心容易，因為道路都被大火和瓦礫擋住了。

那天晚上我輾轉難眠，責備自己沒有在場。隔天早上我在黎明前就著裝完畢。我必須進城。紐澤西付費高速公路像是末日電影一樣，空曠安靜得可怕。我繞過一個彎道時，天際線透過薄霧映入眼簾。我忍住大哭的衝動。眼前是我的城市。太陽從空地的滾滾濃煙中升起，那塊空地原本矗立著世貿中心。我想起我和瑪芮的第一次約會，我們坐在一〇七樓觀景臺的窗戶邊，我們聊了幾個小時，看著小船駛過港口，夕陽將哈德遜河染成金色。我一時陷入白日夢，趕緊叫自己回到現實。世貿雙塔不見了，全沒了，在裡面工作的人也走了。我想起到了關門時間還允許我們繼續逗留的保全人員、「世界之窗餐廳」友善的服務生，還有窗邊閃閃發亮的黑色平臺鋼琴。

鋼琴如何從天而降？

我開車前往林肯隧道，我知道中城比災區附近的其他地方容易進入。用「災區」來指紐約市的某個區域令人好心痛。我慢慢把車開向隧道，搖下車窗，出示我的徽章給用廂型車擋住隧道入口的警察看。一名身穿鎮暴裝備的警察舉起手，請我停車。

「法醫辦公室，」我一邊說，一邊打開識別盾章。「我必須進城。」他仔細檢查我的證件，然後裡裡外外檢查了我的車。他盯著我看了好一會兒。「祝妳好運，小心為要。」他揮手要我跟著護送人員走，我鬆了一口氣，差點哭出來。我要回家了。

即使車窗緊閉，我也能聞到籠罩在城市上空的刺鼻煙霧、金屬燃燒的氣味，以及其他我不願意去想的東西。街道靜悄悄的，錯愕的民眾三五成群站著，有伴比較安全。最引人注目的景象就是首席法醫辦公室外面路上的軍隊，男女都穿著戰鬥裝備，肩上扛著自動步槍。這畫面很違和，很超現實，看起來像晚間新聞播報貝魯特部隊時的影像，只不過背景是首席法醫辦公室大樓亮藍色的磁磚。第一大道和三十街口設了路障封鎖，那是準備安置死者的地方。

我直接跑進赫許醫師的辦公室。我必須親眼看到他是否安好。看到他坐在桌子後面抽著菸斗，我終於安心，那是驚魂未定當中的一點點完美日常。我很激動，衝上去擁抱他，他痛得大叫。他的手臂和肩膀上到處都是大塊的深紫色瘀青。他跟我保證他沒事，還打趣地說，他會想念那件被醫護人員剪開好檢查他傷勢的灰色西裝外套。

我步入三十街那頭，置身忙亂陣仗中，警察、緊急管理人員、士兵在設路障和臨時工作站或指揮站。突然的轟隆聲讓我抬起頭，發現一列F－十六戰機疾駛而去，正守護著這座城市。看到那些飛機，我的心平靜下來，緊張和恐懼不見了。無論情況有多糟糕，我們都可以克服。我們團結一心，知道自己該做什麼。

我出奇地精神煥發，走進主任辦公室接受分派的任務。里察俯身在方格紙上，忙著設置布局和安排後勤，規劃如何處理即將運抵三十街太平間門口的遺體。規劃這些可是大工程，尤其是我們也必須繼續平常的死亡調查與驗屍工作。即使在大災難時期，死亡事件也不會停歇，不過當天整個紐約市只有一起凶殺案：一名波蘭移民在布魯克林的貝德福－斯圖文森區（Bedford-Stuyvesant）被槍殺，當時他正要去帕斯瑪克超市上第一天班。這個案子一直沒偵破。

副首席法醫決定我們應該兵分兩路：一路處理世貿中心受難者，另一路則是日常運作。湯姆・薛帕森（Tom Shepardson）是聯邦政府災難喪葬處理應變團隊（Disaster Mortuary Operational Response Team，簡稱DMORT）的創辦者，在他的協助下，法醫和法醫調查員幾乎於一夕間建立起一套系統，用來登記、檢查、標示、存放受害者遺體。太平間門外的街道上放了輪床來接遺體，然後推進車庫間，放在鋸木架上的長金屬托盤充當臨時檢驗臺，裝在箱子裡的備品堆得到處都是。這個系統一天比一天進步，陸續加入不同的工作站，進行指紋檢測、攝影、DNA採樣、證據收集、照X光以及法醫牙科學，也就是透過牙齒紀錄來辨識支離破碎的屍體身分，這個任務叫人傷心。

重返崗位的第一天，我協助里察管理人事，把人員分配到各工作站或負責日常調查。我接到全國各地急救人員和專家的電話，他們都想幫上忙，想盡其所能。我們請某些人前來協助，但多數人我們會請他們先待命，等到我們更清楚需求再說。

「我是內華達州的副警長。你們需要保安協助嗎？」

「先生，謝謝您，我們目前有紐約市警察局和國民警衛隊，但我會記下您的姓名和電話號碼。」

「我是驗屍官和禮儀師，有三十年經驗，處理過奧克拉荷馬市爆炸案。我擅長資料輸入，我在紐約市也有地方可以住。我幫得上忙嗎？」天啊，絕對可以。

短短幾天，帳篷搭起，為戶外作業提供遮蔽，很快地，拖車抵達，為無數來和我們並肩工作的人提供住所。這裡不僅有首席法醫辦公室，還有ＦＢＩ探員、紐約市警察局證據專家、警探、指紋技術人員、牧師、搬運遺體的監獄警衛、法醫牙醫、建造工作臺的木匠等等。數百人前來幫忙，他們充滿使命感，團結在一起，和這些人一起工作真是振奮人心。在這起可怕的大屠殺之後短短幾天，每個人都動員起來，集中精神，堅強又積極。眾人全心投入，有目共睹，使命感就像電荷，不斷傳下去給另一個人，大家都想讓死者與家人團聚。找到罹難的親屬，識別身分，向他們致敬。我們專業的工作突然有了人情味，我們有志一同，那感覺前所未有。

晚上，我在街上的遺體接收臺工作，打開屍袋，區分並標記來自現場的遺骸，再傳給法醫進行檢驗。在現場工作的消防隊員和警察都處於救援模式，努力尋找生還者。看似屬於同一人的遺骸會收集在一個屍袋裡，但多數時候，屍袋裡裝的不只一個人的遺骸，完整的屍體並不多。我看到一個屍袋被扛過我的接收臺，直接送到法醫工作的檢驗站；死者是一名消防隊員，他的消防服沒有讓他被壓扁的身體碎片散開，我瞥見他扭曲的臉孔，趕緊移開視線，最好不要看著他。我打開一個袋子，裡面只有三樣東西：一顆人類心臟、一串車鑰匙、一根陰莖。我不知道這當中有什麼關聯，也不知道是在哪裡發現的。此外，我還見到一隻嚴重毀損的手卡在另一個人的胸腔裡。當世貿倒塌時，他們是不是因為恐懼而緊緊抱著對方？還有個軀幹的胸腔內有兩塊下顎骨，分屬於三個不同的人。能夠對人類造成這等影響的力道強度，超出了我的理解。人間蒸發、粉身碎骨、被擠壓到不成人形，這些全都不再是誇飾法。

隔天早上，赫許醫師把我叫進辦公室。他要到市中心去勘查世貿中心殘骸，並和緊急事務管理局（Office of Emergency Management）會面，評估我們需要多少資源才能找回所有遺體。

我想和他一起去嗎？

當然想。

在這輩子裡，你過著生活，每天重複同樣的事，你也期待日復一日，繼續下去。周遭環境改變不大，或許偶爾某家商店關門，新的東西進來。我小時候，世貿中心那一帶是「無線電高臺」，那裡有廢棄的廠房，很多電子產品商店，我爸會去那裡買零件，為他的各種嗜好添行頭。那些商店建在傾倒場上的破爛區域，曼哈頓的建築工事從沒停過，幾千噸被挖出來的泥土和岩石就傾倒在河岸線上。後來，商店在六〇年代全部被拆除，為建造世界貿易中心做準備，而挖出來的土石又被再次利用來延伸曼哈頓島，擴展出砲臺公園城。那裡遍地沙塵，甚至一度被當作臨時沙灘，直到上面建了公寓大樓。

我記得在七〇年代初期，我在廢棄的西區高速公路上騎著自行車，那是一條高架道路，年久失修，破爛到有輛車真的掉到底下的街道上。我騎到盡頭坡道時，世貿雙子星大樓赫然矗立眼前，高到使人暈眩，令我嘆服。雙塔完工後，當地人開玩笑說，這兩棟建築物就像裝帝國大廈和克萊斯勒大廈的盒子。儘管如此，我們還是以不太情願的紐約式作風逐漸喜歡上雙塔，跟遊客一樣，登上頂樓，欣賞紐約市壯觀的景色。歲月迭代，我們打造又重新打造周圍地區，直到滿意為止，然後也忘記其過往的樣貌。直到那一天。

赫許醫師和我把車停在外圍，搭乘Gator多功能車到現場，現場已成了七層樓高的巨大瓦礫堆。占地十六英畝的災難現場看起來像是被原子彈夷為平地，這可能是老百姓稱之為「歸零地」（Ground Zero）的原因。但我們（警察、消防員、法醫調查員，以及所有參與救難的人員）稱之為「殘堆」（The Pile）。我們以這種方式讓事情回歸常態，使其更易處理，反正概念是這樣。我們已經這樣做很多年了，給可怕駭人的事物輕描淡寫的稱謂，比如我們叫三屍案「三倍」，溺水死者叫「漂浮物」。我們把當中的情緒成分抽出，讓這份工作看似普通工作。但差別在於規模，這是前所未見的，是不可能的任務。

十二公尺長的鋼梁像火柴棒一樣從斷垣殘壁堆中突出，有些像長矛一樣刺穿了附近的建築物。高塔的一大片銀色外牆彎曲變形，宛如從西區高速公路拋過來的垂墜布料，像一件毯子蓋住了另一棟建築物側面的傷口。我完全沒有頭緒，一切都很巨大。在土堆的高處以及兩側往下是一條由消防員、警官、建築工人組成的人龍，正在傳遞一桶一桶五加侖裝的瓦礫到地面。站在曾經是兩座參天高塔變成的巨大土堆前，他們看起來好渺小。火在地底下燃燒，濃煙令人窒息，我們的紙口罩完全沒有作用，沾附的灰塵一下就結塊。眼前巨大的一切讓我目瞪口呆，沉默不語。我環顧四周，觸目都是徹底毀滅的景象。我覺得自己很渺小。我踏上瓦礫堆，看著四周。這裡曾是一八〇〇年代的鐵匠鋪、一九〇〇年代的工廠，還有我父親買模型船搖控器的電子商店嗎？我望著天空，看著我和瑪芮曾坐過的位置。會不會有一層曾經是摩天大樓的瓦礫留下來，將來有一天被考古學家發現呢？

我們走在三十公分厚的灰塵及辦公室、機器、家具與死者的粉碎殘骸上，赫許博士拄著拐杖，一跛一跛痛苦前行。

「芭芭拉，妳知道我們走在哪裡嗎？」

「我什麼都認不出來。」

「我們走在墓地上。我們走過數千人的遺骸。」

那天早上的其餘時間，我們幾乎沒有交談。有太多要看，卻沒有太多可說。街角路燈旁，有噴射客機的起落架。一扇鋼門折成兩半。小東西留下來了，讓我們痛苦地想到工作日常：上有一顆高爾夫球的獎座，那是一桿進洞的紀念品，現在被壓成兩英吋的薄餅；獅子玩偶穿著紅色T恤，上面印著「我是老闆！」；上面有十幾個同事簽名的生日卡片、家人照片、健身房會員卡。還有紙張。雙子星大樓倒塌的時候，幾英畝面積的紙本文件被炸出辦公室，紙太輕了，會飛出去，所以沒被燒毀。公司信紙、備忘錄、便條紙上的塗鴉、電腦列印出的資料、日常工作簡樸的小提醒，這些都飄落下來，漂浮在河面上。

我們開著Gator越野車出去時，一群工作人員在外圍攔下我們，用水管沖洗輪胎，洗掉我們鞋底厚厚的白色粉塵。紐約市消防局和紐約市警察局的安全官員當時就知道這些物質很危險，不希望我們帶出去。國家環境保護局局長惠特曼（Christine Todd Whitman）表示，空氣是安全的，可以呼吸無虞。是啦。但仍然沒有足夠的口罩和呼吸器供工作人員使用。

計畫已制定，援助已抵達。來自全國各地的DMORT團隊來到首席法醫辦公室幫忙，搭建辦公室拖車、帳篷，以及裝滿物資的貨櫃。很快地，從第一大道到東河岸這段的三十街從地圖上消失，變成我們的工作場所。一隊冷藏拖車開上了喬治華盛頓大橋，行駛過來，這些拖車是我們存放遺體的太平間。有了大災難帶來的效率與有志一同的夥伴的決心，三十街底東河岸邊的一塊土地一夜之間就整理好了。十六輛拖車停在那裡，排成長長兩列，巨大的白色帳篷搭了起來，遮住拖車。木匠在長卡車裡打造了坡道和架子，並且在帳篷裡掛了一面巨大的美國國旗，讓此處成了紀念園區，也是受難者的臨時安置所。每輛拖車邊都擺了大型花環立架，鮮花天天更換。每個星期五下午會為家屬舉行簡短的祈禱儀式，各種信仰的牧師都會前來，提供安慰，甚至也有佛教僧侶。赫許醫師會進來，獨自站在後方，在有人注意到他前就悄悄離開。

帳篷的外牆是用三夾板製成的，有個長架子，擺著每天收到的數百封信件和卡片。全國各地的學童寄來感謝卡，鼓勵我們要堅強。從全國各地前來支援的警察、法醫、鑑識科學家，把他們的單位刺繡布章和別針留在架子上，提醒我們團結一心和夥伴情誼。在粗糙的牆面上，受難者家屬和現場急救人員潦草寫下詩句、短語、情書給他們知道已永遠離開的人。上面有奇異筆謄寫的關於勇氣與失去的文字，有用圖釘固定在木板上的結婚相片，有一幅兒童的畫用膠帶貼在上面，最上面寫著「媽咪」，提醒大眾我們正在找誰。

Chapter 16／盡一切努力

人類的適應力竟如此強大，真不可思議。恐攻事件後幾天，救世軍（Salvation Army）帶著裝滿食物的卡車抵達首席法醫辦公室，隨後不久，工作人員就在三十街上搭建了長型的三夾板簡易棚，這裡成了大夥口中的「救世咖啡館」。咖啡館昏暗、舒適、友善，是可以好好吃頓飯和換上乾襪子的地方，大家也都會在這裡互相報平安。蒸汽保溫桌上擺滿了熱騰騰的食物，有長桌和摺疊椅，燈泡從天花板垂吊下來，還有一壺永遠滿滿的咖啡。廚師把我們寵壞了，鼓勵我們再來一份漢堡排配米飯和肉汁，或黏稠的起司通心粉。一位志工給了我好幾袋奇巧（Kit Kat）巧克力和瑞氏（Reese's）的花生醬巧克力杯點心，讓我帶回拖車吃，我很快就上癮了，只要我覺得……呃……每當我有任何感覺的時候，我就會撕開包裝紙，狼吞虎嚥吃掉巧克力，反正總比喝酒好吧。

我們有了連結，互相往來，聊天，建立友誼。奧克拉荷馬州來的艾倫或路易西安納州來的查克在早餐桌上拉長音念著我們的名字：「嘿，芭芭拉小姐，今天早上過得如何啊？跟我坐一起吧。」聽起來就很合拍，雖然我們首席法醫辦公室的多數人都出身布魯克林區、皇后區和布朗克斯區。

我們適應了，這裡成了家。身穿卡其色制服的DMORT成員在輪班前後會在那裡閒晃，總比孤單回到旅館房間好。法醫調查員睡在硬的行軍床上，總比裹著睡袋睡在會議室地板上好。雙子星大樓倒塌後的最初幾週，「總比……好」成了我們的預設值。沒有什麼是好的，沒有什麼是正常的，所以我們根據「總比……好」來做決定，比上不足，比下有餘嘛！

在雙子星大樓倒塌中受傷的人很快就回到工作崗位上，雖然鑑識部門的艾爾文因為頭部受傷休養，而黛安坐輪椅上班，腿部術後復原中。人類學家艾咪當時飛出去，撞到世界金融中心一號（One World Financial）的石階，臉部受傷，兩眼腫脹發黑，腦部受到創傷，結果兩天後就現身工作崗位，監督遺體接收。當崩塌的轟然巨響衝擊波朝她而來時，她想起先生曾告訴過她有關雪崩的處理方式：把外套拉起來遮住頭和臉，這樣當被埋在殘骸廢墟裡的時候，外套裡頭就等於一個氣囊。這救了她一命，外套不只保護了頭部，還讓她有呼吸的空隙，不會完全被灰塵與煙霧埋住。

恐攻發生後的前兩天，有二十人獲救。一名工程師從北塔撤離時，感受到大樓搖晃，迅速在二十二樓的樓梯間蜷縮成胎兒姿勢。他只記得一陣猛烈的風襲來，好像置身吹砂機旁。三小時後，他甦醒過來，躺在七樓高的混凝土板上，一條腿和腳踝骨折。

大樓倒塌時，三名港務局官員在廣場層，他們被掩埋在九公尺高的瓦礫堆下的一個小空間。他們受困十三小時，火球射進來，差點把他們活活燒死。其中一位被壓在沉重的橫梁下死亡；另外兩位身受重傷，但存活下來。最後，還有另一名港務局職員，北塔倒塌時她人正在十三樓的樓梯。她受困二十七小時，是最後一位活著被救出來的人。

然後再也無人生還。

一週過去了，沒有生還者。我們知道任何人都不可能再有機會存活下來。即使沒有受重傷，人不喝水就無法活超過三天，而我們也都見識到死者傷勢有多嚴重。活下來是個奇蹟。指揮部決定把行動從搜救改為找回遺體時，每個人都很難過，尤其是消防隊員和警察。搜救是他們的天職，他們不想放棄，只要他們的兄弟姐妹還有一絲被困在底下的可能，他們就不想失去希望。這是白費功夫的行動，而且危險至極。

當時，紐約市設計與建設部門負責處理掉那一百八十萬噸的殘堆；而首席法醫辦公室接掌尋回人類遺體的任務，一支消防分隊和警察持續和我們一起，決心要找到他們的朋友。我們發現制服、頭盔或消防裝備時，就會發出訊號，大喊並吹哨。當小心翼翼挖出來的遺骸抬過我們身旁時，每個人都會停下手邊的工作，在悲痛中向他們致意。法醫調查員每天二十四小時在殘堆上工作，每次工作人員找到什麼，或是拿了什麼到屍體收集點時，法醫調查員都忙碌地從這頭跑到那頭。我們的拖車停在二十一世紀百貨公司前，我們在那裡仔細記載遺骸，加以標示，然後打包好準備運送到太平間。

在一個美麗至極的十月天，我帶著兩名新聘的實習調查員到事發現場。我們到殘堆上工作，此時我們已經很習慣走過瓦礫堆，手腳並用爬上鋼梁。在這樣晴朗美好的日子，我們甚至還算享受工作。就像我之前說的，總比在壞天氣時工作好吧。我踏在一團柔軟的殘骸上，一股火焰直衝上來，有一點五公尺高，就在我面前。「應該是哪裡有瓦斯漏氣。」我對身旁兩位吃驚的女子說。我們聳聳肩，繼續前進。火勢在地底下悶燒，斷斷續續燒了三個月，直到耶誕節才停止。我們吸入煙霧和所有已知的毒素，簡直是致癌物大雜燴。救災初期，我在各站工作，在首席法醫辦公室太平間接收遺體，在市中心的殘堆，在三十街底紀念公園，或者在身分辨識小組。有時候我還輪值平常的調查案件，心裡有怪怪的感覺。我需要平常工作的例行程序，但離開緊急行動又讓我覺得內疚。

在首席法醫辦公室總部，首席的會議室改成了辨識身分單位，長桌上擺滿了電腦，周圍都是工作站。我們創建系統，精益求精，編寫軟體，蒐集資料，試圖根據失蹤者家屬提供的資料來觀察我們發現的遺骸。當我們意識到自己處理的不是遺體而是屍塊時，家扶中心（Family Assistance Center）所做的問卷調查和訪談變得越來越詳細。最終，有兩萬兩千塊屍體殘骸要去跟兩千七百五十三名確認失蹤的人進行比對。

我們會問奇怪的問題：「妳先生的腳多大？有疤痕嗎？腳趾彎曲嗎？指甲是長是

短？耳垂大小？手指是細長還是粗短？他會咬指甲嗎？」丈夫則描述妻子的髮型、耳洞、婚戒上刻的字、指甲油顏色、有沒有做過足部護理？你有什麼就用什麼。慢慢地，痛苦地，身分識別有了結果。因為有了腿上的手術疤痕和人工膝關節作為線索，這條腿的主人身分得到確認，守寡的妻子於是有條腿可以安葬。經過牙科比對過確定下顎骨主人的身分，愛女雖然僅存這個部分，至少父母還有東西可以安葬她。

確認罹難者身分是個小進展，但能為死者家屬提供一些什麼，感覺很好。不得而知是非常痛苦的事，任何進展都令人振奮。年輕受害者的父母會過來，葬禮承辦人和調查員（通常是雷文，他很快成為身分辨識小組的組長）把他們帶到一旁。「我們找到你們兒子的遺骸，也確認他的身分。真的很遺憾，請節哀。」這樣的消息總是會引發複雜的情緒：希望落空，難過沮喪；至少孩子不是神情恍惚在某處遊蕩；兒子的屍體找到了，如釋重負；至少還有辦法埋葬他，很多人連遺骸都找不到。

他們會問：「我們可以看他的遺體嗎？他在哪裡被發現的？」

雷文很和藹地說：「我很抱歉，我們只找到部分的遺骸。您知道嗎，大樓倒塌的力道非常巨大，是毀滅一切的力道。」

他們有時候執意要知道兒子被發現的地點，雷文會靜靜地在方格地圖上指出那些地點。「這裡……還有這裡……還有這裡。」

我們盡力了。我們胼手胝足，長時間工作，在瓦礫堆裡挖掘數小時，然後再換班去蒐集家屬資訊。這不容易，大家都這裡痛那裡疫，赫許醫師也不例外，但他本人並沒有說什麼。我聽說他去了按摩師志工設立的帳篷，他出來後神情困惑，告訴里察說，他們試圖要「調節他的能量場」。我決定去關心他一下。

「嗨，首席，你還好嗎？」

「很好啊，謝謝妳！」是他一貫的回答。

「上次雙塔倒塌時受的傷，一定還讓你身體很痛吧。我聽說按摩師想要對你的腿下咒。」

他大笑。「才沒有，我好得很。腳踝有點不靈光，就這樣而已。那個按摩師真的很好笑，我不知道他到底想幹麻。」要讓他鬆口很難，他比我還不甘示弱。

「好吧，我只是有點擔心你。你真的太辛苦啦。」

他點燃菸斗，微笑，笑容有點僵。「芭芭拉，我一直都很幸運，身強體健。我沒事。」我知道不宜再追問，該閉嘴了。

疲憊的不只身體，還有心情。一件破損、燒焦的消防隊員夾克，可以讓我們當中最堅強的人落淚；一枚沾滿泥土的結婚戒指讓大夥都沉默了。沒過多久，有些人開始發洩、喝酒、賭博、搞婚外情。第二大道上的酒吧「歡迎」（Fáilte）燈光昏暗，酒水給得大方，每天晚上都擠滿了工作人員，有些人不只是社交而已。一旦調情進入下一階段，後面雅座區的幽暗壁凹提供了隱蔽之處。小小的醜聞不啻為消遣，讓大家可以分心一下，尤其是暫時脫離與受害者家屬共事的痛苦。他們的煎熬顯而易見，空氣中瀰漫沉重的悲傷。

感情關係變質惡化，包括我自己的。當你整天處理的都是悲劇時，回到家後，你很難討論日常生活的枝微末節，比如臥室要刷什麼顏色的油漆、去哪裡度假等。我們緊張不安，膽戰心驚，容易生氣，與家人漸行漸遠。某個機構為九一一的工作人員編了一本手冊，讓我們帶回家給伴侶，裡面詳述如何理解和應對我們經歷的一切。我把手冊拿給瑪芮，但她丟到一旁，連看都不看。

我們努力工作，因為我們希望給家屬一個答案。但是我們會犯錯。最開始時，符合指紋、牙科紀錄或個人首飾等幾個條件，就足以確定身分。家屬絕望等待親人的消息，即使確認死亡也比什麼都沒有好。一名患有罕見先天性頸椎疾病的消防員的遺骸，被送交給他的家人進行埋葬。所有遺骸都有蒐集DNA樣本，但是檢驗需要數個月時間。之後，檢驗結果回來了，結果發現那副遺骸並不屬於那位有脊椎問題的消防員。神奇的是，那些遺骸屬於另一位有同樣罕見病症，且在一所消防局工作的消防員。這樣的錯誤意味著我們必須請寡婦或父母挖掘和歸還那些他們以為是自己親人的遺骸。通常，我們拿不出東西跟他們換回給錯的遺骸，獨留一座空墳給他們。這是你可以想像到最悲傷的談話，我也有過幾次經驗。很快地，規定改了，身分鑑定全都要透過DNA進行確認。

我們接到的命令很明確。「我們將盡一切努力，不論花多少時間，確認這場悲劇每一位罹難者的身分。」赫許醫師這麼對我們說。但我們已筋疲力竭。里察獲得批准，再雇用十四名調查員，感謝老天，這讓我們團隊的規模增加了幾乎一倍。但是新人必須迅速接受培訓，安排輪值、監督管理，因此雷文和我都被升職，成為調查部門副主任。沒有什麼大張旗鼓的場面，里察只是我把叫進他的辦公室，給我一個新的盾章，並衷心說「恭喜！」

我為自己的新職位感到自豪，但又有點不情願離開令人興奮的第一線業務。還有一絲內疚，畢竟我坐辦公桌，同事做苦工。雷文監督身分識別工作，我則負責取回遺體行動，我們帶領各自的團隊。

可笑的是，我曾因為每起死亡事件而心情受創，而現在宇宙卻一口氣把數千起死亡事件朝我丟過來。不是有句名言嗎？一個人死亡是一場悲劇，一百萬人死亡就只是個統計數字。這不只是個統計數字，根本差得遠了。儘管如此，大規模死亡事件某種程度上還是比較好接受。這不容易，從來就不容易，但是我現在覺得沒那麼痛苦了，因為我不用見到死者的家、生活習慣，以及讓我們知道他們是誰的私人物品。我做得還行，除非算上我自己也搞不清的暴怒發作。我團隊裡的一名法醫調查員在走廊上和雷文聚在一起大笑，我見狀火冒三丈。我大聲咳嗽，比了一個請保持肅靜的手勢，把手劃過喉嚨。他聳聳肩，我大步走開，怒氣沖沖，但也不明所以。也許我只是氣工作被弄得天翻地覆，又或許我開始偏執。我開始注意到其他人也有憂鬱傾向：法醫、調查員、DMORT小組，每個人都開始沒勁、疲勞、喪氣，有時候根本變得怪裡怪氣。

新來的一位法醫調查員麥蒂被指派到世貿遺址的太平間拖車值夜班，她會依照自己喜歡的方式配置裡面的廉價家具。日班的調查員會把桌子移動到更靠近窗戶，或把椅子拉得離折疊床遠一點，麥蒂見狀大為光火。她顯然不知道什麼叫做共用空間，因為她請殘堆的建築工人把所有家具用螺栓固定在地板上。另外一位法醫調查員對此抱怨連連。

我跟麥蒂談了一下。「麥蒂，我不懂，那又不是妳的私人拖車，那是大家工作的地方。妳不能把家具鎖死啊。請打電話給妳的朋友，請他過來卸下全部的螺絲。」

她卻很堅持。「不要，我才不要。我要東西維持原狀，不能移動。」

你可能以為，在傷害與毀滅如影隨形的此刻，我們比較不會去計較小事。聽起來很有道理，但對我們許多人來說，小事其實變得格外重要。當你周遭的一切天翻地覆時，你只能專注在你控制得了的事，不管那些事多麼無足輕重。在這件事上，小事就是桌子放置的位置要跟門成直角，距離牆壁剛好兩英尺。所以我明白了（算是啦）。

我們都盡力堅持下去，竭力而為。二〇〇二年七月，一起共事的一位警探決定我們應該做些有趣的事，於是預訂了夜晚的雞尾酒遊船之旅，想參加的人就來參加。我們都很期待有這個放鬆的機會，把死亡拋在腦後幾個小時。預定遊船的當天早上，我到達三十街的辦公室拖車，手上拎著聚會要穿的衣服。我對於任何的慶祝活動都有點猶豫，或許我們應該哀悼一整年？反正我也可以改變主意不要去。有一小群人聚集在我的窗外，就在貝爾維尤醫院遊民收容所（之前是精神科病房）前面的街道上。我出去看發生了什麼事，一位法醫調查員抓住我的手臂。

「妳不會相信發生了什麼事。」他說。

「真的嗎？」我問。「有了過去一年的經歷，竟然還有我不會相信的事？」挖苦很容易，我經常這麼反應。

「真的，」他說。「珊卓律師今天早上在柵欄上吊，就在——」

「什麼鬼？」

「就在這裡。是貝爾維尤醫院的保全把她放下來的。她還活著，但已不省人事。」

珊卓是首席法醫辦公室的首席律師，五十多歲的親切女性。她最近跟我抱怨她很孤單，每次大家聚會都沒有找她。我不知道該怎麼回答，只說那些人比我們年輕許多，他們有自己的小圈圈。當時我覺得有點怪，怎麼好像高中生會有的對話。現在，同一群人中，有些人很生氣，試圖同情她，想理解她的想法。

「她為什麼——我的意思是，我為她感到難過——但為什麼她偏偏選我們要去派對的這一天？感覺她就是要從中作梗。」

「對啊，而且為什麼她跑來這裡上吊？就在大街上，我們不想看都不行。」

又是一起憤怒的自殺，讓大家知道她很痛苦，或許也懲罰別人對她不聞不問。一開始，我覺得有一絲內疚，我對她的求救置之不理嗎？我之前只想避免參與她的社交生活，不想負責安撫她的情緒。愧疚很快被憤怒取代——我不用負責，我對她很好。我需要休息，我們全都需要。我們後來還是去遊船了。

恐攻滿一週年時，我們邀請九一一受難家屬參加首席法醫辦公室和紀念公園辦的紀念活動。救世咖啡館為大家準備午餐，在戶外烤漢堡。身分辨識小組的瑪姬來找我，神情擔憂。

「芭芭拉……炭火烤肉，妳知道……那個味道……可能會讓家屬難過。」

她說得沒錯。那味道確實觸發一些記憶，負面的感受。

幫我們釐清事實的是赫許醫師。

「芭芭拉，人生總要繼續下去。人會吃飯、吵架、相戀、做愛。人生總是要往前邁進。聚會玩樂並沒有錯，繼續活下去並沒有錯。」

九一一事件之後八週，美國航空五八七號班機從甘迺迪機場起飛，預定飛往多明尼加共和國，卻墜毀在皇后區貝爾港。九一一事件和那陣子的炭疽信件本來就讓我神經緊繃，一想到家園再度發生恐怖分子攻擊事件，我就非常害怕。我找到一輛首席法醫辦公室公務車，開往失事地點，原本美麗的社區現在燃燒著熊熊烈火，黑煙竄入天際。我下車走向飛機殘骸時，消防隊員叫我退後，退得遠遠的。現場太危險了，我們不能進去執行任務。噴射機燃料散發著惡臭，飛機解體，屍體四散，支離破碎，到處都起火燃燒。機上兩百六十人全部罹難，地面上五人死亡。里察一想到要在我們已經擁擠不堪的大樓裡分出第三路來處理這個案件就頭痛，因為根本沒有空間可以容納了，所以他要我在現場處理遺體，太平間也設在現場。

皇后區和布魯克林區的法醫調查員到現場和我會面，我們在距離墜機地點幾英里的弗洛伊德貝涅特機場（Floyd Bennett Field）的空機庫裡設立一個太平間。消防員把尋獲的遺體用運屍車載來給我們。我叫了屍袋、相機、手套、用品，然後就讓法醫調查員小組工作，有效率地為遺骸貼標籤、拍照、裝袋。他們是處理災難的老手了，知道該怎麼做。我小心翼翼穿過一排又一排燒焦的遺體，當看到一名女性遺體燒焦的手臂緊緊摟著孩子時，我實在不忍卒睹。我忙著安排工作人員，處理文書事務，並為疲憊的調查員訂披薩。我已經成為大規模死亡事件的管理人員，一時懷念起和威爾斯先生共度的牛仔時光，在市中心奔波，調查凶殺案，和警探們混在一起。那感覺像上輩子的事，單純到令人難以置信。

在這段期間，里察累壞了，開始打馬虎眼。這個愚蠢的色鬼一向對有幾分姿色的法醫調查員比較好，讓她們優先選擇輪班時段，或是分配較輕鬆的任務給她們，但這次他的行徑太過份了。他告訴我：「麥蒂打電話進來，她不能上夜班，因為找不到人幫她顧小孩。」**太棒了**。離她上班打卡只剩一小時，我要怎麼去找別人代班？我得請喬安在忙碌的週五晚上同時負責曼哈頓和布朗克斯區的勤務，也就是說，我得負責照料她的醫院案件，那些在急診室死亡或住院期間死亡的病人。我們都累癱了，而且非常不爽。

隔天，山姆來救世咖啡館時，劈頭就講八卦。「猜猜看誰昨晚在洋基球場依偎在一起，被投到大螢幕上了？」

法蘭克說：「我不知道，神父和拉比嗎？吉祥物和驢子嗎？誰在乎啦！？」

我們哪有心情猜這些。

「里察和麥蒂！」

更令人氣結的是，里察在麥蒂的出勤卡上註記當晚有上班，然後請雷文簽名，雷文拒絕了。赫許醫師把里察叫進辦公室，兩人講話的時間不長，里察出來後，用力摀牆壁，然後走出大門，永不回頭。

首席任命我為調查部主任，雷文對此大發雷霆，他本來很確定這個位子是他的。他從赫許醫師的辦公室走出來，把我拉進家屬室。

「那個職位是我的！我幾乎拚了老命。我賠上了健康，見不到孩子。這樣不對！」

雷文說得有道理。他比我年長快兩歲，每天在身分辨識部門工作超過十二小時，連患肺炎時也是如此。他理應得到這次升遷。但是赫許醫師很實際，他知道身分識別小組很需要雷文（他表現可圈可點，對於複雜的系統也瞭若指掌），九一一的家屬都很喜歡他。而調查小組需要一名善於社交的人來打點，那個人要能駕馭難控制又士氣低落的法醫調查員。

老闆對我這麼有信心，我大為感動，但是，跟各方神聖打交道？那可不是輕鬆的差事。多年來，我慢慢了解到，赫許醫師不是一位出色的管理者，他是一位首席法醫，在制定政策和監督醫療運作方面表現傑出。他信任他的副手會打理好其他事宜，正如他在我們第一次會面時所說。他是一位正直的人，他想相信別人也會一樣正直行事。

二〇〇三年十月一個宜人的午後，史坦頓島渡輪撞上了聖喬治渡輪站的一個混凝土碼頭，造成船身碎裂，主甲板上的乘客遭到擠壓。首席法醫辦公室獲報有多名乘客死亡和重傷，一隊法醫調查員迅速趕到現場；為了確保正確辨識受害者身分，必須在遺體被移動和失去證據前與急救人員一起進行尋回遺體工作。法蘭克・德保羅（Frank DePaolo）會處理這一點。雖然他是新任的法醫調查員，卻是動員組織與指揮方面的天才，他是天生的災難管理人員。

赫許博士走進我的辦公室。「芭芭拉，我知道妳有一支優秀的團隊，但目前情況艱鉅。那艘船上有一千五百名乘客，那就表示至少有一千五百名家屬想知道死者當中是否有他們的親人。我們必須快速身分識別，在驗屍之前，在任何其他事之前。」

「了解。緊急管理辦公室（OEM）正在市政廳設立一個家庭援助中心，我聽說那裡現在已經有好幾百人了。」

「很好，妳可以幫我們安排交通嗎？」赫許問。

「你要去？」

「是的。這個案件由妳和我來處理。」

港口小組在東河的三十四街碼頭接我們，然後我們往史坦頓島駛去。

現場五顏六色，亂中有序，景象很奇異。巴比里號（Andrew J. Barberi）渡輪是一艘載有六千名乘客的大船，其右舷被撕裂。內部被擠壓得亂七八糟，橘色和黃色塑膠椅亂成一團，救生衣散落一地，地板到處都是鮮紅色的血跡。我們的團隊還在處理現場，死亡人數已達十人，而且還持續增加。內甲板上發現了斷肢，那是被送往當地醫院的七十名重傷者的殘肢。我們找到法蘭克，討論策略，決定將屍體送到曼哈頓，我們在那裡有更多資源，但我們會在這裡與受害者家屬見面。隨著家屬接到等待已久的電話（「親愛的，我快到家了，我沒事。」），原本擁擠的房間裡，人潮慢慢散去。或者他們接到的電話是沒那麼歡天喜地的緊急管理辦公室通知：「您的妻子正在聖文森醫院接受手術，我們會帶你過去。」但不管怎樣，他們都還活著。

受害者被拍照，進行外觀檢查時確認出疤痕或刺青，這些檢驗資料匆忙發送給我們，我們與家屬單獨會面，取得訊息。「我們從一位罹難者的褲子裡找到妳先生的駕照，可以請您看一下照片，告訴我們是不是他？」有些家屬尖叫，有些大哭，有些只是默默凝視，點頭說是。我請一位新婚的年輕女性描述先生，包括所有的疤痕或刺青。我沒辦法給她看照片，因為頭部被壓碎了。但是他皮夾裡的物品、腳上的傷疤、手臂上獨特的刺青，都證明屍體是她先生，所以我告知了她。她倒在地上，哀痛欲絕，痛苦充斥著室內空間。她獨自一人，我蹲下來抱住她，像哄小嬰兒一樣搖著她。

我們工作到深夜，十次通知的每一回都是在政府大樓無菌室裡上演著痛苦而悲慘的一幕。每一個人都交代清楚了。人潮現在都已離開，有些聽到這一輩子最慘的消息。一名紅十字會志工走向我們，留著另一名神色擔憂的女子在門旁等候。「醫師，這位女士還沒收到任何回音。她先生有時會搭渡輪，她還沒有他的消息，擔心他出事了。」

「我們已經辨識每一個人了，他不可能在這當中，請帶她過來。」

驚慌失措的女子朝我們走來。「我是查爾斯．赫許，我是法醫。我可以跟妳保證，妳先生不在死者當中。我們已經辨識出每位死者的身分了。」

「但是他會在哪裡呢？他沒有在任何一家醫院裡。」

赫許輕輕握住她的手。「親愛的，就讓我們希望他只是晚上出去幹點什麼壞事吧。」她露出微笑，甚至還笑出聲來。法蘭克一臉驚訝，看著她被引導出去。「首席，你為什麼這樣跟她說？」

「為什麼不朝好的一面想呢？法蘭克。今晚的壞消息已經夠多了。」

赫許醫師和我搭乘警用船回辦公室，我倆疲憊不堪，一路上沉默無語，凝視著漆黑的水面。

最後他開口說：「這一切實在太難了。」

Chapter 17 ／ # 政治迫害

一九六二年，赫許醫師從醫學院畢業時，原本想當全科醫師，到阿拉斯加去開診所，卻意外在病理學科實習時翻轉了他原本的打算。

完成法醫病理學和神經病理學住院醫師培訓後，他加入空軍醫療團，派駐在德國。他擔任過克里夫蘭和巴爾的摩的法醫，後來在蘇福克郡（Suffolk County）擔任首席法醫，一九八九年，紐約市長郭德華（Ed Koch）徵召他擔任紐約市的首席法醫，他做了二十五年，直到退休。

對赫許醫師來說，重點始終是科學。科學、醫學和正義，而不是營運和預算。二〇〇七年，他把所有他不喜歡的業務都交出去，那年他升我為幕僚長。我覺得這是一份很棒的工作，我可以施展抱負，改善營運，協商交易，並與市長辦公室密切合作。我可以打造東西、雇用優秀人才、解雇不適任員工，與機構裡的優秀人才合作。法蘭克．德保羅成為調查部主任，以及我永遠的左右手，他總是運用他的才華來推動事情。他是行動的大師，他在首席法醫辦公室創立並訓練災難應變團隊，成為美國首屈一指的大規模死亡事件管理專家。我們走遍全國和海外，為二〇〇四年東亞海嘯、二〇〇五年倫敦地鐵爆炸、二〇〇六年卡崔娜颶風等災難提供援助。接下來的幾年，我們前往泰國、香港、挪威，分享我們的專業知識。

我一直喜歡教導調查人員，我的新職位給了我機會，可以建立「法醫科學培訓計畫」。這是透過聯邦政府與女法醫史卡佩塔系列小說作者派翠西亞・康薇爾（Patricia Cornwell）的資助完成的。派翠西亞之前為了寫她最新的驚悚小說（以紐約市為背景），曾找我諮詢相關背景知識，我們一拍即合。我知道她支持法醫研究與教學，我想，管他的，臉皮厚一點請她幫忙。她的慷慨超出我們預期，我們因而能請到最優秀的人才來經營這所學院，由培訓和犯罪現場專家艾德・華萊士（Ed Wallace）領軍，教師團隊是由全國頂尖的專家組成。我們培養來自全國各地的死亡調查員，很快就有數百人在等待名單上。

我一直覺得法醫調查員是我的夢幻工作，但這個職位卻是意想不到的事業。就像他們之前在匿名戒酒會跟我說的，「是超乎我最狂野夢想的人生」。

我從未失去對於調查的熱愛，有很多問題要偵查，要釐清。因為試圖找出一位遍尋不著的老婦人屍體，我才發現太平間部門使用的是一九五〇年代的記錄管理系統。名字手寫在日誌上，存放在潮濕的地下室，發黴後就全毀。我們不得不挖出哈特島（Hart

Island）義塚裡的幾百具遺體，結果幾週後在冰櫃裡找到這名婦人，只因為標示的名字是錯的。我們很快就改用電子記錄管理系統。

毒理學是另一個問題，因為要等到天荒地老才有結果，毒理學實驗室滿是破損的儀器和枯死的室內盆栽。然後是組織學部門，地下室裡數千個裝著器官的標本罐都在漏水。我費力地看蜘蛛網後的內容物，可以看出一個腫大的脾臟，還有一個漂浮在混濁液體中的肝硬化肝臟。這種東西不是有訴訟時效嗎？我解僱一些人，聘請顧問，重新設計運作流程，召開無止無盡的會議，解雇更多人。第一次總是最困難，我開除了一位三流外科醫師，他兼差當調查員，輪值大夜班。開除醫師讓我有奇怪的感覺，我到底是哪根蔥啊？

「馬力諾醫師，你晚上從來不回應呼叫，你讓警察等好幾個小時，不可以這樣。」

「我才沒有，你不懂，我沒收到訊號。」

「怎麼有可能？你可是在布魯克林區欸。」

「可能是力場，跟磁力什麼的有關係？」

我決定要從他的自尊心下手。「醫生，請不要逼我這麼做。你是受人敬重的外科醫師，這有失你的身分，你不值得被這樣對待。拜託，請你自己辭職。」

出乎我意料，他真的辭職了，甚至還謝謝我。

這種事從來就不容易。我盡量以和為貴，但是被開除就是被開除，沒有人想聽「這不是針對你」。所以有些人暴怒，對我大吼大叫，威脅我。也有人提醒我我們以前是朋友，在我還是調查員時，在我成為上司之前。「妳變了，芭芭拉。妳已經不是我們的一分子了。」

這句話讓我心痛。

我一頭栽進工作裡，忘記了從赫許醫師那裡學到的東西：忠誠的價值以及對不完美與人性弱點的寬容。我一心想要改善我們的系統，打造更好的儀器，反倒忘了要照顧實際上操作儀器的人。很多人讚賞我所做的事，他們見到工作環境變好，有更多機會可以發展，但我同時也在樹立敵人。有位部門主管很無能，但她有公務員身分，所以不能開除；我把她調到文書工作（順道一提，薪水還是原本的十萬美元），她必須接電話，按字母順序排列檔案，而且坐在四邊都是玻璃牆的房間裡，絕對不可能偷懶。她確實該被開除，但是我也不必那麼嚴苛。她和另一個被我降職的人開始打電話給《華盛頓郵報》，每次只要出現有點爭議的事情，她們就毫無根據地指控我。她們要我付出代價，而且是慘烈的代價。

我不再參加晨間巡視，不再討論子彈彈出再穿入傷，而是在每週兩次的管理會議上聽取預算簡報和實驗室檢驗報告，完成時間分析。赫許討厭這些，三十分鐘後就會開始用手指輕輕敲擊桌子。我認為讓他保持注意力是我的職責之一，於是在與會者太過拘泥於不必要的細節時催促他們。二〇二二年底，DNA實驗室主任在週一上午的會議中發言，顯然，她的實驗室遇到問題。

「我想要增加一些加班預算來解決這個問題。」她說。

「行不通，」我說。「預算是前一年就定案的。實驗室遇到什麼問題？」

她猶豫了一下。「嗯，有一個證據技術人員，工作能力不太好，長期以來，她一直都對性侵犯證據採集包和證據處理不當。」

赫許一聽到「處理不當」就停下了敲桌子的動作。

「妳為什麼不解雇她？」他厲聲說。

主任神色緊張。「因為有工會、公務員條例等，要解聘她很難，再者人力資源部門也不幫我……我讓她接受重新訓練很多次，也警告過她……」

我打斷她。「所以她現在人呢？」

她已經被迫辭職。一名主管檢查她的工作時，發現一個偽陰性；該技術人員說犯罪現場證據上沒有精液或血跡，結果其實有。這是一項簡單到不行的工作：小心打開採集包，使用試劑（用於化學或生物分析的物質）來測試證據上是否有生物體液的存在，記錄結果，然後轉而繼續進行DNA萃取。塞瑞塔・米切爾（Serrita Mitchell）根本沒進行測試，只用肉眼看是否有沾染汙跡。她還違反規定，有時候會在工作檯上同時打開兩個採集包，把兩者的證據弄混。她接受《紐約時報》採訪時，說如果有問題，一定是別人造成的。「我造成的？」米切爾女士說。「不，不，不，跟我無關。」

現在，實驗室主任下令數十人加班，重新測試八百多個該技術人員經手過的採集包。他們發現更多的偽陰性。這些證據現在得出了DNA資料，共有二十七筆。有十九個案件的證據被混合或錯置。那些得出的身分資料中，有一筆符合CODIS（已定罪罪犯國家資料庫）中的資料，是十年前的案件。正義伸張不但來得太遲，也可能因此讓犯罪者所襲擊的其他人根本得不到正義。這可能是場大災難。

「妳打算什麼時候告訴我們這件事？」首席怒不可遏，語氣冰冷。他暫停了實驗室主任的職務，要我接手，在過渡期間擔任代理主任。由一名非科學家管理全國最大的公立DNA實驗室很不尋常，而且也頗具爭議。但赫許決心要讓我這名調查員進去深入調查，我有行政經驗，也有法醫知識，能夠找出問題所在，並且防止類似情況再度發生。

這個任務極為艱鉅，我膽戰心驚，因為我知道正義取決於我們能否把事情做好。強暴犯是否因為我們的錯誤而沒被懲罰？或者無辜的人因為我們的錯誤而被定罪？之前的定罪會因此在法庭上重審嗎？實驗室的聲譽處於危急關頭，我不會讓赫許失望。我會好好處理。我因為這個使命而滿心焦躁，疲憊憔悴，然後我想起之前在康復中酒癮者的就業計畫所接受的職業訓練，我學著工作守分，融入群體，保持謙遜。我可以尋求幫助。

我請到一位全國最優秀的顧問：集法醫科學家、實驗室主任、實驗室稽查員、系統分析師於一身的全才。我面談了各個階層的員工，總共數十人，很多人都急著指出自己部門的缺陷。

「從來就沒有明確的業務分工與問責。三個人做整個部門的工作。」

「各部門間的溝通很糟。我們浪費時間做很多已經做過的事。更糟的是，沒有人按時做最後審查與報告。」

「針對多個檔案的統計分析工具有瑕疵，有出錯的風險。」

「有人每次上完廁所都不把馬桶坐墊放下來。」

我發現以下情況：監督不周、訓練不全、偏袒庇護、有時候未能遵守確保科學準確性而不可或缺的嚴格規定。這些不是普通的規定，這些規則是為了確保正義得以伸張而存在。生命處於危急關頭。我探究了十二年份量的紀錄，打開每個檔案，向紐約市的總監察長指出每一個失誤，以便他們進行平行調查。

這花了我一年的時間，但我找出問題，也發現箇中優點。多數員工都相當傑出。一流的科學家為正義與公共服務奉獻心力，卻因管理績效不彰與系統效率低下而被綁手綁腳。舉例來說，主任有個團隊是專門研發他們自己的試劑，但其實試劑在市面上就買得到；這有點像浪費整個週末調配自家的浴室清潔劑，搞了半天，到了星期一，浴缸還是髒的，其實直接去買一瓶漂白水不就解決了嗎？那些科學家應該把心力花在案件調查，縮短那長得離譜的檢驗報告完成時間。

那位偷懶的技術人員經手的八百四十三件案子經過仔細檢查後，最終產生兩筆可以上傳到CODIS的DNA資料。幾年前就應該被發現了。第一筆比對成功的資料，讓一名嫌犯被逮捕並起訴，但是原告拒絕作證，於是案件不受理。第二筆比對成功的資料符合同一年發生的另一起性侵事件，但是受害者下落不明。我們把她的DNA跟我們身分不明／失蹤人口的資料庫比對，發現她已經於二〇〇七年死亡。兩起案件正義都沒有伸張。幸運的是，沒有嫌犯因為我們的錯誤被誤判有罪。

二〇一三年初，赫許醫師因呼吸疾病重症而住院。他的病情嚴重，之前還心臟驟停，死亡近一分鐘，後來才被醫生救回來。我問他那是什麼感覺。「很有趣。不過沒有人從有光的隧道那頭走過來告訴我：『回去，回去，你時候未到。』」他笑著說，但是我很擔心。

他決定退休，雖然不太情願，但這對局裡和他家裡都是最好的安排。我知道他是對的。他的身體狀況從九一一之後就每況愈下，而且他需要花時間陪伴女兒和年幼的孫子。我的心情很複雜：我害怕沒有他的生活，但對我從他身上所學到的一切很有把握，決心要繼承他的衣缽。

紐約市長麥克・彭博（Michael Bloomberg）任命芭芭拉・桑普森（Barbara Sampson）醫師為代理首席法醫。桑普森醫師一直是赫許的副手，是他的真傳弟子，她重視科學、真理、正直，更勝一切。和赫許一樣，她不喜歡政治和行政細節，比較喜歡制定政策，然後讓別人（我）負責執行。我們是一支優秀的團隊，我很興奮我們能夠改善局裡諸多方面。我們共同做出的第一個決定是讓停職中的DNA實驗室主任離開。她是優秀的科學家，為人正派，我們共事甚久，但很顯然地，她無法有效管理實驗室。我們也越來越清楚，多數科學家都不是優秀的管理者。

這個決定無人樂見，而芭芭拉二人組（當時我們的稱號）處境艱難。許多實驗室員工喜歡前主任以及她平易近人的作風。他們對眼前的改變感到不高興（或許也有點害怕）。主任在科學界的一些朋友認為她是代罪羔羊，承擔局裡的錯誤。我們因為「行事倉促」而飽受批評，但是避免指責的唯一方法就是少做事，而那不是我們的作風。我們繼續努力，該做什麼就做什麼，包括向市長辦公室提交關於DNA實驗室的報告。當然，市長對此很不滿意，指示我們迅速並公開地解決這個問題。市議會為我們舉辦了一場公聽會，當面告訴他們有哪些錯誤、後果，以及我們將採取的措施。我們受到公評，處境難堪，議員砲聲隆隆，拋出一個又一個問題：

「有多少無辜的人因為你們的錯誤而被冤枉？」（沒有人。）

「我們怎麼知道實驗室裡沒有其他馬虎的科學家？」（新的品質保證計畫和嚴格的審查。）

「你們的錯誤讓納稅人付出了多少代價？」（幾十萬美元的加班費和顧問費。）

「為什麼你們之前不知道這件事？」（實驗室主任並沒有告訴我們。放心，不會再有這樣的事了。）

民選官員必須生氣，而且是村民舉著乾草叉抗議的那種生氣。他們嚴厲訓斥我們，在大眾面前表現他們有在做事，有服務選民。給我們資源來解決問題會更有效，讓我們檢視哪裡出錯、預防再次發生會更有效，但那在電視上的效果不好，把我們罵得狗血淋頭比較能吸引選民。

芭芭菈和我開始尋覓新主任，最後聘用了我們請來調查實驗室的顧問。他雷厲風行，重整系統、品質保證、監督、人事、營運，以及實驗室體系。他很快就清掉了積壓已久的工作，為檢驗報告完成時間設下有企圖心的目標，不過當然啦，還是不可能達到電視上看到的那種一小時奇蹟：把檢體放進機器，彩色燈閃幾下，嫌犯的名字就像ＡＴＭ吐出收據一樣出現。（我們稱這種天方夜譚為「ＣＳＩ症候群」。）

市議會的聽證會還沒結束。幾個月後，紐約州法醫科學委員會針對我們在實驗室的變革，舉辦他們自己的閉門聽證會。每個曾經參加過委員會的人都知道，當你掌握權力時，抨擊別人是多麼有趣。但我從來沒想到，我們會被剝奪在法庭上作證的權利，甚至連顧問都不得擔任。新上任的實驗室主任和我坐在等候區，一旁的保全被交代不准讓我們彼此交談，此舉應該就是在提醒我們出事了，但是當時我們也力有未逮。他們有權力取消我們的實驗室認證。

在訊問的過程中，我耐心解釋我們發現的錯誤，以及為什麼實驗室主任必須離職。一名審訊者看了我一眼，然後就發動攻勢。

「所以，犯錯的人就該被開除。妳是這樣說的沒錯吧？」

「不是，我不是那樣說的。但是當出現了動搖根本的問題，且又未能及時採取行動……」

「啊哈！未能及時採取行動！」他洋洋得意地在我面前晃著一份文件。「那妳自己的錯誤呢？芭芭拉。這份調查局的報告說妳應該被開除，妳怎麼看？」

我知道他在說什麼。大約二〇〇二年左右，一名叫作凱文的調查員拿了一個大紙袋來我的辦公室，裡面有一塊來自世貿中心廢墟的扭曲金屬。「一位犯罪現場的警探請我帶這個給妳，殘堆的紀念品。」我記得其中一位警探有跟我提過，但後來我忘了這件事。

我把金屬從袋子裡拿出來。「老天，這要是放在茶几上，還真是紀念品。」我隨口這麼說，只是要表達我對於九一一事件「紀念品」這個概念的難過鬱悶，因為九一一事件的「紀念品」有很多。我只是搖搖頭，把金屬放到一旁。兩天後，我意識到這個東西不是我應該擁有的，原因很多，於是我請另一位調查員幫我拿回去殘堆。這只是我們在那段期間上千個小行動之一，但三年後，凱文決定要對調查局舉報此事。他們訊問我後，發表了一份報告，建議對我採取紀律處分，我收到也接受了。這不是個嚴重到會被開除的違法行為，但凱文仍大張旗鼓地向《華盛頓郵報》和《每日新聞》爆料，兩家報社都寫了誇大不實的報導，說我殘忍地收集紀念品。

我把這一切告訴法醫科學委員會，而審訊者大喊：「不對！報告上說妳應該被開除！」

「並沒有！」我回答。「報告哪裡這麼寫，請你指給我看！」

他拒絕了，但我堅決要求，並從他手中拿過報告，大聲念出建議處分。「首席法醫應酌情考慮採取適當的紀律處分。」審訊者怒不可遏。

那場聽證會是政治迫害，是嘲弄，是幼稚的權力展示，還是一場自助餐會。聽證會小組還真的在我接受訊問時吃著午餐，並且不提供我任何東西。

但是，嘿，這就是政治。「不要為市政府工作，」我的警察父親告訴過我。「他們會把你吃乾抹淨。」這點他說對了。

委員會成員顯然很不滿我們解雇實驗室主任，她長期以來擔任董事會成員，也是委員們的朋友。他們對她被解雇感到無能為力，至少當時如此。後來麥克．彭博卸任，比爾．白思豪（Bill de Blasio）成為紐約市長。我決定給他一個機會，因為他引進任命委員會制度，遴選市府高階主管，例如警察、衛生、消防、獄警，當然還有首席法醫等部門的首長。該任命委員會中有些法醫科學委員會的成員，他們是新市長的朋友。這看似與我無關，直到我接到市政府的電話。

「妳得走了。」副市長說。

「走？走去哪裡？」我愣了半晌，才知道她在說什麼。

他們沒給理由，連安慰我說這不是針對我個人都省了。市長想怎樣就怎樣，就這麼簡單。

就這樣，一切都結束了。二十二年我心目中最棒的職業生涯，所有的經驗，所有的知識，所有的喜悅與痛苦，全都結束了。我必須離開這個單位，這裡是我的家，給了我家人，給了我人生的目標。我很震驚。這真是一記重擊，讓我喘不過氣來，惶恐不安。我所有的自我認同都在這份工作裡。如果有人說：「請談談妳自己。」我第一句話就會說：「我是紐約市首席法醫辦公室的幕僚長。」現在，我該說什麼呢？

沒有了我的工作，我會是誰呢？

Chapter 18／關進精神病院

我告訴自己，這也是天意，我需要一記重擊，才能進入人生的下一章。朋友們也都這麼認為。「我知道妳很傷心，但這不啻為一個絕佳機會。檢視妳的人生，重新評估什麼才是真正重要的。也許休息一段時間。」我感謝他們的關心，但是，休息？

不可能。

我有計畫，而且充滿雄心壯志。

我要開自己的顧問公司，我會聘請業界最優秀的人才一起共事，比如赫許醫師，他說只要不用參加經營會議，就同意擔任名譽主席一職。我的公司會提供災害管理及調查相關的培訓與諮詢。我會從首席法醫辦公室挖走我的助手法蘭克・德保羅，我們會為沒有自己內部專家的司法管轄區撰寫計畫。我們可以著手偵查全國懸而未決的案子，為家屬伸張正義。我認識那些專家，他們都是好人，我會提供他們機會脫離官僚主義和爭權奪勢的環境。我們正直有誠信，協助民眾，不論他們是否負擔得起。我馬上採取行動，整合業務，設計公司標誌，製作名片，找人談話，建立聯絡清單。我在政治募款活動上建立人脈，並在應徵教學工作後，被邀請在當地一所大學開設法醫科學學程。我不需要首席法醫辦公室，當然也完全不需要市長辦公室。我自己做得來。當一位電視節目製作人問我是否能協助開發法醫鑑識遊戲節目時，我一口答應。當然好！

我著手進行這些計畫，制定行銷策略，撰寫營運計畫，安排和最優秀的法醫專家會面。但是，異樣出現了，一開始速度緩慢，但忽然發作。我本來在為法醫鑑識學程撰寫課程，但是才寫到第二頁，我就失去動力，只盯著紙看。一小時過去了，兩小時過去了，毫無動靜。很快地，我的胃口全失，我也無心吃飯，體重迅速下降。我變得遲鈍。原本我很興奮要做網頁，現在卻覺得太麻煩了，我連玩 Candy Crush 都嫌麻煩。我覺得很難專心。一開始我沒辦法做事，接下來我沒辦法起床。我很難過，然後難過又更嚴重。我打電話給大學的系主任，我說：「我做不到，對不起，我很抱歉。」

我原本計劃飛往內華達州，為一個自殺防治組織演講，但我在最後一刻取消講座。我就是辦不到，我太消沉了。至少我可以告訴那些同事發生了甚麼事，他們會懂，而且他們人很好，完全沒有提到這當中的諷刺：我消沉到無法做自殺防治的演講。

赫許醫師退休後，我去看他好幾次，他偶爾也會來我家吃晚餐。我的憂鬱症狀惡化後，我不再打電話給他（以及其他人）。我幾個月沒有去看他，覺得很抱歉，但我對一切都覺得很抱歉，所以那又有什麼關係？最後，我在二〇一六年四月打電話給他。我們閒聊近況，沒過多久，我了無生氣的語氣就出賣了我。

「一切都還好嗎，芭芭拉？」他問。

「當然，我很好，只是累。」我遲疑了一會兒，喉嚨緊緊的。「我想念大家，我想念過去的日子。」

「我也是，我想念大家，其他的倒沒有。我現在過的生活完全不同，我也樂在其中。」他聽起來很開心。我承諾近日內會去探望他。

赫許醫師隔天在家因多重疾病而過世。雖然他一輩子都很健康，但九一一之後，他的呼吸道問題日益惡化，多次住院治療。現在，我覺得我人生的全部都隨之而去。他為我做了好多，我們一起經歷過許多事，而我無法把他留在心裡。我覺得他完全消失了。過去充滿了悔恨，我渴望回到首席法醫辦公室與他一起；未來則是一片空白，沒有希望、沒有夢想、沒有值得嚮往之事。我去參加了他的追悼會，同事說我看起來像行屍走肉。

憂鬱幾乎每天都在惡化，到最後，每個小時都是灰暗悲慘的，所有的樂趣消失無蹤。我什麼都不喜歡。美味的漢堡、清涼的冷飲、一天當中的小確幸、我視為理所當然的小事，全都離我而去。我在地鐵上見到人們有說有笑，跟某人有交流、合得來是什麼感覺？我記不得了。過去我一直很享受食物，現在卻吞不下口中感覺像灰燼的東西。

閱讀和看電視毫無意義。我無法集中注意力。恐懼籠罩了一切，持續折磨著我的焦慮告訴我，我有危險。身為死亡調查員的那幾年讓我相信，人類的存在很脆弱，死亡總是潛伏四周。處理大規模災難工作讓我確信宇宙是不公平且反覆無常的，在天地萬物之前，個人生命無足輕重。人生一場空，我亦如此。沒有一份能給我自我認同與生活意義的工作，我失去了做任何事情的力量。我對掌控人生不抱幻想，而且我很害怕。

憂鬱症是個騙子，騙你事情就是這樣，永遠都不會變。

存在的痛苦難以忍受，無論是身體上、心理上或情緒上的。我看到一條出路，就是死亡。多年來目睹自殺事件讓我對於輕生之舉感到厭惡。我覺得或許某個宗教說的沒錯，我必須再次投胎為人，或者下地獄，否則上帝會生氣並懲罰我。或者赫許會對我失望。我唯一的計畫，也是我唯一的盼望，就是我會在一個治安敗壞的社區裡被流彈擊中頭部。我希望我搭火車出事、飛機墜毀、被土石流掩埋，遇到徹底的災難。

我以為這個情況會過去，我沒有意識到我已經生了重病。感謝上帝，旁人倒是看得很清楚。我的親朋好友力勸我去尋求幫助，他們時而溫柔，時而堅定，從來沒跟我說「振作起來」或「往好處想」這種話。他們看得出我很痛苦，所以他們硬逼我去看另一位精神科醫師、嘗試不同的藥物或治療方法、出門做點事、去運動。我試了新藥，甚至一種利用磁場的新穎療法，我什麼都試過了，除了運動和出門外，那我真的沒辦法。結果，這些都沒用，憂鬱不減反增。最後，我的醫生問我想不想去住院。我以為我已經萬念俱灰，但是內心燃起了一點什麼，是一絲活著的閃爍微光。我哭著說好。雖然我很害怕，但我也知道我已經到了窮途末路。

時候到了。

「山丘之家」很漂亮，是那種你會在訂房網站看到的房子，心想自己住不住得起，說不定有折價券的話就可以？這座莊嚴古老的莊園有法式門片、雷夫．羅倫馬球（Ralph Lauren）風格的家具，前院還有起伏的綠色草坪。你坐在厚實的棕色皮椅上，和關心你的治療師與和藹的醫師談你的問題，然後參加水彩課程或摺紙。我的病友都是有錢的女士，有酗酒問題或焦慮症，她們都是皮膚曬成棕色、體態健美、金髮挑染的那種有魅力女士。我在這裡覺得安全，除了一開始的脫衣搜查外，一切都很優雅。我絕對可以的。

但我隨口說了一句想死，這一切就都跟我無緣了。我就此加入一個獨門的新幫派——「強制監護派」。

果汁吧和圖書室掰掰，跨越潺潺小溪的晨間散步掰掰。我被轉介到急症護理部門，那是隱藏在白楊樹後山頭的正宗精神病院。我被關起來，沒有醫師同意，不得離開。雖然不算是閣樓裡的瘋女人，但也相去不遠了。我的病房裡沒有一絲優雅的家居氣息，只有乾淨的房間，金色木製家具，床上鋪著紙床單。每個房間都精簡到只留必備物品，沒有任何物品的表面讓妳可以刺穿身體、綁上繩子或把眼睛戳出來。不用費心用紙床單上吊，紙會裂開。妳甚至不能用拼字遊戲的字母塊讓自己噎死，因為所有的桌遊都鎖在櫃子裡。餐點沒有熱食，沒有不銹鋼餐具。自助餐廳式的食物用推車運過來，裝在有蓋的鋁箔盤裡，食物不冷不熱，負責上菜的女士暴躁易怒，她分菜的樣子就好像這頓飯錢是她出的一樣。我們只能用脆弱的塑膠叉子和湯匙，沒有刀。全天供應低咖啡因咖啡，但如果妳想喝茶，那位小氣的女士就得特別準備過來，一天限兩個茶包。抽屜裡有一些洋芋片和牛頓無花果餅乾，但一個有精神障礙的黑眼珠年輕男子很快就把零食都吃掉了。如果我們表現良好，晚上就有冰淇淋吃。

我正式成為精神病患。

我們這群病患不拘一格：聲若洪鐘的俄羅斯女子，堅稱自己是皇室成員；風趣善良的歷史教授，但有自殺傾向；漂亮的年輕女子，家暴受害者，但堅持自己只是笨手笨腳常跌倒；超級陽剛的男子，挑戰所有規定，好像在試鏡《飛越杜鵑窩》（*One Flew Over the Cuckoo's Nest*）裡的主角一樣。後來有一名女子入院，很面熟，我確定我在哪裡見過她，我都快想破頭了。我們以前約會過嗎？共事過嗎？我很怕我想不起來，很怕我精神越來越失常。有一天在團體治療時，她提到她的導演，我才發現她演過我最喜歡的電視劇。她和我們所有人一樣，只是想換個頻道。

我和精神科醫師會面，他們建議我接受ＥＣＴ，也就是電擊療法。我嚇死了。我想到電影裡他們怎麼綁住傑克．尼克遜（Jack Nicholson），放一塊防咬器在他嘴裡，然後打開電源。還有那些抽搐，脖子扭曲，臉部肌肉緊繃，四肢猛烈擺動。這些簡直瘋狂到了極點，但我走投無路，我心想，這是我最後的希望了。

我第一次進行療程的那天，夜班護士走進來，在早上六點把我叫醒，給我打一針阿托品，讓我口乾。「這樣妳才不會被唾液嗆到。」噢，謝謝妳，聽起來很棒。我在七點半再次醒來，準備看八點的診，我的嘴巴很乾，眼睛乾澀有異物感。一小時後，我還在等，害怕地絞著雙手。九點時，護理師馬克告訴我，他們有點落後。喔，我的天，為什麼？因為某人的頭髮著火了嗎？因為有人在痙攣當中醒過來？我想像著一切有可能發生的可怕情況，求他讓我熬過這一切。我坐在病床邊緣，忍著不哭。我希望身旁有個年紀比較輕的人，我就可以為他故作堅強，為他而表現得若無其事。喔，孩子，這沒什麼，他們說這樣可以讓你容光煥發。

很快地，馬克回來了，他陪我走到治療區，一個明亮的小房間，正中間放了一個擔架。床頭的機器布滿旋鈕和開關，看起來很像電子賣場的高階音響部門。體型像頭俄羅斯熊的K醫師正在撥弄著儀器，而麻醉師則站在一旁準備靜脈注射。馬克綁住我的手臂和雙腿，然後在我全身貼上類似心電圖貼片的導極。我嚇得渾身發抖，他幫我蓋了毯子。在擔架下方那頭有一輛紅色急救車，以免我心臟驟停。「你檢查過這些藥有沒有過期嗎？」我問。他只是笑了笑，叫我放輕鬆，一切都會沒事的。「好的，但是為了以防萬一，去顫器充電了嗎？」

醫生把冰涼的膠狀物擠在我頭上。「這樣電極接觸較佳。」

我盯著天花板的燈，大聲祈禱：「主耶穌，請幫助我，上帝，請幫助我。」

K醫師俯身過來，語氣沒有惡意：「妳為什麼向上帝祈禱？幫助妳的人是我。」然後他把口罩放到我臉上，我聞到一股巧克力粉的味道。「把氧氣吸進去。就是這樣，深呼吸。」我用力吸氣，恐懼席捲全身。我身旁的麻醉師將靜脈導管插入我的手背，然後轉身做事。

然後我醒了。一樣的房間，一樣的人。

「完成了？」我問，他們鬆開我手臂和雙腿的束帶。

「對，很順利。現在妳休息幾分鐘，然後去吃早餐。」

就這樣？我覺得噁心，腿部肌肉僵硬，但除此之外都好。馬克推我到恢復室。我試著再睡一會兒，想要逃避，但在亮晃晃的房間裡很難入睡。過了一會兒（我不確定多久），一名護士把我扶起來，我去交誼廳喝薑汁汽水，吃餅乾。

一個月之內，我每週接受三次ECT，雖然沒發生什麼不好的事，但我每次都非常害怕。是因為我被束縛、受制於人嗎？還是害怕失去記憶？怕我的大腦會被改變？我不知道。但是恐懼如此強烈，即使過了一年，一聞到巧克力的味道，我還是會驚慌失措。

我很訝異護理人員和醫師對待我的方式，他們說話自然，彷彿這一切都很正常。一切都很好，我們只是在這裡一起解決一些問題。他們表現得好像我是同事、是治療的夥伴。我喜歡的一位護士總是給我會心一笑，那種心照不宣的表情好像在說，是啊，這一切很奇怪沒錯，但別擔心，妳沒瘋，只是狀態不好，我們趕緊幫妳調整。我覺得安心，也受到尊重。在我覺得自己渺小卑微的時刻，他們卻把我當成大人物對待。

儘管如此，醫院的規定不斷提醒我，我對自己的生命造成威脅。精神科技術人員拿著名單在走廊巡視，每十五分鐘確認一次我們是否還活著。晚上也一樣，每十五分鐘我就被吱吱作響的開門聲和走廊燈光吵醒。一天三、四次，我們被允許到外面的露臺上，但周圍厚厚一圈鐵絲網柵欄，上面蓋著防脫逃的鐵絲籠。我們有十五分鐘呼吸新鮮空氣，但多數病友會用這個空檔抽菸，每天的配額是兩支，照護員會點好菸發給病友，一次一根。我是少數不抽菸的人，我會從露臺的一端踱步到另一端，擺動一隻手臂運動一下。我需要用另一隻手臂拉著褲頭，因為我瘦到褲子會掉下來，而這裡不准用皮帶。走到柵欄的每一端，我都會望著外面的樹木、草坪和起伏的山丘，想著外頭的世界有多自由，大家想去哪裡就去哪裡。我內心有一部分渴望重獲自由，但大半的心聲是我在這裡很安全，受到照顧，沒有壓力。我可以表露心情，不需要裝出若無其事的樣子。我不用再裝了，不用故作堅強、勇敢、篤定，不用在目睹恐怖時還要假裝不受影響。這是一種解脫，是不同形式的自由。

我完全接受無能為力的自己。

我們的日子很充實。早上接受電擊治療，一天服藥三次。在認知與辯證行為治療課程之間，我們做手工藝（不用剪刀），上瑜珈課，摸摸治療犬。天氣好的時候，我們打羽毛球或在露臺上拍球。我們學插花，幾週後，我把花束放在我的窗臺上，把我的畫貼在小書桌上方的牆上。我喜歡玩，喜歡做東西，那肯定是生活的跡象。用餐時間會引發焦慮，因為並沒有座位安排。我每天都試圖加入安靜的女士桌，但是那位俄國女沙皇會擠進來，搶別人的食物，相當挑釁。我很怕她，還有那個黑眼珠的男孩和陽剛男。我最初以為他們只是比較好鬥，但其實不然；他們是失控，病情嚴重，比我患的憂鬱症和神經官能症要高上好幾階。但我也可能變那樣，如果我無法控制自己的話。那才是真正可怕的地方。

我在空閒時間都一個人，讀約翰．葛里遜（John Grisham）的小說。過了一段時間，我和歷史教授成了朋友，我們一起玩紐約時報上的填字遊戲，晚上一起看重播的《創業鯊魚幫》（Shark Tank）。他告訴我，他也是一名康復中的酗酒者，我們決定在病房裡開始匿名戒酒會聚會。得到護理師的許可後，我們跟病友宣布此事，每天晚上晚餐過後，多找一個或兩個人一起聚會。這是我還活著的另一個跡象：我發起了一些事情。

我在病院待了幾個星期之後，有天護理長到交誼廳找我，問我可否私下講話。噢，不妙，他們一定是聽到我罵那個女沙皇。現在來找我算帳了。結果不是。她告訴我，一位預定要在我們病房值晚班的護理師看了病人名冊後說他認識我。如果我對此有一絲不自在，她們會把他排到其他單位。護理長告訴我該名護理師的名字時，我不認識，心想那應該他認錯人了。沒關係，派他來，我沒差。那天晚上，我走到取藥窗口時，一眼就認出了那位長相討喜的帥哥。

「嘿！我真的認識你！我們有一起表演過！」

「沒錯，在『大蘋果大會』，很多年以前。妳好嗎？」

我聳聳肩。「呃，我在這裡，你覺得呢？」

「我知道，但這裡真的是個好地方，他們會照顧你。我跟妳說，我們的談話可多可少，完全取決於妳，妳想跟我聊或完全不想都沒關係。如果妳覺得我在這裡讓妳不自在，我隨時可以轉到其他中心，完全沒問題。妳儘管開口，或跟護理長說，好嗎？」

「不用，我沒關係的。我其實很開心見到一張友善的臉。」而且回憶起「大會」也很開心，那真是美好的時光。

每年的感恩節週末，同志匿名戒酒會成員都會在紐約舉辦「大蘋果大會」，其中有研討會、會議、社交活動、週六晚上有大型舞會、週六和週日下午有表演。很多同志匿名戒酒會成員都是表演藝術者：百老匯舞者、音樂家、歌手、歌舞劇表演藝術家、布景設計師、導演。有了這麼多人才，每年某人都會寫一齣原創劇，或是根據百老匯熱門音樂劇改編的劇，改了臺詞，滑稽模仿，拿匿名戒酒會和我們的特質開玩笑。這齣劇幾個月前就開始排練，在我戒酒的第二年，我興沖沖地報名演出，成為合唱團的一員。我跳舞（很糟糕）、唱歌，排練了幾個星期。很辛苦，但我樂在其中；表演者、燈光、舞臺、同心協力，這些我都很愛。在這裡見到吉爾喚起了所有的快樂，或許在這裡再次遇見他是個徵兆。

在病房裡進行匿名戒酒會會議讓我想起很多匿名戒酒會的口號和戒律，例如承認自己對某些事情無能為力，還有那三個A：體悟、接受、行動。我花了很長的時間才體悟到自己病得多嚴重，然後花了更長的時間接受我對憂鬱症無能為力的事實，然後才採取行動，認真尋求協助。還有另一個匿名戒酒會戒律是常懷感恩。關在精神病院裡的這段期間，我花了很長的時間才想得到有什麼值得感恩的事情，後來我意識到，和工作上見到的那些悲慘的自殺案件相比，我其實非常幸運。我還活著。

大約六週後，我注意到我的幽默感回來了。坐在交誼廳時，我記得當我在雷夫・羅倫風格的建築物裡時，他們帶我們散步到復健中心，那裡有游泳池和禮品店，裡面賣零食、鑰匙圈，還有藍色的T恤，上面寫著「我爬上山頭了」，意思是在銀山療養院康復了。我想像辦一場壘球比賽，「復健」隊對「精神」隊，然後我們中心的T恤要設計成什麼樣子。也許黑色的，上面有閃電，寫著「那又怎樣？我今天從床上爬起來了」。我暗自竊笑，開心地想著我們這群人，這群真正的精神病患。我也很自豪是這個群體的一份子，一群堅強又有趣的人。我們這群人活過來了。

慢慢地，我變回原本的自己。吃飯、說話、參與。我在群體中說了幾句俏皮話，見到工作人員記了下來。一位娛樂治療師提到要辦羽球賽，我嘀咕著：「好啊，躁鬱症跟憂鬱症對打。一半的時間不相上下吧。」我知道我正在好轉，因為我讓自己笑了，不用多久，我就跟社工提出請求：「請讓我離開這裡。」

兩個月後，我出院了。

我不知道讓我發瘋的是我的工作還是失去工作，也可能是兩者都有。我工作上的所見所聞自然讓我有創傷後壓力症候群，但我也犯下了讓工作來定義我的錯誤。我的整個身分認同與職涯密不可分，所以當我失去工作，我也失去了自己。在匿名戒酒會，他們說：「人生的意義不在於外在作為，而在於內在本質」，但我忘了這點。現在，我得重新建立自己的身分，芭芭拉是怎樣的人。為了慶祝這點，我將我的公司命名為「芭芭拉・F・布徹公司」，我的中間名首字母其實是A，此處的F代表「芭芭拉・『他媽的』（Fucking）・布徹」。

那個芭芭拉回來了。

後記

關於下一步要怎麼走，給我那把鑰匙的，是我的精神科醫師。我還在哀嘆自己「退出江湖」，退休之後，似乎與世隔絕。P醫生指出，退休對我來說不是正確的概念。我既然喜歡工作，那為什麼不繼續在我的領域工作呢？

「因為沒有人願意再雇用我了，大家都用年輕人，他們的精力是我的兩倍，薪水只要我的一半。」

「好吧，那妳告訴我，妳年輕的時候，是不是有一些妳想做的工作，但當時妳得賺錢養活自己，所以那些工作不切實際？」

我毫不猶豫。「當然有，我想當演員、作家，那些講求創造力的工作。」

「那，現在是什麼阻止妳去做呢？」

我開始說一些「太遲了」或「我都這把年紀了」之類的藉口，這才發現鐵錚錚的事實。「沒有，」我說。「沒有什麼在阻止我。」

「那妳就別攔著自己了，勇往直前吧。妳的退休金可以支付房租，想做什麼事就去做。」

所以我就去做了。我去上表演課，純粹因為好玩，然後認真鑽研。我找了一位經紀人，開始應徵角色。我覺得我從過去的工作中得到很多經驗：裝冷靜、裝堅強、裝無所畏懼。我拿到的第一個試鏡機會是電視劇的，只是一個小角色，但對我來說簡直是艾美獎提名。我盛裝打扮，搭地鐵到市中心，手裡拿著劇本，低聲念著臺詞。我很在意車廂裡的其他乘客，他們看得出我是演員嗎？選角辦公室擠滿了人，室內嘈雜，因為大家都在練習臺詞。我把我的大頭照和履歷表遞給選角助理，簽到，坐下，開心地環顧四周。我是紐約市的演員！

我沒拿到那個角色，也沒拿到之後的十個角色（主要是醫生或警探，偶爾有瀉藥廣告裡的賢妻良母）。我不得不接受一個低預算規格電視劇試播集的小角色試鏡，我去試讀臺詞，這次導演和製作人和選角指導都在場。我扮演的角色是兒子被謀殺的女人，所以我帶了我弟弟約翰的照片，念臺詞的時候看著照片，還掉了幾滴淚。他們很喜歡，請我在場等幾分鐘，他們討論一下。我還聽到他們說：她看起來很像卡麥的媽媽，你們覺得如何？

他們回來請我當場冷讀另一個角色的臺詞：黑手黨老大的妻子。我祭出以前的布魯克林口音，完全搞定。我要演主角了。

有一天我們拍一場在餐桌上的戲，我兒子和女婿起口角爭執，然後撲向對方，開始打架，我的孫子大哭，女兒尖叫。我試圖把他們分開，用義大利語大喊：「Abbastanza! No ne vale la pena!」（「夠了，不值得因為他而動手！」）屋內氣氛火爆，劍拔弩張，一觸即發。每拍一個鏡頭，我就渾身發抖，情緒飽和，全神貫注。天啊，這些演員真棒！我們拍完那個場景後，工作人員紛紛鼓掌。我讓呼吸平緩下來時，心想著這真是美妙，我能享受到這麼多樂趣，真是難以置信。我抬頭望著天花板，說：「感謝上帝讓我失去工作。謝謝祢。」

我們在紐約市一家電影院舉辦精彩的首映，我朋友全都來了。我走上紅毯，在鏡頭前接受採訪，在大螢幕上欣賞我的作品。我演得沒有特別好，但那不重要；我獲得了全新的樂趣，程度超乎我想像。

後來站在臺上接受掌聲時，我腦中短暫閃過「我不配」的念頭：我是哪根蔥啊？竟然站在這裡。然後我轉念想，我是芭芭拉．他媽的．布徹，如假包換，請享用。（試播集後來不受歡迎，不過，嘿，演藝圈就是這樣。）

我怎麼這麼幸運？

我還是不知道為什麼，但我胸臆間堆滿幸福，我對自己擁有的美好生活感激不盡。我想到天意，所有那些推著我走上正確道路、甚至救了我一命的事件或不幸。因為酗酒，我戒酒，進而參加就業輔導計畫，我才找到世界上最有趣的工作。因為鋸木頭傷到肌腱，讓我手臂打上石膏，進而讓我沒被憤怒上吊男設下的陷阱電死。因為動手術，我才沒有在二〇〇一年九月十一日上班。失去我熱愛的工作固然傷心，但這份工作也在擊垮我的靈魂。我每天都對這一切心懷感激，無論是好是壞，還有未知的一切。

致謝

有些人天生友愛，用自己成功的力量把他人推上舞臺。作家凱特・懷特（Kate White）比我認識的任何人都展現出這個罕見的天賦，她一直支持我，啟發我，沒有她，我就不會寫這本書。凱西・史耐德（Kathy Schneider）是我的經紀人，勤奮又善解人意，從第一天開始，就是我的盟友和代言人。凱西幫我談成我夢想的出版社西蒙與舒斯特（Simon & Schuster），以及資深編輯巴布・班德（Bob Bender）。巴布經驗老道，能力出色，為這部作品提供方向，他敏銳的評論讓這本書更臻美善。凱西也把我引薦給布蘭達・柯普蘭（Brenda Copeland），她是編輯、教師、寫作教練，現在我們也成為朋友。布蘭達教我如何寫作，當內容近乎不堪一擊時，她說服我打消這個念頭。她教我熱愛寫作的技巧。謝謝派翠西亞・康薇爾（Patricia Cornwell）和茱蒂・梅利內克（Judy Melinek）兩位作家的建議與支持；謝謝我的兩位媽媽多洛莉絲・布徹（Delores Butcher）和艾絲特爾・卡多內（Estelle Cardone）；謝謝我的女兒哈波・B・哈格多恩（Harper B Hagedorn）；謝謝我的摯友卡爾・卡波托托（Carl Capotorto）、湯姆・蒂托內（Tom

Titone）、維琪・卡達羅（Vickie Cardaro）、卡洛琳・布朗（Carolin Brown）、瑪姬和邁克爾・洛夫頓（Margi和Michael Lofton）、南希・加拉格爾（Nancy Gallagher）以及克莉絲托拉・菲尼克斯（Christola Phoenix），總為我搖旗吶喊（還請我吃美食），我很感激這些慷慨的人的幫助。謝謝我的另一半派蒂（Patty），總是讓我腳踏實地，每天激勵我。

柏尼（Bernie）和弗里茲（Fritz），謝謝你們的愛。這一切都是獻給你們的。

高寶書版集團
gobooks.com.tw

BK 074

只有屍體不會說謊：
紐約傳奇女性法醫調查員，重返5500個死亡現場、解析680起謀殺命案，直視死亡的23年凶殺最前線實錄

What the Dead Know: Learning About Life as a New York City Death Investigator

作　　者　芭芭拉．布徹（Barbara Butcher）
譯　　者　謝儀霏
責任編輯　陳柔含
封面設計　黃馨儀
內頁排版　賴姵均
企　　劃　段婕葳、何嘉雯、陳玟璇

發 行 人　朱凱蕾
出　　版　英屬維京群島商高寶國際有限公司台灣分公司
　　　　　Global Group Holdings, Ltd.
地　　址　台北市內湖區洲子街88號3樓
網　　址　gobooks.com.tw
電　　話　（02）27992788
電　　郵　readers@gobooks.com.tw（讀者服務部）
傳　　真　出版部（02）27990909　行銷部（02）27993088
郵政劃撥　19394552
戶　　名　英屬維京群島商高寶國際有限公司台灣分公司
發　　行　英屬維京群島商高寶國際有限公司台灣分公司
法律顧問　永然聯合法律事務所
初版日期　2024年08月

國家圖書館出版品預行編目（CIP）資料

只有屍體不會說謊：紐約傳奇女性法醫調查員，重返5500個死亡現場、解析680起謀殺命案，直視死亡的23年凶殺最前線實錄 / 芭芭拉．布徹 (Barbara Butcher) 著；謝儀霏譯. -- 初版. -- 臺北市：英屬維京群島商高寶國際有限公司臺灣分公司, 2024.08
　面；　公分.--

譯自：What the dead know : learning about life as a New York City death investigator

ISBN 978-626-402-033-6（平裝）

1.CST: 布徹 (Butcher, Barbara F.)　2.CST: 法醫師
3.CST: 刑事案件　4.CST: 回憶錄

585.8　　113009748